**DACLAUSURADOFORA
AOFORADACLAUSURA**

PETER PÁL PELBART

DACLAUSURADOFORA
AOFORADACLAUSURA
LOUCURA E DESRAZÃO

ILUMINURAS

Copyright © 2009
Peter Pál Pelbart

Copyright © desta edição
Editora Iluminuras Ltda.

Capa e projeto gráfico
Eder Cardoso / Iluminuras

Revisão
Ariadne Escobar Branco
Daniel Santos

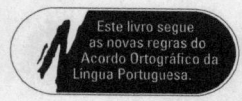

CIP-BRASIL. CATALOGAÇÃO-NA-FONTE
SINDICATO NACIONAL DOS EDITORES DE LIVROS, RJ

P433d

Pelbart, Peter Pál, 1956-
  Da clausura do fora ao fora da clausura : loucura e desrazão / Peter Pál Pelbart. - 2. ed. - São Paulo : Iluminuras, 2009– 1. Reimpressão, 2021.
  216p.

  Apêndice
  Inclui bibliografia
  ISBN 978-85-7321-263-1

  1. Psicanálise. 2. Filosofia. I. Título.

09-3525.   CDD: 150.195
                   CDU: 159.964.2

16.07.09 21.07.09   013886

2021
EDITORA ILUMINURAS LTDA.
Rua Inácio Pereira da Rocha, 389 - 05432-011 - São Paulo - SP - Brasil
Tel./Fax: 55 11 3031-6161
iluminuras@iluminuras.com.br
www.iluminuras.com.br

Ao escrevermos, como evitar que escrevamos sobre aquilo que não sabemos ou que sabemos mal? É necessariamente neste ponto que imaginamos ter algo a dizer. Só escrevemos na extremidade de nosso próprio saber, nesta ponta extrema que separa nosso saber e nossa ignorância e que transforma um no outro.

Gilles Deleuze

SUMÁRIO

Prefácio à Segunda Edição 13

INTRODUÇÃO 17

Primeira Parte
DESRAZÃO E LOUCURA

MANIA E LOGOS 23
    A Desrazão na Grécia Antiga

    Tipologia platônica da loucura 24
    A profecia ritual 26
    A sabedoria nasceu do delírio 27
    Sentido do Labirinto 29
    Passagem entre razão e desrazão 31
    O culto dionisíaco 32
    A interpretação "psiquiátrica" 35
    Proximidade e distância 38

LOUCURA E RAZÃO 41
    Hegel e Pinel, ou a razão gloriosa

    A contradição no interior da razão 42
    Do estranho ao familiar 47

A DUPLA ARQUEOLOGIA 51
    Desrazão e loucura em Michel Foucault

Segunda Parte
FIGURAS DA DESRAZÃO CONTEMPORÂNEA

A TOCA DE KAFKA 65
    O desdobramento na linguagem

A RELAÇÃO SEM GRAMÁTICA 71
    Excesso e indigência na experiência: Bataille e Blanchot

   Pelo Excesso
    A experiência-limite 71
   Pela Indigência
    O neutro 75
    O inconsciente e a relação neutra 78
    O impossível 84
    O obscuro 85

CAOS-GERME 87
    Forma e força na arte

O HOMEM-GIRINO E A FALA LOUCA 91
    Pela origem 91
    Pelo exterior 96

O PENSAMENTO DO FORA 99

CONCLUSÃO DA SEGUNDA PARTE 103

Terceira Parte
DIAGRAMAS DA LOUCURA

TRÊS PLANOS E UMA INVAGINAÇÃO 107
    O colapso da invaginação 114

O MAIS PROFUNDO É A PELE 117

INTERREGNO METODOLÓGICO 125

PENSAR, ENLOUQUECER 131

Quarta Parte
DA CLAUSURA DO FORA AO FORA DA CLAUSURA

A CLAUSURA DO FORA 137

AUSÊNCIA DE OBRA 141

O PENSADOR DO FORA 147

CONCLUSÃO 151

* * *
APÊNDICES

I. ETNOLOGIA E LOUCURA 157

II. O NORMAL E O PATOLÓGICO 169

III. A CAPTURA PSIQUIÁTRICA 177

DA EXTERIORIDADE À IMANÊNCIA 183
    A paixão do fora 184
    A antimatéria do mundo 184
    A parte do fogo 186
    Nomadismo e exterioridade 189
    A linha do fora 191
    O processo e a derrocada 192
    A liberação da exterioridade 194

EXCURSO SOBRE O DESASTRE 199
    Auschwitz 201
    Insurreição 203

BIBLIOGRAFIA 207

    Sobre o autor 215

Prefácio à Segunda Edição

"Quando tudo está dito, o que resta para dizer é o desastre"
Blanchot

Foi uma coincidência intrigante, para não dizer uma ironia, que a primeira edição deste escrito viesse a lume no mesmo ano da queda do Muro de Berlim. Apesar da desproporção de escala, esse acaso poderia ser tomado, aqui, como emblemático de um paradoxo contemporâneo. O fim de uma clausura política, como a do bloco soviético, foi recebida com alívio e alegria pelo Ocidente. Mas logo percebeu-se que essa presumida libertação vinha acompanhada de um sentimento de fechamento ainda mais inquietante, no interior de um neoliberalismo sufocante, porque planetário. A derrocada do bloco soviético dramatizou um processo em curso há já muito tempo, num outro plano — a saber, a abolição de toda exterioridade. Ao devorar suas fronteiras mais longínquas, englobando a totalidade do planeta, mas também seus enclaves até há pouco invioláveis, como o Inconsciente e a Natureza, para usar os termos de Jameson, o capitalismo globalizado redesenhou inteiramente nossa geografia mental. Não só engoliu seus limites, margens, exteriores, como também parece ter esvaziado a dimensão mesma da alteridade. A consequência mais imediata desse aplainamento foi a impressão generalizada de que se esgotou o campo do possível.

Outra era a situação, há algumas décadas. Por um bom tempo coube à loucura, ou por vezes à arte, mas também em parte às minorias ou sobretudo à revolução, encarnarem a promessa de um fora absoluto. Se tais promessas se desvaneceram antes mesmo que a queda do Muro lhes fornecesse a espetacularidade estrepitosa em grande escala, é preciso dizer que a claustrofobia política e subjetiva contemporânea parece ser só um indício, entre muitos outros, de uma situação para a qual parecíamos desarmados, a saber: a de um pensamento sem fora num mundo sem exterioridade.

Este livro foi publicado quando tal contexto não aparecia ainda em sua sulfurosa clareza, e talvez tenha sido escrito no seu contrafluxo. Não cabe ao autor, transcorridas duas décadas, avaliar o que nele ainda funciona ou já caducou. Reeditado, um livro ganha uma nova chance de mostrar seus defeitos, fazer aparecer o alcance da sua aposta, entrar num novo jogo...

Seria presunção tentar adivinhar o que dele pode agenciar-se com o presente e suas urgências. Mas é provável que, diante do contexto evocado, a urgência de se retomar a fundo o tema da exterioridade só faça aumentar. Não por saudosismo ou nostalgia, mas para avaliar se a exterioridade de que ainda dispomos hoje, nos campos diversos, mesmo que eles tenham desertado em parte os domínios restritos da loucura ou da literatura aqui priorizados, todavia é capaz de ancorar nossa resistência ao intolerável, ou de suscitar a criação de novos possíveis.

É verdade que o fascínio pela loucura como bolsão de exterioridade, predominante há algumas décadas, e da qual este livro traz algumas marcas e cuja contextualização histórica ele se esforça em dar a ver, decantou-se parcialmente. Resta o desafio de situar as outras linhas de exterioridade que atravessam o contexto contemporâneo, dada a reconfiguração maciça da subjetividade, e as novas modalidades de gestão das patologias, numa sociedade dita de controle. Algumas dessas perguntas ganharam um tratamento filosófico mais detido no apêndice intitulado justamente "Da exterioridade à imanência". Em todo caso, se cresce a necessidade de repensar hoje o fora, justamente no âmbito da claustrofobia contemporânea, é preciso dizer que as modalidades em que ele se manifesta, e a lógica com que opera reinventam-lhe o estilo a cada dia.

A propósito, é possível que a atmosfera de algumas das páginas desse livro soe hoje ligeiramente deslocada. Escrito com uma inocência quase juvenil, e também, por que não dizê-lo, uma alegria indisfarçável, talvez o "tom" nelas presente combine pouco com a cor sombria de nosso presente. Mas deveria um tom ser corrigido? Não é ele o elemento primordial em que se movem e respiram os conceitos? Não carrega ele, na sua inatualidade, e a exemplo de uma placenta incorporal, também uma dose de promessa, sempre passível de ser revisitada, ou mesmo reativada?

* * *

É preciso dizer algumas palavras sobre o momento editorial em que foi confeccionado esse estudo. Há duas décadas, vários escritos menores de Michel Foucault, de que aqui fiz um uso preferencial, eram bastante desconhecidos, para não dizer praticamente inencontráveis. Pequenas pérolas, pensava eu, que iluminavam o grande percurso principal do filósofo de maneira inusitada, bem como as questões que ele ajudara a lançar. Na época, no entanto, eles não eram objeto de estudo e de atenção. É inteiramente outra a situação, hoje. Primeiramente, todos eles estão publicados, até mesmo traduzidos em português. Além disso, não faltam estudos sobre a relação entre tais textos e o trabalho filosófico maior — para citar apenas um exemplo, veja-se o belo *livro de Roberto Machado,* Foucault, a filosofia e a literatura. *Também as aulas de Roland Barthes, no Collège de France, sobretudo, o curso sobre* O Neutro, *que eram de acesso difícil, foram publicadas agora integralmente e deixam de ser raridade destinada a especialistas.*

Devo confessar, além disso, algumas lacunas que me parecem hoje mais gritantes, para não dizer imperdoáveis. Embora tenha assistido pessoalmente os cursos de Deleuze na Universidade de Paris VIII-Saint Denis, saboreando sua voz rouca e a louca criação de conceitos, quando redigi a dissertação que se transformou neste livro não havia lido ainda sua obra principal, Diferença e repetição, *nem seu livro maior sobre Espinosa. Ademais, não havia na época nenhum estudo sistemático sobre sua filosofia — situação muitíssimo diferente, diga-se de passagem, da cascata de monografias publicadas desde então, nos mais diferentes cantos do mundo. Acresça-se a isso o fato de que o autor ainda era vivo:* A Dobra *apenas acabava de sair, e não se tinha ainda* O que é a filosofia?, *nem* Conversações *e* Crítica e clínica. *Portanto, não possuíamos ainda o precioso conceito de "sociedade de controle", tampouco os desdobramentos sobre o "Caos", os "personagens conceituais", o "plano de imanência", nem a reflexão sobre a dimensão clínica e crítica da literatura — tudo isso ofereceria hoje um subsídio inestimável para desdobrar intuições presentes nesse texto. Resumindo: tudo somado, a situação era especialmente aberta — não se dispunha, na época, de um "cânone" na leitura de Deleuze, ou mesmo de uma tradição mínima de sistematização de seu pensamento — ligeiramente diferente era o caso de Foucault, sobretudo no Brasil. Se tal situação de movência, tanto na produção de Deleuze como na sua recepção, somada às minhas lacunas pessoais, davam menos balizas para guiar-me em obra tão complexa, podem ter favorecido um uso mais livre, para não dizer saltitante, de alguns conceitos seus. Não se trata de transformar percalços em virtudes, mas de indicar a que ponto eles podem ter deixado sua marca no livro que o leitor tem em mãos.*

* * *

Uma última palavrinha, a respeito de Blanchot, sem o qual esse livro seria impensável. Passados tantos anos, o enigma de sua obra permanece intacto. Ao preparar esse livro para uma reedição e reencontrar nele suas marcas, tenho a impressão de ouvir a voz sussurrante de um amigo já antigo, cuja frequentação sempre me socorreu nos momentos em que sucumbia por excesso de mundo, ou de sentido, ou de projeto. É verdade que desde então precisei abandoná-lo várias vezes, precisamente atrás de mais carne, mais mundo, mais projetos, mais sentidos, e meus livros subsequentes são disso um testemunho, sobretudo na intersecção entre o filosófico e a urgência política. Se evoco agora Blanchot, uma vez mais — porém seu nome é o signo de uma constelação — é para melhor situar o desafio que atravessou esse escrito de ponta a ponta. Afinal, foi Blanchot quem me introduziu a uma certa concepção da escrita, em que ela não serve para acumular mundo, mas para perdê-lo, e perder-se. Com ele aprendi a dimensão incerta embutida nessa "ética" — não pretender enunciar a verdade, como se estivesse ao alcance de um texto uma tal transparência de sentido, em relação ao sujeito ou ao mundo, mas a de pôr-se à escuta precisamente do que desfalece e faz desfalecer... É o que justifica o segundo ensaio agregado a esse volume, intitulado "Excurso sobre o Desastre", em que se cruzam várias das linhas nascidas nesse livro e prolongadas alhures, em contextos de perigo ou de promessa, mas sempre a partir de Blanchot.

Em todo caso, é o paradoxo incontornável de uma construção como um livro, mesmo quando ele acredita ter fornecido algum anteparo ao abismo. Como o diz Blanchot: "Incansavelmente, edificamos o mundo, a fim de que a secreta dissolução, a universal corrupção que rege aquilo que "é", seja esquecida em favor desta coerência de noções e de objetos, de relações e de formas, clara, definida, obra do homem tranquilo, onde o nada não saberia infiltrar-se e onde belos nomes — todos os nomes são belos — bastam para nos tornar felizes... Entretanto, nessa vitória há uma derrota, nessa verdade, a das formas, das noções e dos nomes, há uma mentira, e nessa esperança, aquela que nos confia a um além ilusório ou a um porvir sem morte ou a uma lógica sem acaso, há talvez a traição a uma esperança mais profunda que a poesia (a escritura) deve nos ensinar a reafirmar".

Peter Pál Pelbart
Outubro de 2007

INTRODUÇÃO

Em entrevista radiofônica concedida a Jacques Adout como parte de uma série de emissões sobre o tema "as razões da loucura"[1], e da qual participaram profissionais de linhas diversas como David Cooper, Maud Mannoni, Franco Basaglia, Claude Olivienstein e Félix Guattari, entre outros, o crítico de arte e psiquiatra Jean Starobinski expressou a opinião de que existiriam hoje dois enfoques correntes, distintos e irreconciliáveis, sobre a loucura: o clínico e o cultural. De um lado estariam psiquiatras e terapeutas ocupados exclusivamente com o sofrimento psíquico; de outro, os estudiosos fascinados pela loucura, interessados tão-somente naqueles aspectos que confluem com nossa modernidade cultural, poética ou filosófica. É inegável: os que convivem com os loucos reais consideram a loucura antes de mais nada como dor e ruína; os que vivem distantes dela — fisicamente ao menos — são os que mantêm acesa a chama de um imaginário ancestral sobre a insensatez. Para os primeiros a produção psicótica é sintoma patológico; para os últimos, é vanguarda cultural e estética, quando não política, como no caso dos surrealistas. Se para os terapeutas o louco é acima de tudo um impotente e a terapêutica um alívio, aos olhos dos literatos e rebeldes ele é um herói, e o tratamento, repressão. *Sofrimento psíquico* e *subversão estética*, é entre esses dois polos incompatíveis que oscila nossa visão da loucura.

Ao desenvolver essa dicotomia, Starobinski chega a insinuar que tudo aquilo que se diz sobre loucura fora do campo da psiquiatria não passa de "mera literatura". Ideia espantosa, se considerarmos que o tom depreciativo desse comentário vem da parte de um crítico especializado justamente em literatura, e com a sensibilidade que conhecemos. Isso equivale a afirmar que, assim como hoje cabe à ciência — e não à mitologia — dizer a natureza das coisas, a loucura deve ser revelada pelos que a tratam, não pelos que a imaginam. Monopólio problemático, sem dúvida, que remete à própria questão da origem dessa fronteira entre, de um lado, aqueles que se ocupam dos loucos, e, de outro, os que imaginam os poderes de uma loucura reclusa por trás dos muros manicomiais e no silêncio dos consultórios privados. Seja como for, e sem entrar nas razões históricas mais profundas dessa partilha, é evidente que ao ocupar a quase totalidade da cena no campo da loucura,

---

[1] Jacques Adout, *Les raisons de la folie*. Paris: Flammarion, 1979, pp. 17-26.

desqualificando as margens e sombras dos saberes alheios à sua luminosidade cientifizante, a psiquiatria (e antes dela a exclusão da Idade Clássica, e depois dela seus derivados) arvorou-se como única alternativa "séria" à "tagarelice" dos leigos e sonhadores. A partir dessa apropriação é compreensível que todo o resto não passe de "mera literatura".

De nada adiantaria porém desafiar a hegemonia clínica consolidada, tentando resgatar por exemplo sua antítese cultural. Penso que faz parte das estratégias sociais e psiquiátricas reservar a seus opositores esse terreno baldio, gueto imaginário e mítico. Se quisermos fazer da loucura matéria de uma reflexão não-psiquiátrica sem transformá-la em "mera literatura", será preciso recusar a polaridade da dicotomia mencionada por Starobinski (compreendendo sua origem, por exemplo, e desmontando a paranoia da razão que a sustenta), visto que ela fortalece o estatuto contemporâneo da loucura enquanto objeto exclusivo de um saber psiquiátrico. Enfim, trata-se de retirar a loucura dessa camisa de força à qual ela foi reduzida, para poder pensá-la no plural.

* * *

Esse trabalho parte do pressuposto de que por trás da distinção mencionada acima entre o saber clínico e a valorização estética (que incidem em geral sobre objetos diferentes mas vizinhos — o louco num caso, a loucura no outro) paira uma disjunção maior, histórica, já quase inconcebível para nós — a diferença entre Loucura e Desrazão. É essa diferença a rigor imperceptível entre uma e outra, mas que remete, a meu ver, a dois grandes blocos históricos (cuja comparação desenvolvo nos dois primeiros capítulos, Platão tomado como representante da Grécia antiga, e de uma relação com a Desrazão, em contraste com Hegel, expoente filosófico da Europa alienista e da relação predominante com a Loucura), que esse estudo visa explorar. O encobrimento dessa distinção entre Desrazão e Loucura não é um problema meramente vocabular, nem mesmo só conceitual. Rico em consequências, vai de par, por um lado, com a redução da singularidade desarrazoada a uma questão clínica, e, por outro, no plano do pensamento, a um refluxo da razão em direção à sua insularidade paranoica. Assim, ao pensar essa distinção e o seu ocultamento, trata-se também de questionar essas implicações.

A seu modo, Michel Foucault se debruçou de forma indireta sobre a mesma questão, mas por razões que serão examinadas mais adiante não a explicitou por completo. É no rastro dessa problematicidade pendente em Foucault que esse trabalho seguirá seu curso. Examinando a princípio o modo pelo qual nossa modernidade pensa e se expõe à Desrazão — que nos termos desse estudo leva o nome de *o Fora* —, verificando depois a maneira pela qual se "entrelaçam" Fora e História e de que modo esse entrelaçamento "produz" ora uma relação com a Desrazão ora com a Loucura, e finalmente tentando medir as possibilidades que a noção de Fora oferece para o pensamento.

Este será, então, o percurso deste trabalho, dividido nas quatro etapas discriminadas a seguir: 1) estudo comparativo Platão/Hegel a fim de ressaltar o contraste entre Desrazão e Loucura, para depois situar essa diferença na obra de Michel Foucault; 2) mapeamento das "experiências" desarrazoadas que nossa cultura explora na sua relação com o Fora; 3) diferença entre essas "experiências" e a Loucura, referidas ambas à maquinária histórica foucaultiana reportada por Deleuze e centrada no Fora, bem como a um outro modelo teórico, deleuziano; e 4) explicitação da distinção Desrazão/Loucura em função das noções desenvolvidas ao longo do estudo, e sua relação com o pensamento.

O objetivo desse trajeto é abrir o pensamento ao desatino ao invés de enclausurar a loucura com certo conceito de razão, mostrando que há modos inexplorados de colocar-se sob o signo da desrazão sem por isso sucumbir à loucura. A questão é: será possível resgatar a dimensão desarrazoada da loucura — isto é, certos traços de pensamento, de experiência, de obra, de silêncio, de inconduta — e entrar no seu campo de irradiação sem extraviar-se?

Penso que certas modalidades culturais poderiam ajudar-nos nesse sentido, já que tornam viável uma relação não-clínica com o intertexto que entremeia o texto da loucura (para o texto da loucura propriamente dito parte do arsenal psicanalítico me parece perfeitamente adequado; não é sua validade que está em discussão, mas sua validade *exclusiva*).

Não se tentará portanto responder à questão "o que é a loucura" nem à outra questão, urgente, social, inadiável de "o que fazer com os loucos" (formulada somente a partir do século XVII e em virtude de condições historicamente determinadas). Nem ontologia da loucura, nem reflexão clínica a respeito, mas um questionamento a partir da distância que separa essas duas possibilidades.

* * *

O tempo de maturação e escrita desse texto foi também o de uma convivência diária e intensa com pacientes ditos psicóticos e em tratamento numa instituição alternativa, em regime semiaberto de hospital-dia. Acolhido ali como filósofo estagiário e depois como terapeuta em formação, foi onde tive ocasião de pensar e entrar em contato com parte do que aqui será desenvolvido. Dispensável lembrar que tudo o que aqui for dito é de minha inteira responsabilidade e que não compromete em absolutamente nada aquela instituição. Mas é inevitável que por trás de cada palavra desse texto estejam presentes e implícitas esta e outras experiências de proximidade sem reserva com a loucura.

Nesse vai-e-vem entre a dor do louco e o prazer da escrita, entre por um lado o acompanhamento clínico e por outro a decifração de textos, não há o desejo de síntese, impossível como vimos, do enfoque clínico e do cultural, mas a tentativa de constituição de um *entre*. Lugar de passagem e de vertigem, em que fosse possível pensar próximo à loucura o suficiente, sem abandonar-se porém à sua sedução sem medida, e fora da loucura o bastante, mas sem que esse fora se transformasse no lugar da Razão (clínica, social, filosófica).

Esse espaço "neutro", não-clínico e não-literário, exterior à loucura e ao mesmo tempo à razão, talvez seja o único capaz de abrir o pensamento à desrazão sem que ele a enclausure ou sucumba a ela. Nos termos desse trabalho — e essa é a questão que o atravessa — a pergunta que se coloca é precisamente esta: como expor o pensamento à desrazão sem que disso advenha a loucura (semelhante àquela lançada por Foucault, na sombra da qual corre esse estudo: o que condenaria à loucura aqueles que uma vez tentaram a experiência da desrazão?). O texto que segue não pretende sugerir uma resposta, mas abrir um campo para que esta questão ganhe a fecundidade que ela merece.

PRIMEIRA PARTE
DESRAZÃO E LOUCURA

MANIA E LOGOS
A DESRAZÃO NA GRÉCIA ANTIGA

É noite no acampamento grego estacionado às margens do estreito de Helesponto. Enquanto dormem os guerreiros, Ajax, herói de muitas vitórias e rei dos salaminos, rumina sua cólera contra o rival Ulisses. Escolhido como o mais valente de todos os gregos (os prisioneiros troianos foram unânimes em confessar que nenhum adversário lhes havia inspirado maior temor na batalha do que Ulisses), coube a ele receber, como prêmio, a armadura celeste de Aquiles. Ao conhecer a decisão, um desespero atroz escurece o olhar do Grande Ajax. Em meio ao sono das tropas ele desembainha o gládio e sai rangendo os dentes, com espuma nos lábios. Tudo o que encontra no breu da noite são bois e mansos carneiros, pertencentes aos atridas e argianos. Mas em sua cólera cega avança sobre eles, leva-os a seu acampamento, e crente de ter cativos seus inimigos ali os trucida, decapita-os, decepa-lhes a língua, fustiga-os, corta-os ao meio e espalha pelo chão seus membros ensanguentados. Insaciável, insulta-os e os cobre de injúrias, numa língua que "apenas um deus, e não um homem, poderia ter-lhe jamais ensinado"[1]. Ao voltar a si Ajax se dá conta de seu feito vergonhoso, e desesperado se lança contra a própria espada.

Informado da carnificina perpetrada contra seu rebanho, Ulisses sai de manhã atrás de Ajax para se certificar da autoria de crime tão hediondo. No caminho é interceptado pela deusa Atena, sua defensora e protetora. Ela confirma os boatos, explica-lhe os motivos da fúria de Ajax e conta como fez cair sobre ele o véu da ilusão a fim de que a chacina atingisse não Ulisses e seus homens, mas apenas seus animais. Nesse instante, em que Ajax ainda vivo está mergulhado em sangue e delírio, Atena o chama diante do filho de Laerte. Parece querer mostrar a Ulisses toda a demência de que é capaz um homem. Mas este não quer ver a loucura de Ajax, e protesta. Ao que ela retruca: "Mas o que temes, não é pois um homem?" E em tom provocativo

---

[1] Sófocles, *Ajax*, in *Tragédies*, Paris: Gallimard, 1979, p. 153. Os textos estrangeiros citados nesse estudo foram em sua maioria consultados no francês e livremente vertidos para o português. Nos casos de tradução disponível em português, e aproveitadas (às vezes com ligeiras modificações), a referência estará indicada. Também para as traduções não consultadas será indicada entre parênteses a edição existente em português.

lança-lhe um novo desafio: "Então tens medo de ver face a face um demente?" Ulisses responde de forma invertida mas inequívoca: "Se ele fosse são de espírito, eu não teria medo".

O temerário e invencível Ulisses nada receia — exceto a loucura, signo de desfavor divino, maldição e infelicidade. A força e a astúcia do maior entre os heróis gregos depois de Aquiles, que jamais temeu exércitos, ciclopes, deuses ou sereias — nada pode diante da demência. Esta não é o incompreensível, mas o assombroso, o incontrolável, diante do qual todos fogem, amigos e inimigos, num misto de terror e veneração.

TIPOLOGIA PLATÔNICA DA LOUCURA

O pavor não constitui, porém, nem de longe, o modo predominante da relação grega com a loucura. Basta percorrer rapidamente alguns diálogos platônicos para se certificar dessa evidência. Tomemos, a título de exemplo, o texto em que Platão aborda a questão da loucura da forma mais extensa e explícita — o *Fedro*. Como se sabe, o diálogo se passa às margens de um riacho encantado onde Fedro lê para Sócrates o discurso de Lysias sobre o amor. A tese de Lysias é simples: é preferível ceder às solicitações de um amante que não ama — e tem a cabeça no lugar — a ceder ao amante que ama e que, por conseguinte, está tomado pela loucura. Sócrates discorda, e expõe seu argumento principal: se a loucura fosse um mal, teríamos razão de falar assim; o fato, porém, é que "a loucura (*mania*) é para nós a fonte dos maiores bens"[2]. Não poderia haver elogio mais categórico à loucura.

Mas se quisermos ter alguma ideia sobre loucura na Antiguidade grega não nos adiantará contrapor simplesmente o terror de Ajax ao fascínio de Sócrates, e deduzir daí o que quer que seja. Pela simples razão de que, embora taxativo, o elogio de Sócrates à loucura não é irrestrito: "a loucura é para nós a fonte dos maiores bens, *quando ela é efeito de um favor divino*" (grifo meu), acrescenta ele no mesmo texto. Se é da loucura que nos vem o melhor, diz Sócrates, não é de *qualquer* loucura. A ressalva é importante porque indica, logo de início, que a atitude platônica em relação à loucura é discriminada e complexa. Seu elogio diz respeito a certas modalidades de loucura — as que têm origem num favorecimento divino — e não a outras, como a de Ajax, por exemplo, que, como vimos, é signo de hostilidade dos deuses.

Para situar melhor a questão, vejamos como Sócrates discrimina as modalidades diversas de loucura, logo na sequência desse diálogo, classificando seus tipos e os hierarquizando. Sua primeira preocupação será a de distinguir os

---

[2] Platão, *Fedro*, 244a, in *Oeuvres complètes*, trad. Léon Robin, Paris: Gallimard, 1950 (*Diálogos*, trad. de Jorge Paleikat, Rio de Janeiro: Ediouro, 1981).

dois grandes gêneros — a loucura humana e a divina. A primeira, "produzida por doenças humanas", permite explicar as perturbações do espírito pelo desequilíbrio do corpo (é um Platão ligeiramente organicista). A segunda é aquela "que por uma revulsão divina nos tira dos hábitos cotidianos"[3]. É a ela que Sócrates parece dedicar maior interesse, esmiuçando seus diversos tipos.

A loucura divina, diz Sócrates, subdivide-se nas quatro espécies seguintes, correspondentes, cada uma delas, a uma divindade específica: a loucura profética (Apolo), a ritual (Dionísio), a poética (as Musas) e a erótica (Afrodite). Desta série a mais bela é a última, pois leva, como se sabe, à filosofia.

Não nos deteremos nos numerosos problemas desta classificação. Basta notar que ela será remanejada em textos ulteriores, e que nem sempre a tônica em relação à loucura continuará sendo elogiosa e tolerante como no *Fedro*. Yvon Brès, por exemplo, detectou quatro diferentes "atitudes psiquiátricas" ao longo da obra de Platão (o emprego do termo *psiquiátrico* nesse contexto é discutível, como veremos mais adiante). De suas observações, porém, reteremos a constatação plausível de que em Platão convivem uma interpretação compreensiva da loucura (*Fedro, Banquete*), a esperança de uma explicação fisiológica (*Timeu*) e uma atitude de exclusão (*Leis*)[4].

Não pretendo entrar nas minúcias da tipologia platônica e de sua evolução. Mas antes de abordar pontualmente duas modalidades de loucura referidas por ele, a profética e a dionisíaca, penso que o exposto até aqui é suficiente para fazer algumas considerações de ordem geral. Pela extensão e tom de seus comentários, percebe-se que Platão privilegia nitidamente a loucura divina, e nela, a "boa" loucura, aquela que, segundo ele, é efeito de um favor divino. Deixemos aos historiadores da psiquiatria a arrogância de ver nessa preferência uma prova da ignorância de um pensamento mágico e pré-científico, situado no polo oposto ao que teria sido o nascimento da racionalidade médica no domínio da loucura — a saber, a teoria de Hipócrates sobre a doença sagrada ou epilepsia[5]. Por minha parte, não pretendo considerar as referências de Platão à loucura divina como o contraponto "primitivo" à "cientificidade" hipocrática, o que suporia uma única loucura "real", sobre a qual teriam incidido dois tipos de olhar, um mítico e outro médico. Prefiro entender as alusões platônicas como expressão das diversas modalidades da experiência do insensato na Grécia antiga. Ao invés de reduzi-las a um único referente hipotético, trata-se de abri-las para a multiplicidade que os textos sugerem. E

---

[3] Idem, 265a. As referências de Platão à loucura estão sobretudo em: *Banquete* 217e, 218b, *Fedro* 244b-c, 245a, 249, 265a e ss., *Teeteto* 257e, *Sofista* 228d e 229a, *Timeu* 86b, *República* 382c, *Leis* X, 888a; extraído de Jacques Derrida, "Cogito et histoire de la folie", in *L'Ecriture et la différence*, Paris: Seuil, 1967, p. 65 (*A Escritura e a diferença*, São Paulo: Perspectiva, 1971).

[4] Yvon Brès, *La Psychologie de Platon*, Paris: P.U.F., 1968, pp. 300 e ss.

[5] Franz Alexander e S. Selesnick, *História da Psiquiatria*, São Paulo: Ibrasa, 1968, pp. 60-62, ou Gregory Zilboorg, *Historia de la Psicologia Médica*, Buenos Aires: Libreria Hachette, 1945, pp. 37-49.

em vez de ler em Platão o prenúncio embrionário de uma evolução psiquiátrica ulterior, caberia, antes, observar como Platão, enquanto expoente da cultura grega, concebia certas modalidades de loucura como legítimas e vizinhas da razão grega, numa relação que nossa história mistifica ou oblitera (o que dá no mesmo) e que é meu intuito referir.

A PROFECIA RITUAL

A primeira das loucuras divinas arroladas por Platão é a da profecia ritual, em que o discurso oracular da pitonisa em transe diz a palavra do deus e do destino. Numa etimologia considerada hoje infundada, Platão associa delírio ou loucura (*mania*) à arte divinatória (*mantikê*). Segundo ele, os antigos (provavelmente refere-se à Grécia arcaica) viam no delirante (*manikê*) um adivinho, enquanto os modernos (seus contemporâneos) teriam introduzido um *t* no *manikê*, forjando o termo *mantikê* para designar divinatório, diferenciando-o do delirante. Ou seja, na origem, "divinatório" e "delirante" eram nomeados por uma mesma palavra porque eram uma única coisa. Donde a conclusão, mais geral, de que é preferível o delírio que vem de um deus (e que é uma profecia) ao bom senso de origem humana. "O delírio... é uma coisa mais bela que o bom senso"[6].

Pouco importa que a filologia rejeite a derivação por Platão. Interessa que aos olhos de seus contemporâneos havia um parentesco entre loucura e arte divinatória, que não só não os desqualificava, nem a um nem a outro, como os valorizava mutuamente. É o que se depreende do comentário de Platão em relação ao fato de que os dons divinatórios da pitonisa só ocorrem em estado de possessão: "Em seus momentos lúcidos (elas) praticam somente coisas sem importância, ou nada fazem"[7].

Os historiadores referem que uma série de atos rituais precedem a irrupção do delírio[8]: a pitonisa toma banho na fonte, bebe água sagrada, tem contato com o deus através do louro, a planta sagrada, e só depois disso senta-se sobre o tripé, seu assento ritual, para, já "plena de deus" (*entheos*, em estado de "entusiasmo" no sentido literal, sem que isso signifique necessariamente uma superexcitação frenética), veicular a palavra do deus na primeira pessoa do singular. Mas nunca de forma clara e direta: sempre ambígua, obscura e incerta, como se o deus que conhece o futuro resistisse em manifestá-lo

---

[6] Platão, *Fedro*, op. cit., 244c/d.
[7] Idem, 244b.
[8] Sobretudo Louis Gernet, *Antropologie de la Grèce Antique*, Paris: Flammarion, 1982, cap. I, e Dodds, *Les Grecs et l'irrationnel*, Paris: Flammarion, 1977, cap. III (*Os Gregos e o irracional*, trad. de Leonor Santos B. de Carvalho, Lisboa: Gradiva, 1988).

ao homem. Heráclito insistiu no caráter alusivo do discurso divinatório: "O mestre cujo oráculo está em Delfos não afirma nem oculta, mas dá signo"[9]. Na tradução de Haroldo de Campos, "O oráculo/em Delfos/ não fala/ nem cala/ assigna"[10]. O último termo é *semainei*, "significa", que na interpretação de Clémence Ramnoux pode ser entendido como "dizer ocultando, ocultar dizendo"[11]. Heráclito estaria apontando para o sentido que as palavras ao mesmo tempo encobrem e revelam. Poderíamos inferir que dentro da própria significação, nesse espaço ambíguo entre a evidência do falar (*leguein*, traduzido por "afirmar") e a obscuridade do esconder (*kruptein*), abre-se a possibilidade do delírio. A palavra tortuosa do delírio oracular não só não se opunha à verdade, como também continha um saber (mesmo porque, como mostrou Marcel Detienne, a verdade não se opunha ao falso, mas ao esquecimento, estando mais próxima da memória (*Mnemosyné*) do que da precisão)[12].

A relação entre delírio e sabedoria pode surpreender. Entretanto, alguns autores, como Giorgio Colli, por exemplo, a levaram tão a sério que chegaram a situar no delírio a origem da própria filosofia. Tomo a liberdade para abrir um longo parêntese e expor essa curiosa genealogia, que só aparentemente nos afastará do nosso tema. Ela nos servirá para pensar a dimensão de verdade e saber embutidas na loucura grega desse primeiro tipo exposto por Platão e, por extensão, na loucura dionisíaca da qual trataremos mais adiante. A argumentação de Colli, que seguirei de perto, será desenvolvida em três tempos: a) gênese da sabedoria na Antiguidade grega; b) refutação (discutível, como veremos) da antinomia nietzschiana de Apolo e Dionísio; e c) ilustração mitológica da origem comum entre sabedoria e delírio. A hipótese de Colli não será tomada ao nível da demonstração histórica, e não terá aqui o valor de prova. Como qualquer ficção teórica, servirá, no máximo, para colocar em xeque uma insistente evidência contemporânea. Trata-se, no caso, da natureza da relação entre razão e desrazão na Grécia antiga.

A SABEDORIA NASCEU DO DELÍRIO

No princípio, diz Giorgio Colli[13], era o sábio; depois veio o filósofo. O que é um sábio? Aquele que *tem* a sabedoria. O que é um filósofo? O

---

[9] Heráclito, *Fragmentos*, 93, Rio de Janeiro: Tempo Brasileiro, 1980, p. 113.
[10] Heráclito, trad. Haroldo de Campos, in "Heráclito revisitado", *TRANS/FORM/AÇÃO*, 1 (1974), pp. 2-9.
[11] Clémence Ramnoux, *Héraclite ou l'homme entre les choses et les mots*, Paris: Les Belles Lettres, 1968.
[12] Marcel Detienne, *Les maîtres de la verité dans la Grèce archaïque*, Paris: François Maspero, 1967 (*Os Mestres da verdade na Grécia Arcaica*, trad. Andréa Daher, Rio de Janeiro: Jorge Zahar, 1988).
[13] Giorgio Colli, *Naissance de la Philosophie*, Lausanne: Ed. de L'Aire, 1981 (*O Nascimento da Filosofia*, trad. Federico Carotti, Campinas: Editora da Unicamp, 1988).

amigo da sabedoria. O filósofo é um amigo da sabedoria pertencente ao sábio, seu predecessor. A filosofia fundada por Sócrates, enquanto *amor* à sabedoria — entenda-se: amor à sabedoria que o precedeu —, seria um declínio em relação a esta. A filosofia não inventa um saber, não visa um conhecimento não-advindo, não tem os olhos no futuro. Ela é retorno ao passado, veneração a uma sabedoria já existente, à sabedoria dos sábios. O esplendor da sabedoria viva dos sábios da Grécia arcaica se degrada, a partir de Sócrates, no amor dos filósofos à extinta sabedoria dos sábios. A aurora da filosofia tem as cores de um crepúsculo.

Quem é então esse sábio da Grécia arcaica? Não é aquele que é rico em experiência, em habilidades, em capacidades técnicas ou expedientes — como Ulisses, por exemplo. Sábio é aquele que traz uma luz na escuridão, que desfaz os nós, que revela o desconhecido e dissipa as dúvidas. Sabedoria implica, portanto, conhecimento acerca do futuro do mundo e dos homens. Ora, na civilização arcaica é o oráculo quem enuncia esse futuro, e é o deus Apolo quem inspira seu discurso. A palavra do oráculo, que diz o destino, é sabedoria e conhecimento. Sabedoria acessível ao homem através da crueldade divina, que consiste em comunicá-la de modo obtuso e enigmático. Mas como pode Apolo, deus da clareza e harmonia, inspirar a crueldade e a confusão da palavra mântica?

Apolo, diz Colli, não seria apenas esse deus solar, luminoso e artístico, que Nietzsche nos legou. A própria etimologia sugere um sentido mais feroz: "aquele que destrói inteiramente". Seus epítetos citados por Homero não deixam dúvidas: "aquele que atinge à distância" ou "aquele que age à distância". O arco, símbolo de Apolo, representa o raio e o esplendor da vida, mas também a morte indireta, diferida e diagonal, tal como a palavra do oráculo ao atingir os homens. Simetria essencial entre flecha e discurso apolíneos.

Contra a representação harmoniosa e equilibrada de Apolo depõe o próprio caráter do ritual mântico inspirado nele. A palavra oracular não se enuncia na serenidade reverente, mas na exaltação mística, no transe extático próprio aos xamãs das planícies do Norte e da Ásia Central. O ritual apolíneo tinha claramente o caráter de possessão.

Então por que o Apolo nietzscheano contraria tão frontalmente essas características "dionisíacas" (no sentido que Nietzsche deu a esse termo) do deus de Delfos? Segundo Colli, a resposta estaria no esforço do filósofo alemão em construir uma metafísica estética com os ingredientes schopenhauerianos. Foi preciso ignorar a faceta violenta de Apolo, restringi-lo a seu aspecto de luminosidade harmoniosa e reservar a Dionísio as qualidades antitéticas. O dionisíaco daí resultante poderia equivaler ao conhecimento tal como Nietzsche leitor de Schopenhauer o entendia: saber sobre a essência sofredora e dilacerada do mundo. Simplificadamente, isso permitiu a Nietzsche fazer corresponder o par Dionísio-Apolo à oposição schopenhaueriana Vontade--Representação.

Ora, objeta Colli, essa dimensão obscura, terrível e desregrada do mundo, que Nietzsche atribui a Dionísio, não é monopólio exclusivo do deus silvestre. A prova é que ela está presente na palavra e no culto apolíneos. O profetismo mântico inspirado no deus Apolo, além de ser um delírio, é também um saber, saber do mundo, para não dizer *origem* do saber.

Colli tenta mostrar que a oposição nietzschiana entre o dionisíaco e o apolíneo (que, para demonstrar sua tese, ele esquematiza e exagera, a ponto de deformá-la, em franca contradição com certos textos de Nietzsche que adiantam ideias similares às suas[14]) não procede. Entre Dionísio e Apolo não há conflito, mas origem comum, que pode ser resumida numa única palavra: *mania*. A partir do delírio e da loucura como horizonte comum, teria se destacado algo como a sabedoria, que mais tarde daria origem à filosofia. Retenhamos por ora a conclusão maior de Colli, *a sabedoria nasceu do delírio*, antes de entrarmos na ilustração mitológica dessa hipótese espantosa.

SENTIDO DO LABIRINTO

O Labirinto, como se sabe, é a obra genial de Dédalo, encomendada por Minos, rei de Creta, para encerrar o Minotauro, monstruoso filho de Pasifaé (esposa de Minos) com um touro enviado por Poseidon, deus do mar. Colli sustenta que por trás da figura do Minotauro estaria a de Dionísio, que em certas regiões da Grécia era representada com corpo de homem e máscara de animal, por vezes um touro. Com isso, obteríamos a seguinte versão do mito: a *mulher*-deusa Ariane, pertencente ao deus-*animal* Dionísio, ama o mortal Teseu e tenta salvá-lo das garras do Minotauro-Dionísio.

Pois bem, e para que serve o Labirinto? Obra da inteligência, do engenho e da arte, o Labirinto foi construído pelo escultor apolíneo Dédalo com o claro objetivo de confundir todos aqueles que, uma vez dentro dele, ousassem escapar. Os homens que ali entrassem erravam aflitos e se perdiam para sempre, até serem devorados pelo monstro.

O Labirinto era o símbolo do *logos* em seu deslize para o *semainein*, isto é, da palavra que afirma para aquela outra palavra, ambígua, polivalente, tortuosa e imbricada, que seduz e desnorteia aqueles que nela se embrenham, entregando-os à desrazão da qual o Minotauro é o símbolo maior. No interior

---

[14] Friedrich Nietzsche, *La Naissance de la tragédie*, Paris: Gallimard, 1949; *Ecce Homo* 1 e *Essai d'autocritique* V (no mesmo volume, respectivamente pp. 186-7 e 174-5). (*O Nascimento da Tragédia*, São Paulo: Moraes, 1984 e *Ecce Homo*, trad. Paulo César Souza, São Paulo: Max Limonad, 1985).

da palavra labiríntica os homens sempre acabam nas mãos do monstro insensato. O monumento do *logos*, obra-prima apolínea, não serve a Apolo, mas a Dionísio. Paradoxalmente, a arte, o engenho, a inteligência e a razão estão a serviço do selvagem, do monstruoso e do irracional. A palavra, que deveria salvar o homem da selvageria, o sacrifica ao deus silvestre.

Não é suficiente dizer que a palavra labiríntica revela enfim seu núcleo verdadeiro — o mortífero excesso. Não basta dizer que Apolo está a serviço da crueldade de Dionísio. É preciso concluir, diz Colli, que o próprio Apolo é cruel — o que o oráculo, através de seu discurso sinuoso, atesta, ao responder à esperança dos homens com a revelação de hecatombes.

Pode-se objetar que, no mito, Teseu mata o Minotauro e escapa do Labirinto com a ajuda do fio lançado por Ariane. O herói mortal teria dado cabo do selvagem e do irracional (o Minotauro), e teria sido salvo do emaranhado das palavras (o Labirinto). Na confusão da linguagem labiríntica, de sua desordem e da ameaça do monstro da desrazão, um único fio, o fio condutor do pensamento (Ariane), restabelece a linearidade e continuidade de um percurso, salvando o homem da loucura e da morte. Mas essa vitória de Teseu conduzido pelo fio do pensamento é efêmera: insaciável, conta o mito, ele abandona Ariane e se perde no excesso de seu destino amoroso. A sequência é conhecida: Ariane é punida por Artêmis, transformada em deusa e restituída a Dionísio, de quem será a eterna e jovem esposa.

Interpretemos esse desfecho à luz do que precede: o fio de Ariane a leva de volta, finalmente, a Dionísio. O fio do pensamento, através do emaranhado labiríntico das palavras, o conduz de volta à desrazão. Tudo se passa como se o Labirinto só tivesse sido construído para desembocar nessa celebração do desarrazoado.

Voltemos agora à profecia mântica. Ela é, como o Labirinto, uma crueldade apolínea a serviço de Dionísio. Sua decodificação ritual exige sempre um fio de Ariane — o fio do pensamento. Entretanto, por mais coerente que seja a interpretação humana e pensante, ela jamais garante a salvação, já que o sentido da profecia pode ser justamente o anúncio de uma catástrofe.

Em outras palavras: o desarrazoado marca tanto a linguagem profética quanto o que ela anuncia — a violência do destino. O mortal, ao decifrar o enigma, pensa estar a salvo do insensato, mas não faz mais do que, com isso, cair nas mãos de um destino que não raro é a própria insensatez. De modo que a decifração do delírio mântico não salva o grego da loucura; ao invés disso, precipita-o nela, num movimento que vai da loucura da linguagem à loucura da vida. Para usar ainda a "oposição" nietzschiana, diríamos: num movimento que vai da loucura apolínea à loucura dionisíaca. Como diria Dionísio a Ariane no ditirambo de Nietzsche (no fundo, ninguém melhor do que ele sintetizou essa ideia que Colli lhe contrapõe): eu sou o Labirinto.

A conclusão se impõe por si: não há contradição entre Labirinto e Minotauro, Apolo e Dionísio, palavra e desrazão, pensamento e excesso, sabedoria e delírio, *logos* e *mania*. O que não significa que entre eles haja, ao revés, simples identidade, ou mesmo continuidade.

PASSAGEM ENTRE RAZÃO E DESRAZÃO

Como disse, não me interessa discutir a validade histórica das ideias de Giorgio Colli que acabo de apresentar a meu modo, nem sua contestação a um Nietzsche quase caricaturizado (de cujos arquivos, aliás, ele foi responsável, junto com Montinari, realizando o rigoroso trabalho de uma edição renovada de sua obra, inclusive dos escritos póstumos). As hipóteses de Colli me servem no sentido muito preciso de: a) mostrar que a palavra delirante na Antiguidade grega não pode ser relegada ao plano do não-ser; b) recolocar em xeque a evidência de que loucura e pensamento teriam sido sempre incompatíveis e excludentes; e c) atentar para a dimensão de saber embutida na *mania* grega.

Ainda que nos cause estranheza, é preciso admitir que pelo menos um tipo de loucura — por ora nos referimos apenas à profecia mântica — produz algo que é da ordem do saber; que esse saber passa por uma linguagem desarrazoada que nem por isso o desqualifica; finalmente, que ele tem um efeito de verdade cuja densidade está perdida para nós. Nesse sentido, não é de admirar que Nietzsche, mais sensível à natureza do saber grego, tenha se referido ao ideal socrático de conhecimento sobretudo como loucura (*Wahnsinn*). Penso que as piruetas de Colli podem nos ajudar a tornar menos espantosa essa cumplicidade, presente já nas poucas referências de Platão que comentamos anteriormente, entre saber e loucura, verdade e delírio, *logos* e *mania*. Em textos ulteriores Platão é ainda mais claro a respeito. No *Timeu*, por exemplo, ele diz: enquanto se está no bom senso, não se pode ter revelação divina; é preciso, para tanto, o sono ou a loucura. Por outro lado, o sentido das palavras proferidas nos momentos de desrazão não poderá ser descoberto senão pelo homem de bom senso[15]. Da desrazão à razão há passagem e vai-e-vem, não exclusão. Um pouco como numa relação analítica onde, como diz Daniel Lagache, a regra fundamental da associação livre e a interpretação se sucedem, como se o psicanalista dissesse alternadamente a seu paciente: "desarrazoe", "raciocinemos" (*déraisonnez, raisonnons*)[16].

---

[15] Platão, *Timeu*, 71e-72a.
[16] Daniel Lagache, "Psychanalyse et structure de la personnalité", in *La Psychanalyse* 6, Paris: P.U.F., 1961, p. 52, citado por Brès, op. cit., p. 303.

O CULTO DIONISÍACO

O segundo tipo de loucura sagrada mencionado por Platão é a telestática ou ritual. Trata-se do culto dionisíaco, que ao longo do tempo sofreu inúmeras influências (asiáticas, por exemplo, ou órficas) e transformações. Conforme a cidade ou a época, Dionísio era o deus do vinho, da fecundidade, da caça, da música, da alegria ou da vida, mas, qualquer que fosse seu atributo, lá onde era celebrado seu culto tinha um caráter de exaltação e excesso. Não foi por outra razão que dele disse Heródoto: aquele deus que "leva as pessoas a se comportarem como loucos"[17].

Houve diversas modalidades de ritual báquico. Uma delas, talvez a mais primitiva e a mais simples, foi a *pequena Dionísia* ou *Dionísia rural*. Uma procissão rústica, encabeçada por uma ânfora de vinho, um sarmento de vinha, um bode, um cesto de figos e um falo, conta Plutarco[18]. À procissão e ao sacrifício seguiam-se copiosas libações, jogos populares, danças grotescas, máscaras, diálogos cômicos, trocas de injúrias e anedotas, num ambiente de ruidosa euforia.

As *Lenadas* eram as festas do lagar. Em Atenas, no bairro de Limnae, foi erguido um santuário a Dionísio, deus do lagar, em torno do qual girava esta festa. Depois de oferecer ao deus as primícias do vinho, se degustava um banquete oferecido pelo Estado e se seguia em tumultuosa procissão através da cidade, entoando em coro ditirambos entusiastas, que culminavam em risos e alegrias estridentes, em meio a fantasias, atores e danças excêntricas.

Essas festas foram se ampliando e deram origem às *Anthesterias* (festas floridas) e às *Grandes Dionísias*, ou *Dionísias Urbanas*, que de todas as festas báquicas parece ter sido a mais brilhante. Seu surgimento coincidiu com o apogeu político, intelectual e artístico de Atenas, e sua magnificência atraía estrangeiros vindos de toda a Ática e das colônias. Dionísio já era considerado, nessa época, o libertador (*eleuthério*), em dois sentidos. Libertava a terra das amarras do inverno (era também uma festa da primavera) e livrava os homens do peso das preocupações e das misérias da vida. Dionísio era o deus que trazia aos humanos e à natureza a liberdade. Durante a festa soltavam-se alguns escravos e aos demais se dava, por algumas horas, folga e alegria. Um cortejo seguia pelos mais elegantes bairros da cidade, com inúmeros dançarinos, personagens fantasiados de sátiros e silenos, tocando flauta e acompanhando os ditirambos. Píndaro celebrou o brilho destas festas, que durante dias e de forma ininterrupta inundavam a cidade com um espetáculo embriagante.

---

[17] Heródoto, 4, 79, 3, cit. por Dodds, op. cit., p. 84.
[18] Dodds, op. cit., pp. 72-90.

Além dessas festas já oficializadas, havia a celebração das *Mênades*, ou *Bacantes*, mulheres fiéis a Dionísio, que a cada dois anos subiam ao topo do Parnaso e se entregavam às orgias, ao êxtase dos sentidos, entusiasmos violentos, gritos selvagens e música contagiante. Das *Tíades* (outro nome para as Bacantes) de Delfos conta-se que saíam em corridas desenfreadas pela natureza.

A vida e os rituais dessas mulheres deram origem ao mito idealizado de Eurípedes sobre as Bacantes, na peça do mesmo nome. Nela fala-se de uma vida exuberante, de uma força indomável, onde as mulheres andavam com as cabeleiras ao vento, com uma coroa de serpentes na fronte, batendo com os tirsos floreados com heras nas rochas, delas extraindo leite e vinho, e destroçando animais com uma fúria impiedosa.

Idealizada ou não, efetivamente houve uma cultura da *mania* feminina que Gernet, apoiando-se em Jeanmaire, faz remontar a uma tradição religiosa bem anterior ao dionisismo: as danças orgiásticas femininas associadas aos cultos agrícolas[19]. Segundo essa hipótese, os homens estariam mais ligados ao ditirambo, cujo ritual original — isto é, anterior à época clássica em que este termo já significa sobretudo um gênero literário e musical — evoluía numa gesticulação frenética e culminava no sacrifício de um boi, que ao final era decepado e devorado cru.

Uma das funções conhecidas do culto dionisíaco, que a partir do século V passou às *Coríbantes*, é a "cura" da loucura pelo ritual da dança orgiástica, acompanhada de tímbales e flautas. O processo equivalia a uma cura homeopática, em que a loucura era "exorcizada" através da catarse suscitada pela loucura coletiva. Nem toda perturbação podia ser aliviada pelas Coribantes; apenas a "cura" comprovava que o estado alterado fora efetivamente provocado pelo deus que inspirava o ritual coribântico e, portanto, o único capaz de aliviá-lo. Caso não houvesse melhora, o louco deveria recorrer a outra divindade, pois a "causa" era um outro deus. O diagnóstico era estabelecido em função da reação do louco à música ritual. Como diz Dodds, o diagnóstico era o problema essencial no caso de possessão: uma vez identificado o deus que causava o seu mal, o indivíduo já podia apaziguá-lo através de sacrifícios apropriados.

Jeanmaire tem toda razão em diferenciar a "cura" coribântica do exorcismo da Idade Média[20]. Na demonologia medieval o objetivo era expulsar um mau espírito, defunto ou diabólico, que se havia apropriado do possesso. Apenas a expulsão definitiva do espírito maléfico garantia o completo restabelecimento da vítima.

---

[19] Gernet, op. cit., pp. 89/95.
[20] H. Jeanmaire, *Dionysios, histoire du culte de Bacchus*, Paris: Payot, 1978, p. 116.

Ora, no coribantismo — como aliás em todas as manifestações da *mania* na Grécia antiga — o louco está possuído por um *daimon*, isto é, por uma força divina. Ele é um campo de presença divina, e é o que o torna sagrado. A *mania* pode resultar da ira de um deus provocada por uma ofensa, o não-cumprimento de uma promessa ou de um sacrifício. Portanto, a "cura" consistirá na reconciliação do sujeito com a divindade que o molesta, através de um ritual paroxístico. A perturbação não deve ser totalmente eliminada, assim como o deus não deve ser expulso; cabe a ela integrar-se ao culto e realimentá-lo. É assim que um possuído "curado" é um forte candidato a coribanto: é um íntimo do deus, apto a reconciliá-lo com outros "possuídos".

O alívio então passa por uma intensificação do mal e pela ritualização da *mania*, em que o louco, "curado", vira "curandeiro". Sabemos como essa modalidade de tratamento foi condenada pela medicina hipocrática. No opúsculo *Sobre a Doença Sagrada*, Hipócrates, ou quem quer que o tenha escrito, qualifica esses e outros purificadores (*kathartai*) de "magos" e de "sacerdotes vagabundos" — o que não impediu que essas práticas proliferassem e constituíssem parte respeitável do cotidiano grego.

Em todas essas modalidades do culto dionisíaco — cuja frequência nos textos antigos surpreende até os historiadores mais habituados a ela, como Jeanmaire"[21] — há uma valorização da embriaguez dos sentidos, aspiração a uma beatitude de êxtase, um gosto pelo excesso. O enlevo dionisíaco não é só, porém, exaltação e júbilo. É inquietante, e na sua revulsão libera forças obscuras que o senso de equilíbrio grego reputava como terríveis. Esse aspecto é especialmente marcante na noção nietzschiana do dionisíaco, e sobretudo no jovem Nietzsche do *Nascimento da Tragédia*, para quem, através de Dionísio, a natureza atinge o estágio de um perturbador entusiasmo estético. Isto é, ela desprende suas forças titanescas, abole o princípio de individuação, o tempo, o espaço — o Véu de Maia hindu-schopenhaueriano — e reencontra o fundamento subterrâneo do Universo. O Dionísio de Nietzsche é um misto de volúpia e crueldade. Sua verdade, a mais terrorífica e insuportável para os humanos, é aquela proferida pelo sábio Sileno ao rei Midas, em resposta à pergunta sobre qual a melhor coisa do mundo. Com um riso estridente o sábio retruca: "Infeliz raça de efêmeros, filhos do acaso e da dor, por que tu me obrigas a te dizer palavras que em nada te serão úteis? A melhor coisa do mundo está fora do teu alcance: não ter nascido, não *ser*, não ser *nada*. Em segundo lugar, o melhor para ti seria morrer logo"[22]. Esta é, segundo o ensinamento que Nietzsche tira desta lenda antiga, a dor insuportável da qual os homens hão de extrair, através da exaltação dionisíaca, a maior das volúpias, abolindo-a, a dor de existirem individuados no tempo e no espaço

[21] Idem, p. 110.
[22] Nietzsche, op. cit.

do mundo. O dionisíaco abre os homens para o abismo titânico, subterrâneo oculto e assombroso deste mundo, suscetível de os engolir a qualquer instante. Assim a natureza, em sua força desmedida, pode, através dos homens tomados de báquica efusão, desencadear a mais primitiva das violências, e deixar correr, na erupção do deus, a lava da desordenada indiferenciação abissal.

Não sabemos ao certo quanto desta leitura Nietzsche deve a Schopenhauer, quanto aos gregos, quanto ao seu próprio *pathos* ou à sua (nossa) modernidade. Suspeitamos que uma boa parte desta concepção está mais próxima de nossa cultura — e visão da loucura, numa de suas vertentes — do que da *mania* grega. Se nos enganamos, a parte que herdamos dos antigos, neste particular, é maior do que parece. De qualquer modo ela vale como um indício sobre esse aspecto inquietante — isto é, sublime e assustador — da loucura dionisíaca.

A INTERPRETAÇÃO "PSIQUIÁTRICA"

O ritual dionisíaco e seu frenesi foram interpretados pelos historiadores de várias maneiras: libertação da condição feminina, evasão social temporária, irrupção da selvageria natural, higiene social (descarga das tensões e administração da irracionalidade), manifestações de histeria coletiva, terapêutica dos desviantes através do desvio ritual, e outras. Alguns desses esquemas servem a sociólogos para compreenderem manifestações "dionisíacas" contemporâneas[23]. Tudo isso é tão óbvio quanto suspeito: certas chaves sociológicas universais serviriam para transitar ao longo da história e elucidar tudo o que se convencionou chamar de fenômenos desviantes.

Seria mais prudente, para entender o sentido da loucura no culto dionisíaco, partir de uma observação despretensiosa mas sugestiva de Gernet, segundo a qual, se a religião dionisíaca não se identifica plenamente com a *mania*, esta é, indiscutivelmente, uma "categoria do pensamento religioso". Gernet vai explicitar essa ideia ao contrapô-la à utilização feita por Rohde, assim como por Jeanmaire, de um vocabulário psiquiátrico que tentaria reduzir acontecimentos coletivos a uma soma de casos provenientes da psicopatologia individual. "A marca do menadismo, diz Gernet, (...) é o coletivismo do transe (...) não seria exagerado falar de um delírio organizado, pois há esse unanimismo no frenesi ambulante, concertado como a ação de um bando e involuntário como a gesticulação de um possuído. Será que, antes, todas essas mulheres eram doentes?"[24] Gernet completa essas observações falando da natureza institucional da autosugestão coletiva, e descarta a hipótese de

---

[23] Michel Maffesoli, *À Sombra de Dionísio, contribuição a uma sociologia da orgia*, trad. Aluizio Ramos Trinta, Rio de Janeiro: Graal, 1985.
[24] Gernet, op. cit., p. 91.

que a loucura das *Mênades* fosse devida ao vinho; ela devia-se exclusivamente ao êxtase coletivo.

A leitura de Jeanmaire é exatamente oposta. Ele se entusiasma com a semelhança entre as descrições feitas pelos antigos sobre a *mania* e as observações clínicas dos psiquiatras do século XIX sobre a neurose, a histeria ou a epilepsia. Eis um exemplo significativo: "Um conhecimento, mesmo superficial, da literatura referente ao primeiro desses domínios (o da observação clínica) não deixa nenhuma dúvida sobre as relações que existem entre o que os antigos qualificaram de *mania*, e que é próprio ao delírio das e dos bacantes, e dos fenômenos de alteração da personalidade cuja descrição tornou-se clássica desde os trabalhos, consagrados durante a segunda metade do século XIX, sobre a neurose, a histeria, a dupla personalidade (*dédoublement de la personalité*), a autosugestão etc. (...) não se contesta, nem é contestável que por muitos traços os monumentos figurados reproduziram escrupulosamente os movimentos convulsivos e espasmódicos, a flexão do corpo para trás, a torção e agitação do pescoço; o comportamento das bacantes lembra os sintomas das afecções neuropáticas descritas com frequência. Ademais, é-se levado a acreditar que esses comportamentos estavam ligados a um estado psicológico — com, em particular, sentimento da despersonalização, da invasão do eu por uma pessoa estranha, o que é propriamente o *entusiasmo* dos Antigos, com outras palavras, a possessão — enfim as alucinações, fenômenos não menos característicos dessas afecções nervosas"[25]. A sequência não é menos surpreendente. Na controvérsia entre os partidários da hipótese da dupla personalidade e aqueles que interpretam o frenesi dionisíaco como uma disposição anormal à simulação, o autor inclina-se por esta última, pois ela explicaria a relação do dionisíaco com o teatro!

Como se vê, um historiador tão meticuloso como Jeanmaire, fascinado por semelhanças fenomenológicas entre os pacientes de Charcot e Janet e vasos da Grécia antiga, acaba vendo nestes a ilustração remota das doenças descobertas por aqueles. Como se fosse possível, retirando o verniz cultural e religioso dos gregos, encontrar, por baixo de seu dionisismo, apenas histéricas travestidas, neuróticos fantasiados, epiléticos sacralizados. A *mania* dionisíaca seria uma doença mental conforme as descrições de nossa psiquiatria, mas banhada em religião. Jeanmaire chega a discriminar, na crise de Hércules descrita por Eurípedes na peça do mesmo nome, as fases sucessivas do delírio correspondentes às fases ou períodos do "grande ataque" histérico descrito por Charcot: período epileptoico, período de contorções ou de clonismo, e período das atitudes passionais.

Todas essas imagens só nos servem, e ainda assim é de se perguntar se não nos atrapalham, a título metafórico e imaginário. Nada nos autoriza

[25] Jeanmaire, op. cit., p. 106.

a ler a loucura dionisíaca com a lupa psiquiátrica e construir uma ponte atemporal, avessa a toda diversidade etnográfica e histórica, entre a *mania* dionisíaca e nossa noção de doença mental. A começar pelo termo *doença*, impróprio para designar uma experiência que aos olhos dos gregos não caía no domínio exclusivo — nem mesmo predominante — da medicina. Para não falar no termo *mental*, que nossa psicologia entende como uma interioridade estruturada, e no caso da doença, alterada, e que os gregos desconheciam por completo. Quando Yvon Brès se pergunta se a Grécia possuía doentes mentais no sentido que nós atribuímos a essa expressão, ele se vale de uma nota de rodapé para relembrar a conclusão dos estudos de Michel Foucault a respeito do caráter histórico da própria noção de doença mental. Mas logo em seguida, como que esquecendo sua própria advertência histórica, retorna plenamente ao senso comum, ao indagar: "Como pensar que uma cidade como Atenas não tivesse em meio às suas multidões histéricos, obsessivos, paranóicos, esquizofrênicos, maníaco-depressivos semelhantes aos nossos? Como acreditar que o ateniense médio que os cruzava visse neles sempre e espontaneamente mensageiros dos deuses ou dos demônios?"[26]. A própria formulação da questão já trai a hipótese que a orienta: a suposição de que o substrato da doença mental, para além de suas vicissitudes temporais e nominais, é um invariante histórico, à maneira de certas enfermidades orgânicas. Compreende-se, a partir desse enfoque, que as sucessivas abordagens de Platão quanto à loucura tenham sido consideradas, todas elas, "atitudes psiquiátricas". E se em certo momento de sua obra Platão demonstrou uma aproximação compreensiva e elogiosa da loucura, para Brès isso não constitui uma prova de que a cultura grega abrigava um modo específico de experimentar a vizinhança com a desrazão, mas antes o contrário. O argumento é simples. Se os poetas dedicam à loucura tanta atenção e dignidade, não será porque a opinião comum os desvaloriza como doentes? Assim, o discurso poético e filosófico não deve ser lido como um indício dos costumes, mas como um negativo em relação aos preconceitos da época. Lógica arbitrária se considerarmos, por exemplo, que Hegel falou dos loucos em sintonia absoluta com seu tempo, com a psiquiatria de sua época e com a concepção enraizada em sua cultura. Não há razão alguma para acreditar, portanto, que Platão precisasse inscrever seu elogio à loucura em contraposição total às práticas e opiniões de seus contemporâneos. Pode até ser que a abordagem proposta por Platão não fosse hegemônica na cidade grega, porém não vemos por que considerá-la, ao contrário, apenas uma exceção lírica ou poética.

Para concluir sobre o segundo tipo de loucura mencionado por Platão, resumamos alguns aspectos da *mania* dionisíaca. Ela é divina (diz respeito

---

[26] Brès, op. cit., p. 301.

ao exterior do sujeito e às forças do mundo), extática, sobretudo feminina, coletiva, catártica, liberadora, associada aos ciclos agrícolas e festiva — em suma, transgressão ritual de caráter sagrado.

Quanto aos dois outros tipos de loucura citados por Platão, a poética e a amorosa, não serão abordados nesse estudo por serem de certo modo mais próximos de nosso imaginário cultural, e por isso, quiçá, menos problemáticos. Além disso, talvez o delírio amoroso não seja o mais adequado para se pensar a loucura na Grécia antiga, na medida em que, para dizê-lo rápida e simplificadamente, alimenta a dialética platônica em seu rumo ascendente à filosofia.

PROXIMIDADE E DISTÂNCIA

Se os poucos elementos etnográficos, mitológicos e históricos referidos ao longo deste capítulo ainda são insuficientes para justificar o agrupamento das diversas modalidades de loucura na Antiguidade grega sob o único termo *mania*, e para definir com precisão a sensibilidade cultural helênica que reunia numa mesma série as sevícias ultrajantes de um Ajax, a exaltação delirante da pitonisa, o ardor sem medida das bacantes, a extravagância de um possesso, a inspiração poética, o amor, a desordem causada por doença do corpo; se, portanto, não há elementos para desenhar o horizonte comum da *mania*, talvez eles nos bastem para tentar a direção inversa. Ou seja, ao invés de buscar o mínimo denominador comum capaz de reduzir essas expressões multifacéticas do Diferente a um sentido único e a nós familiar, em razão apenas de um mesmo termo que as acompanha todas, por que não abri-las para sua diversidade máxima, ainda que nem sempre as nuances entre elas nos pareçam evidentes?

Como diz Foucault, já estamos surdos à diferença que os gregos percebiam entre *mania*, *hubris* e *aloguia*[27] — e é de se supor que cada vez mais se acentuará esta sinonímia. Ao destacar a multiplicidade de experiências e sentidos evocados pelo termo genérico *mania*, tentamos, na contracorrente dessa tendência, esfacelar a noção unitária de *loucura grega* em favor de uma pluralidade multiforme, em que seja impossível contrapô-la numa simetria simples — como fez nossa modernidade com a loucura — seja à razão, seja à saúde (razão médica). Doença humana foi apenas uma, e com certeza não

---

[27] Michel Foucault, "La folie, l'absence d'oeuvre", in *La table ronde*, 1964, retomado como apêndice à segunda edição da *Histoire de la folie à l'Âge Classique*, Paris: Gallimard, 1972, p. 14 do apêndice, e incluído, como outros tantos textos "menores" utilizados na sequência, na coletânea póstuma de Foucault, em 4 volumes, organizada por Daniel Defert e François Ewald: *Dits et écrits*, Paris: Gallimard, 1994. Há tradução brasileira parcial: *Ditos & escritos*, em 5 volumes, Rio de Janeiro: Forense Universitária, 2002.

a mais importante das modalidades da *mania* presentes na cultura grega. Mesmo sob o risco de repetir o óbvio, vale a pena ressaltar a conclusão irrecusável: nem sempre aquilo que nós chamamos de loucura significou doença. Tese que a etnologia confirma, como mostro no apêndice I, ao revelar não só que cada cultura atribui ao desatino uma função diferente, mas que também inventa um modo específico de ser louco.

Importa reter aqui que as múltiplas formas de desatino grego, com exceção daquelas discriminadas como doença humana, foram experimentadas por seu tempo num misto de proximidade e distância que nossa época aboliu e inverteu. Proximidade porque a loucura não é o excluído. Ela habita a vizinhança do homem e de seu discurso, permitindo um trânsito ritual que não desqualifica seu portador nem sua palavra. Ao mesmo tempo, porém, uma distância sem mediação possível: distância inapelável do sagrado, reverência perplexa às forças do mundo, exterioridade da loucura em relação ao sujeito, estranheza da mensagem que ela porta. A relação do homem com a loucura não é a do homem com *sua* loucura. Em outros termos, o homem ainda não fez *sua* a loucura. E visto que a loucura não é a contraface interior que cada qual porta em si de forma velada e que no insano emerge à luz do dia, ninguém verá no louco um *alter ego*. Assim fica excluída qualquer relação de coisificação ou apropriação, e não haverá ardil capaz de provar que esse Outro, afinal, em toda sua estranheza, não passava de uma outra faceta do Mesmo. A loucura não é o Outro *do* homem (do qual ele poderia se assenhorear), mas simplesmente o Outro.

Que essa alteridade fosse irredutível, exterior ao sujeito e alheia a qualquer mediação apropriativa não significava de modo algum que, por conseguinte, a loucura ocupasse um lugar contrário ao da razão. "O *logos* grego não tinha contrário", bem o disse Michel Foucault[28]. Uma desrazão não contraditória à razão é algo que nosso pensamento não está acostumado a conceber. Para se representar a especificidade do estatuto da *mania* grega talvez seja preciso imaginar uma topografia em que o Desatino e o Diferente, em sua multiplicidade, não precisassem ser aglutinados e confinados, prática e conceitualmente, a um único território considerado hostil. Seria preciso pensar a dimensão do insensato numa relação outra, com o sujeito e a razão, que não a da contradição.

Se é verdade que a Antiguidade grega manteve com o louco uma proximidade *de fato* e uma distância absoluta *de direito*, contrariamente à época moderna, em que a identidade com ele é de direito e a distância é de fato,

---

[28] Foucault, *Folie et Déraison, histoire de la folie à l'Âge Classique*, Paris: Plon, 1961, prefácio original da primeira edição suprimido posteriormente e encontrável na coletânea póstuma intitulada *Dits et écrits*, v. I, op. cit., p. 159 (*Ditos & escritos,* I, op. cit., p.152).

através da reclusão asilar[29], o mínimo que podemos dizer, a respeito dessa inversão, é que com ela alterou-se a geografia da loucura. Se antes ela era impensável por estar demasiado próxima e ao mesmo tempo excessivamente distante, tanto do homem como da razão — um pouco como o sagrado, e não sem relação com ele, como já observamos —, a modernidade poderá pensar a loucura porque, ao subordiná-la antiteticamente à racionalidade, médica ou filosófica, terá consumado, no mesmo gesto, sua subjugação.

---

[29] Essa oposição encontra-se em *La pratique de l'Esprit Humain, L'institution asilaire et la revolution democratique*, Paris: Gallimard, 1980, de Gladis Swain e Marcel Gauchet, porém referida à Idade Média/Moderna. Minha reutilização dessa polaridade não implica em qualquer concordância com as conclusões dos autores, nem com o antifoucaultianismo obstinado e o ranço liberalista, dispensáveis e secundários, a meu ver, numa obra tão arguta e sugestiva sob tantos outros aspectos.

LOUCURA E RAZÃO
HEGEL E PINEL, OU A RAZÃO GLORIOSA

À sombra da Revolução Francesa, o primeiro grande clínico da loucura e o maior dos pensadores da Razão convergiram numa estranha mas definitiva aliança: a da anexação da loucura pela Razão. Os ensinamentos de Pinel puderam alimentar o moinho filosófico de Hegel porque, na questão da insânia, a mesma dialética animava a ambos.

O legado maior de Pinel foi a invenção da estrutura asilar — cujos princípios Hegel conhecia — e que serviu de modelo a toda a escola alienista do século XIX (as questões principais com que ela se debateu estão referidas no apêndice III). O alienismo nascente preconizava o "tratamento moral", que consistia *grosso modo* em aplicar as quatro técnicas seguintes na remodelação dos reclusos recém-libertados dos grilhões: o silêncio institucional (que esvaziasse por si só os delírios, tornando-os literalmente "sem efeito"), o julgamento perpétuo (a vigilância e a punição interiorizariam a culpa e a consciência da loucura), a ridicularização (que Foucault chamou de "reconhecimento pelo espelho", em que se convocava a loucura de um para julgar absurda a do outro, e assim invalidar a ambas)[1] e, finalmente, a autoridade do médico, peça-chave do dispositivo. O espaço asilar deveria ser uma cidade perfeita, transparente, racional e moral, em que a loucura pudesse ao mesmo tempo aparecer e ser abolida. Aparecer como uma verdade não só do louco, mas do homem, e ser superada pela força da racionalidade reinante na organização e no funcionamento do asilo.

O essencial é que a loucura do louco passou a ser considerada como a loucura do homem em geral. E isso em dois sentidos. Por um lado a loucura começou a ser pensada como involução a um estágio *precoce* da civilização e do indivíduo, infância psicológica, moral e social da humanidade, em que sua maldade selvagem aparecia à luz do dia. Por outro lado, e ao mesmo tempo, estágio *terminal*: a loucura seria o resultado dos males e excessos da civilização, seu fruto degenerado. O mais primitivo e o mais decadente se encontravam na loucura; no espaço asilar podiam manifestar-se como

---

[1] Foucault, *História da loucura*, trad. José Teixeira Coelho Neto, São Paulo: Perspectiva, 1978, pp. 489 e ss.

verdades de todo homem e, uma vez reconhecidas, serem abolidas (alienadas) na autoridade do médico.

Combate moral, reconhecimento antropológico, autoanulação da loucura e superação dialética. Movimento similar, sem dúvida, ao que Hegel descreve, a seu modo, e cujo pensamento pode ser resumido como segue: a loucura não é o Outro da Razão, mas seu momento. Não seu polo de alteridade, mas uma de suas figuras privilegiadas. Hegel leu Pinel e o levou a sério. Da experiência do alienista o pensador deu uma versão filosófica e extraiu uma conceituação rigorosa, que tentarei reportar a seguir, num esboço sucinto, em companhia do belo ensaio de Gladis Swain a respeito[2].

A CONTRADIÇÃO NO INTERIOR DA RAZÃO

A chave do pensamento de Hegel sobre a loucura está na nota do parágrafo 408 de sua *Enciclopédia das Ciências Filosóficas*, datada de 1817: "a alienação mental não é a *perda* abstrata da razão (...) (mas) somente contradição na razão que ainda existe"[3].

Notemos desde já que loucura — designada por Hegel como alienação mental — não será definida por ele como *ausência* de razão, nem seu *oposto*, mas simplesmente como uma relação *interior* à razão. A sequência — cujas implicações examinaremos mais adiante — já se pode deduzir desse postulado básico mencionado acima: será absolutamente impossível considerar a loucura sob o signo de uma exterioridade efetiva em relação à razão. Mas não nos precipitemos.

Contradição *na* razão. Entre o que e o quê? Os termos desta contradição são, dirá Hegel, por um lado uma totalidade sistematizada — que é a consciência do sujeito —, por outro uma "determinabilidade particular". Examinemos essa contradição à luz de seu reverso. O sujeito são e reflexível, diz Hegel, "tem presente a consciência da totalidade ordenada do seu mundo individual, em cujo sistema subsume todo particular conteúdo que lhe venha da sensação, representação, apetite, tendência etc., e o coloca no posto que lhe cabe racionalmente: é o gênio que domina estas particularidades".

Em outras palavras: são é aquele cuja consciência ordena seu universo sensitivo, ideativo e volitivo numa totalidade hierarquizada e coerente. Sanidade significa ordem, hierarquia, totalização, supremacia organizativa da consciência individual, do "gênio". A loucura sobrevém quando esta

---

[2] Gladis Swain, "De Kant à Hegel, deux époques de la folie", in *Libre*, n. 3, Paris: Payot, 1977.
[3] G.W.F. Hegel, *Enciclopédia das Ciências Filosóficas*, § 408, nota, p. 409, da trad. de Lívio Xavier, modificada em função da versão francesa *Précis de l'Encyclopédie des Sciences Philosophiques*, trad. J. Gibelin, Paris: Vrin, 1978.

hierarquia é subvertida, quando a consciência perde o controle sobre essa totalidade, quando um dos elementos particulares foge à subordinação original. A contradição se dá entre o particular e o universal.

A loucura será sempre a sublevação de alguma determinação já existente no interior da totalidade da consciência, que ganha autonomia e se livra desse todo organizado ao qual pertence por origem. Ao fazer um rápido inventário destes elementos rebeldes, Hegel os chama de "determinações egoísticas do coração": são a vaidade, o orgulho, outras paixões e imaginações, esperanças, amor e ódio. Trata-se, como se pode ver, de elementos "terrenos" e "naturais" (expressões do próprio Hegel), que ao se libertarem da instância que os deveria dominar, rompem a totalidade ordenada. Note-se que esses elementos não vêm de fora dessa totalidade que os quer subjugar, e que a insubordinação não pode ser considerada como a irrupção de um Outro, exterior e irredutível aos termos da consciência. É no interior da totalidade sistematizada da consciência que ocorre uma fissura.

A loucura se instaura quando uma determinação particular se fixa em si mesma e escapa ao seu lugar no sistema, conquistando sua independência em relação à totalidade ordenada. A contradição que marca a loucura está entre a consciência e uma de suas representações. Na loucura o sujeito fica preso a uma particularidade de seu sentimento de si sem conseguir ultrapassá-lo — isto é, sem conseguir fazê-lo aceder à "idealidade" da consciência intelectiva e assim integrá-lo a seu sistema. Esta particularidade, normalmente elemento de uma consciência concreta, neste caso torna-se um corpo estranho e heterogêneo. O sujeito, absorvido que está nesta determinação particular, já não pode subordiná-la a si e sucumbe, subordinando-se a ela e estagnando na particularidade.

Em seu comentário sobre esse texto de Hegel, Gladis Swain aponta para a contradição que o atravessa: por um lado o sujeito enquanto "gênio" que reina sobre o detalhe de seu vivido consciente, por outro sua subordinação a um conteúdo particular da consciência, que se torna assim heterogêneo. Há contradição da totalidade subjetiva consigo mesma: ela contém um elemento que a nega como totalidade, como totalização possível. Mas esse elemento não constitui apenas um obstáculo à totalização subjetiva; ele próprio configura uma totalidade paralela. Coexistem, no louco, um sujeito que crê em suas fantasmagorias e outro que sabe a verdade. Diz Hegel: "Na alienação propriamente dita, se desenvolvem, de modo a formar, cada uma, uma totalidade distinta, uma personalidade, as duas maneiras de ser do espírito finito, a saber, de um lado, a consciência realizada, racional, com seu mundo objetivo, e, de outro, a sensibilidade interna que é para si seu próprio objeto. A consciência objetiva dos loucos se manifesta de vários modos. Por exemplo, os loucos sabem que estão num manicômio; eles reconhecem seus guardas; sabem que seus companheiros também são loucos; brincam entre si sobre sua loucura; se os emprega em todo tipo de trabalho, e às vezes se chega a transformá-los em guardas, mas ao mesmo tempo eles sonham acordados, e estão presos a uma representação particular que não poderia se compatibilizar com sua consciência objetiva"[4].

Convivem lado a lado uma personalidade de vigília — objetiva, aquela que o louco compartilha com os sãos — e uma personalidade de sonho desperto. "As duas personalidades não constituem dois estados, mas estão as duas num só e mesmo estado, de forma que estas duas personalidades que se negam uma à outra se trocam e se contradizem uma à outra." Por conseguinte, conclui Hegel, "na loucura o sujeito permanece em si mesmo na sua negação, isto é, sua consciência contém imediatamente sua própria negação".

O paradoxo da coexistência das personalidades desperta e onírica está na sua simultaneidade. O sujeito, diz Gladis Swain, não está em dúvida entre a lei do coração e da verdade, não há hesitação nem indecisão. O sujeito simplesmente não consegue superar esse "desdobramento no qual caiu". Ele está tão imerso em sua representação insensata quanto enraizado no universo objetivo. O verdadeiro paradoxo, no limite impensável, é que a ideia delirante, embora coexista com outras, não é apenas uma ideia a mais. O louco está tão identificado à sua ideia insensata que seu ser acaba alojando-se nela, por inteiro, não obstante continue conectado com sua consciência racional.

Não se trata de uma oposição simples entre dois lados da pessoa (paixão e intelecto, sentimento e consciência), mas de um conflito entre duas pessoas no seio da mesma individualidade. Esquirol já falava de uma "perda de unidade do eu" na loucura. Mas — e sigo aqui o comentário de Gladis Swain — Hegel vai levar esta observação a sério e a seu extremo, notando que estão em conflito duas "totalidades que se conhecem e se tocam". Como se vê, a consciência ameaçada se reconstitui como totalidade, e a determinação particular também configura um sistema. Uma cisão na totalidade acaba gerando duas totalidades conflitantes, dois sistemas, numa separação da qual o próprio louco tem consciência: "Embora virtualmente ele seja um único e mesmo sujeito, o alienado não se vê a si mesmo como um sujeito que está de acordo consigo mesmo... mas como um sujeito que está dividido entre duas personalidades".

Hegel começa pensando a contradição no seio da totalidade, em seguida focaliza a cisão da totalidade, e finalmente se debruça sobre a positividade do conflito em que se enfrentam duas totalidades psíquicas. O filósofo não pensou o louco como uma entidade monstruosa e excepcional. Pensou-o como ser humano e racional em conflito consigo mesmo, num confronto com sua

---

[4] Hegel, *Philosophie de l'esprit*, trad. fr. A. Vera, p. 376, cit. por Swain, op. cit. As próximas citações de Hegel são extraídas do mesmo texto.

própria desordem. Como os alienistas de seu século, ele espantou-se com a distância que separava o louco de sua loucura, e a tal ponto a considerou fundamental que a *própria loucura passou a ser assimilada a essa distância*. A loucura é esse desdobramento em que se contrapõem uma consciência objetiva e uma subjetividade interior — e que deverá esperar Freud para ser compreendido na base de uma estrutura conflitual própria à organização psíquica e dinâmica do homem em geral, e não só do louco.

Mas já em Hegel a loucura, sem ser remetida ainda a uma estrutura psíquica conflitual e universal, será vista como natural ao homem, e mais: como necessária. A loucura, diz Hegel, é "um dos três degraus que a alma enquanto sentimento percorre em seu combate com o estado imediato de seu conteúdo substancial, a fim de se elevar a essa subjetividade simples em relação consigo mesma que existe no eu, e entrar por aí em posse dela mesma e de sua consciência". A loucura é um momento significativo no qual o homem deve saber reconhecer-se, pois é a expressão do espírito humano em geral na luta da subjetividade pela conquista de sua autonomia. Essa virtualidade não significa que "toda alma deva passar por esse estado de dilaceramento extremo", mas aponta para o caminho que o eu reflexivo deve realizar, contra os conteúdos particulares que o habitam, para aceder à pura reflexividade. Contra eles, e contra a virtualidade de ser capturado por eles. A reflexividade pura se destaca dessa virtualidade, e se erige nesta negação. É porque pode prender-se a ela que também pode desprender-se dela. Porque pode ser racional, o homem pode ser louco. "O que faz com que eu possa me fixar numa representação particular inconciliável com minha realidade concreta é que eu sou antes um eu completamente abstrato e indeterminado, e que, como tal, posso admitir um conteúdo arbitrário e me forjar representações as mais vazias, me tomar por um cão por exemplo, ou imaginar que eu posso voar, porque há suficiente espaço diante de mim para voar, ou porque há outros seres vivos que voam." A loucura aqui está intimamente ligada à linguagem. É na medida em que o homem fala e significa que um sentido do dito pode vir a substituir e desalojar a efetividade do ser. Pela linguagem e pela loucura o homem mostra que não coincide consigo e que se transcende a si mesmo. Através da loucura o homem pode atribuir-se o que não tem, ser o que não é, fazer o que não faz. A loucura é portanto um "privilégio" do homem, desse homem reflexivo cujo fundamento é o conflito e a distância em relação a si. A loucura pode ser pensada como um *acidente* a nível *individual* (não está enraizada na história do sujeito, como em Freud), mas é um *possível* do homem em geral, que lhe determina sua humanidade. O homem tem "por assim dizer, o privilégio da loucura", pois só a ele "é dado de se pensar num estado de completa abstração do eu", conclui Hegel.

Na loucura o homem difere de si mesmo ao atribuir-se o que não tem, declarar ser o que não é e imaginar fazer o que não faz. Através da loucura (e por intermédio de seu significado) o homem contradiz sua realidade bruta e imediata, transcendendo-a. Faz parte da loucura, porém, não só a distância entre o real e o imaginário (não tomo essas palavras no sentido lacaniano, obviamente), entre o ser bruto e a vivência imaginada, mas também uma outra distância, entre a consciência da realidade e a subjetividade imaginária. Há um real, um imaginário e um consciente. A loucura transcende o primeiro e se instala entre os dois últimos. Ela é prova da transcendência do homem em relação ao seu ser bruto, mas é também prova da transcendência de sua consciência em relação a essa imaginação.

A razão intacta na loucura servirá para definir sua natureza, deduzir sua curabilidade e organizar um sistema de classificação das doenças mentais. A classificação de Hegel, fundada no princípio da razão intacta, vai obedecer, entre outros, a um critério espantoso. Quanto mais intacta estiver uma parcela de razão em determinado louco, maior será sua loucura, pois maior será o conflito no louco entre sua insensatez e sua consciência. Mais razão, mais dilaceramento interno, mais fúria, mais sofrimento. Os acessos de mania e de furor adviriam desse dilaceramento insuportável que o louco não estaria em condições de superar (todo o contrário de Kant, por exemplo, para quem loucura não é conflito, mas fechamento total na insensatez).

Chega-se assim à curiosa conclusão de que no extremo da loucura não está aquele doente completamente absorvido por sua insensatez — o idiota, aquele que coincide consigo mesmo em sua demência —, mas aquele que se exaspera por estar em guerra consigo mesmo, que não entrevê solução para o conflito entre a totalidade de sua consciência e a totalidade particular de uma determinação psíquica. Mais louco é aquele que mais está em guerra com sua loucura. O mais louco é aquele que mais está distanciado de sua loucura. O mais louco, enfim, é aquele que está mais consciente de sua própria loucura. Na classificação hegeliana das doenças mentais, a insensatez é diretamente proporcional à consciência que se tem desta insensatez.

Apenas em aparência um paradoxo. Muito menos um jogo de palavras. Pois loucura para Hegel é, como foi dito no início deste capítulo, contradição no interior da razão, conflito, distância de si para si. Não é de espantar, pois, que o critério de Hegel na mensuração da loucura não seja a insensatez do discurso, mas o grau de conflito interior que gera essa insensatez. O sujeito humano "são", por sua vez, é aquele que consegue superar esse conflito, fazendo da loucura uma etapa necessária do eu no seu processo de autonomização em que ele se torna uma reflexividade absoluta.

DO ESTRANHO AO FAMILIAR

Hegel trouxe a loucura para dentro do sujeito humano; mais do que isso, fez da loucura uma dimensão humana necessária. Disse, em última análise, que só é homem aquele que tem a virtualidade da loucura — aquele que pode transcender a si mesmo, que pode conflitar-se consigo mesmo, que pode descolar-se de si através da linguagem — ainda que a humanidade reflexiva implique a superação dessa etapa.

Não se escapa à condição humana por se estar louco, como reza certa tradição filosófica até Hegel, sobretudo a partir de Descartes, mas algo próprio à razão humana se realiza através da loucura. A loucura não deixa de ser o Outro da Razão, mas um outro que lhe é interior, e que por isso não mais a ameaça como uma alteridade radical — ao contrário, em certo sentido a caracteriza. A loucura não está além dos limites da condição humana, apenas os desloca.

Chegados a este ponto, já podemos nos perguntar em que sentido as breves observações de Hegel sobre a loucura comentadas acima refletem, esclarecem e conceitualizam a linha de força essencial do alienismo, tal como foi exposto no início deste capítulo. Não seria abusivo afirmar, antes de responder a essa questão, que a grande invenção teórica dos alienistas começou com a ideia simples mas espantosa para a época, de que a loucura era curável. Parece pouco, mas não é. No fundo, essa novidade correspondeu a uma modificação decisiva no olhar que até então se reservava ao louco: já não era mônada fechada em si mesma, opaca em sua ipseidade e alheia em sua estranheza. Todo o contrário: a loucura passou a ser, como bem o viu Hegel, subjetividade dilacerada e sofrida, conflito do homem consigo mesmo, ruptura interior. E apenas quando essa fissura constitutiva foi detectada como o âmago do louco é que sua interioridade pôde abrir-se para o comércio terapêutico. A ciência psiquiátrica, através dessa brecha exposta no interior do insano (brecha que Pinel abriu e que Hegel pensou), pôde então, a partir da intimidade mais recôndita do homem, agir e intervir sobre a totalidade de seu ser.

Importa lembrar, porém, que se esta engenharia da alma, com todos os dispositivos de socialização cujos princípios técnicos mencionei brevemente no início deste capítulo, repousou sobre a ideia da curabilidade da loucura e da postulação da loucura como conflito (contradição, diria Hegel), essa novidade, por sua vez, não foi gratuita. Em outras palavras, todo esse conjunto técnico e conceitual trazido pelo alienismo, cujas marcas podemos ler em Hegel, só é compreensível como parte daquilo que M. Gauchet e G. Swain chamaram de "processo global de dissolução da alteridade humana"[5]. Trata-se

---

[5] M. Gauchet e G. Swain, *La Pratique...*, op. cit., pp. 205-206. Ver também, a propósito da nova subjetividade atribuída ao louco, G. Swain, *Le Sujet de la folie, naissance de la psychiatrie*, Toulouse: Privat, 1978.

de um movimento histórico de lentidão quase geológica, como dizem os autores, em que as formas imemorialmente acreditadas do estrangeiro — seja ele o selvagem, o feminino, o divino ou o louco — foram pouco a pouco se diluindo na equivalência dos seres. Aquilo que antes, por sua distância manifesta, se revelava diferente por essência, marcando uma disjunção ontológica (da mulher, da natureza, do louco, do cego, do surdo-mudo, do anão, dos estropiados e desgraçados de toda ordem), foi trazido à identidade universal do humano. As figuras da alteridade, dessemelhantes, ocupando na trama das trocas simbólicas uma função de dessimetria original, foram perdendo sua estranheza ao integrarem a nova e homogênea paisagem dos seres. Assistiu-se, assim, a um processo maciço de metabolização da alteridade, que significou o fim de um *fora* simbólico e sua transformação num *fora* concreto e enclausurado — por exemplo, o confinamento efetivo dos loucos.

Obviamente, não se trata de atribuir a Hegel qualquer responsabilidade na exclusão dos loucos, imputação ridícula sob todos os pontos de vista, mas apenas de entender seu pensamento sobre a loucura como parte desse trabalho histórico de desconstrução da alteridade, da exterioridade e da heterogeneidade da desrazão.

Se pudéssemos agora resumir numa só fórmula a distância que separa o conceito hegeliano de loucura da abordagem platônica, tal como a vimos no capítulo anterior, diríamos simplesmente: para Hegel, contrariamente a Platão, não há um além da Razão. Enquanto a Antiguidade grega considerava a *mania* exterior ao *logos*, e (talvez por isso) a situava em sua vizinhança e se "comunicava" com ela, o século XIX fez da loucura um momento interior à Razão, contraditório mas ao mesmo tempo submisso a ela: a loucura não é mais vizinha, e sim refém; ao invés de "comunicar" com ela, trata-se de tutelar uma palavra tomada apenas como balbucio.

Há aqui um estranho paradoxo. A proximidade física dos chamados loucos com seus contemporâneos na Grécia antiga vai de par com a distância irredutível que separa o homem comum da loucura do louco, distância que, não obstante, é percorrível por um vai-e-vem que torna legítima a experiência e a palavra louca aos olhos da razão. No alienismo ocorre o inverso: o isolamento físico dos loucos gera uma proximidade total da loucura com o homem, na qual, porém, nenhum contato é possível porque já é uma palavra sem vez. O paradoxo é que, no primeiro caso, quanto mais próximo mais distante, e portanto mais "comunicável", ao passo que, no segundo, quanto mais distante mais próximo e incomunicável. Do Estranho passou-se ao Familiar, mas não nos iludamos: o Familiar não gerou diálogo, porém dominação.

Não parece fácil esclarecer esse paradoxo. O máximo que podemos dizer, por ora, é que ele está ligado a um deslize já quase imperceptível para nós, mas decisivo, ocorrido na história da loucura de Platão a Hegel:

a desrazão, feita loucura, transformou-se em doença mental. Em outros termos: é provável que Platão não tenha podido *pensar* a loucura porque para ele ela era ainda Desrazão — isto é, uma modalidade de experiência e saber exterior à razão, e por isso não contraditória com ela, mas com a qual uma "comunicação" não estava excluída. A loucura de que fala Hegel, em contrapartida, seria a doença mental, isto é, aquilo que, trazido à intimidade objetivante do asilo, esvaziado de seu conteúdo e desarmado de seus poderes, já não manifesta qualquer caráter sagrado, trágico ou inumano. Pode então, finalmente, ser pensada — isto é, capturada.

Não será inútil lembrar que pelo menos em duas ocasiões[6] Hegel tentou inocentar Platão da acusação de ter feito um elogio à loucura. Baseando-se sobretudo no *Timeu*, Hegel privilegia o enfoque organicista e racionalista de Platão na questão do delírio, e assim oblitera a relação original que a Grécia manteve com a desrazão.

---

[6] Hegel, *Enciclopédia*, § 406 (γγ) nota de rodapé, e *História da Filosofia*, cap. sobre Platão, item 2.

A DUPLA ARQUEOLOGIA
DESRAZÃO E LOUCURA EM MICHEL FOUCAULT

No final do capítulo anterior sugeri que entre a *mania* em Platão e a loucura em Hegel haveria não apenas uma diferença de enfoque, mas um deslocamento histórico decisivo. Levantei a hipótese de que se a *vizinhança, estranheza* e *vai-e-vem* que caracterizam a abordagem platônica da *mania* desembocaram na *exclusão, familiaridade* e *superação* hegelianas, isso corresponde, mais profundamente, à passagem de uma prevalência da Desrazão para a da Loucura em sua versão clínica — denominada Doença Mental. Tese obscura, reconheço, na medida em que nossa cultura mal concebe a diferença entre esses termos. Se entre "loucura" e "doença mental" o senso comum ainda intui uma distinção mais ou menos clara (um seria o equivalente "científico" do outro), e a história dá um testemunho inequívoco (por exemplo, o processo de medicalização da loucura a partir do final do século XVIII, abordado no apêndice III), o mesmo não ocorre com o par "desrazão" e "loucura": nem o senso comum nem a historiografia deixam de confundi-los. Mesmo num estudo tão penetrante de Michel Foucault como sua *História da Loucura* paira certa ambiguidade a respeito dessa distinção. A começar pelo título original do livro, que em sua primeira edição datada de 1961 era *Folie et Déraison, Histoire de la Folie à l'Âge Classique,* e que onze anos depois, em sua segunda edição, foi abreviado para *Histoire de la Folie à l'Âge Classique*, tendo sido amputado justamente dos dois termos que agora nos ocupam: "loucura" e "desrazão". O que terá levado Foucault a suprimi-los? Será que nesse meio tempo a distinção entre eles perdeu o sentido? Improvável, na medida em que ela aparece intacta ao longo do estudo, mantido integralmente e inalterado em todas as edições subsequentes (aliás, até complementado, já que a primeira edição, de bolso, não continha todos os capítulos da tese original — com exceção do prefácio, este sim suprimido na segunda edição, e do qual se falará mais adiante). É possível que a distinção referida tenha dado lugar a tantos mal-entendidos (dos quais trataremos em seguida) que Foucault simplesmente resolveu evitá-la, ao menos no título da obra. Mas também pode ser que essa redução tenha obedecido estritamente a razões de ordem editorial — não repetir a palavra *folie*, ou tornar o título mais curto e incisivo —, com o que todas as elucubrações anteriores se resolveriam na mais simples das hipóteses. Ainda que esta última seja a alternativa correta, também ela constituiria um indício de que a justaposição das duas noções foi considerada no mínimo problemática. Visto que não dispomos de um esclarecimento explícito do autor a respeito, o único caminho que nos resta é examinar de que modo a diferença entre os dois conceitos aparece no corpo de seu próprio trabalho, e em que medida ela é pertinente.

A primeira impressão que se tem ao percorrer a *História da Loucura* é que "loucura" no Renascimento, tal como é descrita nas primeiras páginas do livro — isto é, como experiência trágica e cósmica, que por um saber esotérico mas positivo revela, no delírio do louco, uma verdade *do mundo* —, coincide com aquilo que Foucault chama de "desrazão" ao longo de todo seu estudo. Contemporânea mas contraposta a essa *loucura-desrazão* estaria a experiência crítica da loucura (Brant, Erasmo, Montaigne), centrada em torno da baixeza moral do homem e enunciando, na ironia e derrisão de seu discurso filosófico ou literário, a verdade *do homem*. Portanto, entre essa segunda forma de loucura, que chamaremos de *loucura-crítica*, próxima de um julgamento moral e por isso aparentada à própria razão, e a *loucura-desrazão* mencionada acima, abre-se uma distância decisiva, a mesma, talvez, que há de separar a loucura da desrazão.

O eclipse da experiência trágica e o predomínio da consciência crítica da loucura ainda no Renascimento mostram que a loucura migrou de sua dimensão desarrazoada para a insensatez "razoável". Processo que culminará na Idade Clássica, segundo Foucault, onde "a desrazão se retira e se desfaz" enquanto a loucura tende a afirmar-se mais e mais como objeto de percepção excluído. Com o Grande Enclausuramento do século XVII, com efeito, a desrazão, dessacralizada e silenciada, perderá seu caráter escatológico e uma nova percepção poderá ordenar a loucura em função dos imperativos econômicos, éticos e jurídicos emergentes. Aí não haverá mais lugar para a desrazão, apenas para a loucura. A presença de uma transcendência imaginária cede lugar a uma condenação ética. A loucura começa a avizinhar-se do pecado, das formas excluídas da sexualidade e das transgressões religiosas, da sujeição ao domínio das paixões e à coação do coração. A *loucura-desrazão*, que ostentava as marcas do *inumano*, cede o passo a uma *loucura-desregrada*, mais distante da Natureza, porém mais próxima do homem e de *sua* natureza. Encaminha-se assim, lentamente, para o que será no século XIX: a verdade do homem visto sob o ângulo de seus afetos e seus desejos.

No Hospital Geral, conta Foucault, os loucos são internados juntamente com os doentes venéreos, os devassos, os libertinos, os sodomitas e os alquimistas — todos transgressores da nova ética do trabalho, nem propriamente miseráveis, nem doentes. Mais amplo que o dos loucos, esse submundo de desarrazoados é o novo avatar da desrazão doravante banida do mundo. "O que outrora constituía um inevitável perigo das coisas e da linguagem do homem, de sua razão e de sua terra, assume agora a figura de personagem", explica Foucault. A desrazão, antes inumana e onipresente, agora não passa de uma galeria de tipos desviantes, identificáveis e condenados. Se também antes a desrazão se encarnava em figuras, por exemplo os expatriados na Nau dos Insensatos, não era enquanto tipos sociais concretos, mas símbolos do mal sob sua forma universal. O que antes perambulava por todos os cantos do mundo numa estranha e ameaçadora familiaridade inumana — a desrazão — agora é confinado a um universo social restrito — os desarrazoados, de onde emergirá aos poucos a nova face da loucura. A desrazão, silenciada como uma aventura possível de *toda* razão humana e uma ameaça *do mundo*, é encerrada, a partir do classicismo, numa "quase objetividade". Os desarrazoados afastam-se da desrazão ao se tornarem tipos sociais, e a loucura também, ao se inserir na determinação natural das paixões. A autonomia progressiva da loucura em relação à desrazão vai preparar o terreno para sua ulterior patologização.

Resumamos os traços principais da cisão ocorrida entre a desrazão e a loucura. Enquanto a desrazão era *afetiva*, *imaginária* e *atemporal*, a loucura será *temporal*, *histórica* e *social*. É assim que no próprio momento em que a desrazão é silenciada, a loucura é exibida de forma organizada e explícita, no escândalo de suas formas e, por trás das grades, numa distância protegida.

Não tardará muito, porém, para que a desrazão reapareça, liberta do seu mutismo, eclodindo como desejo e discurso ao mesmo tempo, na figura maior do Marquês de Sade. Nesse final de século XVIII a desrazão não é mais ameaça cósmica como na Renascença, nem iminência animal como no classicismo, mas ainda está, e cada vez mais, infinitamente distante da percepção que a mesma época começa a formar sobre a loucura: subproduto da civilização e de seu progresso, efeito da exacerbação das paixões devido à distância do homem em relação à Natureza, e sobretudo resultado de um "meio" insalubre, que afasta o homem do que lhe é próprio alterando-lhe a sensibilidade. Se a desrazão parece agora, no seu balbucio, ter acesso à verdade do homem, na loucura é a verdade do homem que está perdida para ele.

Na passagem para o século XIX, já liberta de sua vizinhança com os demais desarrazoados, a loucura se oferece para uma analítica médica no próprio espaço asilar. O internamento ganha uma legitimidade moral, terapêutica e epistemológica: doravante será o lugar de enunciação da loucura, reduzida, antes, ao silêncio da exclusão. A reclusão asilar, agora, despojará a loucura de sua aura mítica, de seu parentesco com a pobreza, de seu silêncio perturbador: ela torna-se objeto de conhecimento e, num mesmo movimento, de alienação. Também no internamento clássico o louco estava exposto ao olhar, mas agora trata-se de um outro olhar, menos escandalizado, menos fascinado, menos temeroso e mais penetrante. O medo passa para o lado do louco; sua existência passa a ser medida, subdividida, classificada, vigiada, julgada, responsabilizada ou inocentada, corrigida e punida numa palavra, não excluída, mas dominada.

Pai, Juiz, Família, o alienista, esse mago positivista, faz brotar do interior desta dominação não só uma ciência do louco, mas do homem. Pois aos poucos o que era objeto de conhecimento torna-se tema de reconhecimento próprio: o louco é espelho da humanidade, misto de seus desejos mais primitivos e dos estragos causados pela civilização. A psiquiatria nascente, ao aproximar o homem e o louco sob a forma "científica" da objetivação reificante, operou uma reviravolta de peso na constelação antropológica: a partir daí a alienação passou a ser para o homem a possibilidade de acesso à sua verdade e natureza, como mostrei no capítulo sobre Hegel. A alteridade da loucura foi trazida para o interior de uma dialética em que o homem "só encontra sua verdade no enigma do louco que ele é e não é", como diz Foucault. Mas não nos enganemos: essa nova configuração não significou uma relação original *com a desrazão*, e sim uma dominação física, moral e médica *sobre a loucura*, baseada no Olhar, no Silêncio, na Autoridade e no Julgamento. Que o alienismo tenha acorrentado o homem à sua loucura de um modo novo não quer dizer que ele acolheu uma diferença, mas que, através de um controle, ele conjurou seus perigos e inventou um novo modo de apropriação.

É assim que Foucault vai contrapor, a essa reordenação da loucura, o destino da desrazão nesse mesmo tempo. Goya, Sade, Nietzsche e tantos outros farão do nada e da morte do desatino clássico grito e furor, desforra e vigília. Em sua forma agora mortífera, a desrazão recupera a palavra do modo mais paradoxal possível, como ausência de obra. "A loucura é ruptura absoluta da obra"[1], concluiu Foucault, referindo-se não à loucura-objeto-médico, mas à desrazão-sujeito-de-si (ainda voltaremos a essa formulação intrigante).

Depois desse rápido recorrido podemos concluir o seguinte: enquanto a desrazão é a experiência percebida como inumana, atemporal, imaginária e onipresente, que enuncia, no silêncio ou na desforra, uma verdade *do mundo*, a loucura remete à experiência temporal de um tipo social excluído, e que exprime, no excesso de suas paixões, a verdade *do homem*.

Se a distância entre loucura e desrazão parece clara, nem por isso os equívocos se desfazem. Seria possível apontar dezenas de exemplos em que o termo loucura é utilizado no sentido de desrazão e vice-versa, dando a impressão de que o uso indiscriminado remete a uma indistinção conceitual. Uma observação justa de Roberto Machado nos tira da confusão e nos devolve à trilha inicial. Ele lembra que na *História da Loucura* o termo desrazão é utilizado em pelo menos duas acepções diferentes: uma coisa é a desrazão

---

[1] Foucault, *História da loucura*, op. cit., p. 529.

clássica, diz ele, "que é um produto do Grande Enclausuramento, e portanto um objeto construído", outra coisa é a "desrazão positiva que vai servir de princípio de julgamento da psiquiatria e da racionalidade clássica que lhe preexiste e é por ela reprimida"[2].

A desrazão positiva estaria inspirada na experiência trágica da loucura no Renascimento. É seu aspecto inumano, sagrado e escatológico que reaparece nas fulgurações líricas dos poetas citados por Foucault ao longo de sua obra; é ela que, em vigília, subsiste ao longe, por trás de todas as outras formas de desrazão descritas, como uma virtualidade esquecida mas indestrutível. É ela também que servirá de critério para construir essa história da loucura como uma recorrência às avessas.

Sabemos quão polêmica é essa tese. Ela equivale a dizer que uma experiência fundamental da loucura, reprimida pela história, persiste *por trás* da história ou por debaixo dela. Como se, para além das manifestações da loucura enquanto produções históricas, sociais, teórico-científicas existisse, num outro nível, uma outra experiência, mais originária, que teria sido recoberta e reprimida por esta. Foucault fez posteriormente, e repetidas vezes, a autocrítica severa deste modelo, e insistiu para que a *História da Loucura* não fosse lida como uma história do referente, mas da percepção. "Não se procura restituir o que poderia ser a própria loucura tal como ela se apresentaria inicialmente a alguma experiência primitiva, fundamental, secreta, quase não articulada e que teria sido, em seguida, organizada (traduzida, deformada, travestida, talvez reprimida) pelos discursos e pelo jogo oblíquo frequentemente retorcido de suas operações"[3].

No entanto, se Foucault não quis fazer a história dessa loucura fundamental e de sua repressão — embora quando escreveu a *História da Loucura* ainda estivesse sob o jugo da hipótese repressiva, como ele mesmo reconheceu mais tarde[4] — e sim uma arqueologia da percepção *sobre* a loucura, quererá isto dizer que resolveu ulteriormente minimizar e até abolir de sua obra a diferença analisada acima entre desrazão e loucura a fim de evitar o risco de ser mal interpretado, e talvez por isso, por exemplo, tenha suprimido os termos *Folie* e *Déraison* do título, bem como o prefácio original, tudo isso já na segunda edição do livro? Antes de tentar uma resposta a essa questão, duas palavrinhas sobre esse prefácio tão polêmico na época e hoje já esquecido. Nele Foucault afirma de forma categórica que pretendeu fazer não a história do monólogo da razão (psiquiátrica) *sobre* a loucura — que

---

[2] Roberto Machado, *Ciência e saber,* Rio de Janeiro: Graal, 1981, p. 93.
[3] Foucault, *Arqueologia do saber*, trad. Luis Felipe Baeta Neves, Rio de Janeiro: Forense Universitária, 1987, p. 54. Ernani Chaves comenta certos aspectos problemáticos da "recorrência às avessas" em seu *Foucault e a Psicanálise*, Rio de Janeiro: Forense Universitária, 1988.
[4] Foucault, entrevista a Alexandre Fontana publicada em *Microfísica do Poder*, org. e trad. por Roberto Machado, Rio de Janeiro: Graal, 1984, 4. ed., p. 7.

só pôde ser estabelecido sobre seu silêncio — mas antes a arqueologia deste silêncio. Sabemos no que deu essa tese. Por um lado, o entusiasmo lírico de alguns: Michel Serres, por exemplo, exulta com a ideia (errônea) que Foucault estaria fazendo falar a loucura *em si* e seu silêncio: "Ele busca e descobre as chaves da loucura, como Freud encontra as do sonho, e da mesma maneira: deixando-a falar", ou "A palavra é dada — sem dúvida pela primeira vez — a quem ela foi sempre recusada" ou ainda "dar enfim a palavra a esse povo do silêncio"[5]. Por outro lado, a crítica impiedosa: Jacques Derrida, por exemplo, contesta a própria possibilidade de se fazer a história desse silêncio[6].

A esses mal-entendidos Foucault respondeu, quer na brilhante réplica a Derrida (*Ce papier, ce feu, ce corps*[7]), quer em entrevistas, quer, de um modo mais geral, na *Arqueologia do Saber*. Nessas objeções (incluo entre elas entrevistas dadas já no período de sua "genealogia") destacam-se, a meu ver, dois argumentos. Um primeiro tende a preservar a originalidade do enfoque da *História da Loucura*, ignorado tanto por Serres como por Derrida, a saber que se trata de uma *arqueologia da percepção* — e não história de uma experiência vivida. O segundo argumento maior, cronologicamente posterior, e de certo modo derivado deste, recusa a hipótese repressiva implícita nos comentários dos dois autores (tomo-os como representantes de dois tipos opostos, porém solidários, de "mal-entendidos"). Para preservar essas duas coordenadas maiores de seu pensamento, Foucault recusou a tagarelice de seus comentadores a respeito desse silêncio e, na mesma linha, suprimiu o prefácio (e talvez reduziu o título). Se essa estratégia teórica parece coerente, e em parte efetivamente preservou a *História da Loucura* de um destino exclusivamente lírico, nem por isso dissipou sua problematicidade original. Refiro-me ao fato de que ela é atravessada de ponta a ponta por uma questão que se prolonga em outros tantos textos, de forma direta ou indireta — a da desrazão-sujeito-de-si, portadora de um saber sobre o mundo, mas nem por isso essência original da loucura.

Com efeito, ao longo da arqueologia da percepção *sobre* a loucura, e nos seus interstícios, leem-se os recuos, silêncios, contorções e fulgurações da desrazão. Como em negativo mas sem nenhuma simetria, em filigrana corre a *história da desrazão*. Se Roberto Machado tem razão em afirmar que Foucault não faz uma história *positiva* da desrazão, não é menos verdade que ele traça as marcas dessa história que ele não faz sob o modo positivo. E se Foucault não o faz, não é porque ele supõe que a Desrazão seja uma entidade única ao longo do tempo, essência atemporal da loucura histórica,

---

[5] Michel Serres, *Hermès ou la communication*, Paris, Minuit, 1968, pp. 169 e 185, respectivamente.
[6] Derrida, "Cogito et Histoire de la folie", in *L'Écriture et la différence*, op. cit.
[7] Foucault, "Ce papier, ce feu, ce corps", publicado como apêndice à segunda edição da *Histoire de la folie*, em 1972.

seu substrato eterno e inefável. É porque a desrazão é a negação da história, isto é, da dialética, do encadeamento, da acumulação, do progresso, do sentido, porque a desrazão é aquilo que arruína a possibilidade de qualquer história. Donde a intuição de Foucault, comentada em abundância e com certa maldade por Derrida, de que a exclusão da desrazão é a própria condição da historicidade. Como então fazer a história daquilo que deve ser excluído para que uma história seja possível?

Talvez seja o momento de dizer que essa aporia está na base do projeto de Foucault sobre a loucura, e que, apesar da abreviação do título, da supressão do prefácio e da "retratação" devida aos motivos que já mencionamos, ela deve ser levada a sério. Significa dizer que ela merece ser pensada, e não apenas com as palavras que Foucault usou para resolvê-la ou evitá-la. Assim, ao invés de segui-lo ao pé da letra, desmerecendo, junto com ele, uma vertente problemática que atravessa sua obra, talvez seja mais fecundo ver nesses gestos de recuo, explicitação, supressão, acréscimo, o indício de que se trata de uma zona crítica para o autor, de uma questão em suspenso, lacunar, oblíqua mas nem por isso menos persistente. Penso que é possível fazer com que essa "região problemática" venha à luz sem que isso implique necessariamente incorrer nos equívocos que Foucault recusou de forma deliberada em suas autocríticas e reformulações posteriores. Para que isso aconteça, isto é, para que se possa retomar a questão da desrazão sem ferir as coordenadas teóricas que Foucault quis preservar, seria preciso, a meu ver, adotar duas opções metodológicas bem definidas.

Primeiramente, fazer uma leitura da *História da Loucura* como uma arqueologia em dois níveis, o da percepção (sobre a loucura) e o do silêncio (da desrazão), na sua articulação recíproca. Se Derrida tem razão em afirmar que o silêncio não pode ser dito pois a palavra já é frase, sentido, razão e história — e, portanto exclusão de desrazão —, ela pode ser evocada de muitos modos, como veremos mais adiante, entre eles o próprio *pathos*, que como Derrida bem entendeu constitui um modo metafórico, e não necessariamente um elogio à loucura.

Já vejo as objeções possíveis a uma tal opção metodológica. Privilegiar em Foucault precisamente a dimensão que ele recusou numa autocrítica ulterior não implicaria um desrespeito à sua obra, fazendo vista cega sobre suas contribuições teóricas maiores, tais como a ideia de uma arqueologia da percepção e o questionamento do modelo repressivo? A hipótese da dupla arqueologia não estaria a serviço de um resgate do imaginário pré-foucaultiano em Foucault, assim como Marcuse tentou reabilitar em Marx seu humanismo pré-marxista?[8] Isso não equivaleria a ignorar o "corte epistemológico" que sobrevém, como um divisor de águas, na obra de todo

[8] Herbert Marcuse, *Philosophie et revolution*, Paris: Denoel, 1969.

grande pensador? E com isso será que não estaríamos encaixando Foucault num ingênuo pré-kantismo, fazendo da desrazão a *coisa em si*, face oculta, porém cognoscível — contrariamente ao ensinamento de Kant — do *fenômeno* loucura? Finalmente, não estaríamos tomando o obscuro caminho de uma metafísica da loucura, apoiados numa ontologização dissimulada da desrazão?

A essas objeções eu responderia que uma arqueologia em dois níveis é ainda uma *arqueologia*, e da *percepção*, rigorosamente conforme ao projeto de Foucault. Arqueologia porque trata-se ainda das condições de possibilidade dos discursos, de seus objetos e sujeitos; da percepção porque essa busca se refere a uma sensibilidade e experiência, discursivas e extradiscursivas. A única diferença é que o segundo nível da arqueologia diz respeito às condições de emergência de discursos, objetos e sujeitos que enunciam uma sensibilidade específica, isto é, relativa a uma modalidade de experiência e saber que se diferenciam das da loucura, pelas características que são as suas, que requerem, para serem descritas e formuladas, um tratamento específico, e, talvez, uma linguagem singular, distinta daquela usada pelo historiador da loucura — donde a problematicidade em se abordar a loucura e a desrazão num mesmo relato histórico-arqueológico. É o que se percebe claramente na *História da Loucura*: o texto está entrecortado por passagens onde reina uma espécie de vertigem da linguagem, que não decorre apenas do enlevo lírico do autor. O *pathos* é indício de que o estudo penetrou numa zona de turbulência, isto é, que passou para o nível arqueológico referente à desrazão.

Não ignoro o caráter problemático dessa hipótese. Não pretendo, porém, e no momento nem teria condições de comprová-la. Espero que ela se justifique no curso desse trabalho como uma hipótese auxiliar. De qualquer modo insisto em que a desrazão não se torna por essa via o correlato vivido do objeto de percepção loucura. Nem experiência vivida (no sentido em que Foucault diz que não pretendeu fazer uma história do *referente*), nem verdade essencial (coisa em si) suposta por detrás da loucura fenomênica. Não é, para retomar a expressão de Roberto Machado, a *desrazão positiva*, aquela que, fundada na experiência trágica da desrazão no Renascimento, teria fornecido a Foucault um parâmetro para julgar a história subsequente da "confiscação" da loucura pela racionalidade.

Mas se não é esse invariante histórico, a desrazão tampouco pode ser entendida apenas como o objeto histórico construído na era clássica, produto do Grande Enclausuramento, isto é, o excluído da cidade (Hospital Geral) e da razão (Descartes) no século XVII.

Nem a-histórica nem histórica, a desrazão, objeto desse segundo nível arqueológico na história da loucura, consistiria numa modalidade de experiência da alteridade *historicamente constituída*, cujo traço maior residiria precisamente em contestar a história. Mas toda essa linguagem é equívoca: alteridade, contestação, história, até mesmo desrazão, são termos inadequados, pois estão carregados de uma metafísica substancialista, cartesiana e racionalista. Seria preciso, pois, buscar uma outra linguagem, disponível, por exemplo, em textos "menores" do próprio Foucault, como um prefácio seu a um livro desconhecido, alguma homenagem a um autor cúmplice, um posfácio circunstancial etc. Nesses escritos sem pompa Foucault retoma de forma indireta a questão da desrazão que sempre o obcecou, numa linguagem ao mesmo tempo mais sóbria e vibrante. Penso que seria preciso abordar aquilo que há de problemático na *História da Loucura* à luz desse murmúrio trançado às margens de seus grandes textos arqueológicos e históricos. Desse modo veríamos perfilarem-se naquela obra dois vetores, o *vetor-loucura* e o *vetor-desrazão*, transformando-se, interpenetrando-se, combatendo-se, sobrepondo-se e amalgamando-se ao longo e ao sabor das práticas e saberes históricos. Ficaria mais claro, por exemplo, como eles coincidem no Renascimento, como a desrazão se cala na era clássica, como se contrapõem no século XIX, e assim por diante. O que se concluiria é que a história da loucura é também a história dessa dissociação entre desrazão e loucura.

Se a dificuldade em se conceber essa cisão é hoje tão gritante, que só tem paralelo (ainda que pálido) na dificuldade em se pensar a diferença entre "loucura" e "doença mental", talvez seja preciso, para facilitar-lhe o acesso, adotar uma segunda decisão metodológica: iluminar Foucault com suas fontes e interlocutores; em outros termos, fazer uso não só dos textos "menores" de Foucault, mas também da série de autores referidos por ele no vetor-desrazão, tanto na *História da Loucura* como em seus outros escritos. Com isso veríamos desfilar à nossa frente um curioso feixe de pensadores geniais, inventores de conceitos insólitos tais como Fora, Desobramento, Neutro, Caos-Germe e tantos outros, e que nos serviriam de guias para o que por comodidade ainda chamaremos de região crítica do pensamento de Foucault. Esta será, portanto, a opção desse trabalho: avizinhar-se dessa "região" (que no fundo é uma modalidade de experiência desarrazoada — todos esses, como disse, termos equívocos, a exigirem correções e comentários), *e verificar suas relações com a loucura.*

O encontro do pensamento com a desrazão sempre deu à luz personagens estranhos, como o filósofo-celerado de Sade e Klossowski, o filósofo--transgressor de Bataille, o filósofo-louco para cuja virtualidade o próprio Michel Foucault mais de uma vez nos chamou a atenção, ou ainda o pensador do Fora, do qual tanto falaram, direta ou indiretamente, Nietzsche, Deleuze, Blanchot e tantos outros. Será preciso visitá-los, nem que eles nos confundam.

Uma vez esclarecido o problema, o método, o objetivo e os riscos desse trabalho, já podemos detalhar seu percurso, previsto para três etapas a contar de agora. Primeiramente (próximo bloco), a "região da desrazão" será abordada sucessivamente ao nível da linguagem, da arte, da experiência e do pensamento, apoiando-se em vários autores, textos e conceitos, a fim de elaborar a noção-pivô que servirá de fio condutor para a sequência — a saber o *Fora*[9] e a *relação com o Fora*.

Em seguida (Terceira Parte), se tentará contextualizar essa noção do Fora na maquinaria histórico-arqueológica foucaultiana tal como a entendeu e descreveu Gilles Deleuze, complementando-a e comparando-a com um outro modelo criado pelo próprio Deleuze.

Finalmente, cruzaremos as aquisições dessas duas etapas com os problemas adiantados no presente capítulo, a fim de encetar uma reflexão à guisa de conclusão, a respeito das relações entre loucura, desrazão e pensamento.

Essa estruturação mais ou menos rigorosa não invalida em nada o princípio metodológico que implica um sistema de múltiplas entradas. A multiplicação das árvores e dos caminhos de acesso à floresta não nos devem fazer perdê-la de vista, ainda que, por sua natureza, ela nos leve sem cessar para seu centro excêntrico, o Fora, seu Exterior e sua mais paradoxal Intimidade.

---

[9] A versão do termo *dehors* na língua portuguesa ainda não obteve o consenso dos tradutores. Já foi traduzido como *de-fora*, *de fora* e até como *Lado de Fora* (respectivamente por José Carlos Rodrigues em *Foucault*, de Deleuze, Lisboa: Vega, 1987, para a primeira; por A.C. Piquet e Roberto Machado em *Proust e os Signos*, de Deleuze, Rio de Janeiro: Ed. Forense Universitária, 1987, para *de fora*, e por Álvaro Cabral em *O Espaço Literário*, de Maurice Blanchot, Rio de Janeiro: Rocco, 1987, bem como por Claudia Sant'Anna Martins, com revisão de Renato Janine Ribeiro, em *Foucault*, de Deleuze, São Paulo: Brasiliense, 1988, para *Lado de Fora*).
Minha opção em traduzir *dehors* por "fora" obedeceu às seguintes razões de ordem pragmática, teórica e fonética: a) o termo "fora" tem no português o mesmo caráter cotidiano que tem o francês *dehors*, o que permite sua utilização tanto na linguagem comum como na conceitual; qualquer neologismo (como o *de-fora* ou o *de fora*) oblitera a origem coloquial desta que é uma noção espacial vulgar transformada em conceito, e reduz, portanto, a força que o termo ganha nessa oscilação entre o registro cotidiano e o filosófico — oscilação da qual esse estudo tenta extrair o maior proveito; b) o "fora" permite não só a ideia de proveniência (como o *de fora*), mas também a de destinação, no sentido de um movimento em direção ao exterior, tão importante nos textos de Blanchot, Foucault ou Deleuze —, e que a preposição *de* dificulta ou confunde (por exemplo, numa expressão do tipo "dirigir-se ao *de fora*"), diferentemente do francês, onde o *de* já está incorporado ao *dehors* e não evoca mais proveniência; c) o "fora" não transforma uma *evocação* espacial numa *delimitação* topológica concreta (como o faz o *Lado de Fora*); e d) o "fora" evita cacófatos como "do *de fora*" ou "do *de dentro*".
Poder-se-ia objetar que a tradução por "fora", com a substantivação do advérbio, corre o risco de acarretar a substancialização do conceito, mas este risco, presente também no original *dehors*, pertence à linguagem em geral e cabe à filosofia combater, tanto neste caso como em qualquer outro.

SEGUNDA PARTE
FIGURAS DA DESRAZÃO CONTEMPORÂNEA

Quando se percorre os textos "menores" de Michel Foucault e suas fontes, isto é, escritos heterogêneos situados no seu vetor-desrazão e adjacências, como os de Blanchot, Bataille, Klossowski e tantos outros, percebe-se que estão atravessados por uma espécie de turbulência, mais discreta num caso, mais vertiginosa em outro e que os expõe, invariavelmente, à sedução do Acaso, da Ruína, da Força e do Desconhecido. À turbulência que os abre desse modo damos o nome de *relação com o Fora*, ainda que ela se manifeste de forma diversa conforme se esteja no domínio da experiência cotidiana, do pensamento, da arte ou da linguagem, ganhando em cada caso um colorido específico, um modo próprio e uma denominação singular. Veremos, por exemplo, como a arte, quando se expõe ao Acaso e à Força, gera o *Caos-germe*; ou como a linguagem, ao entrar em contato com a Ruína, implode num *Desobramento*; ou ainda, de que modo o Desconhecido, quando irrompe na experiência cotidiana, o faz sob o signo do *Neutro*. Nomes distintos (e insólitos) para se falar, afinal, de um mesmo feixe de "experiências" e "modalidades de funcionamento". Ocorre que em cada campo essa turbulência "funciona" de um modo específico e cada autor a "experimenta" e designa a seu modo.

Se a heterogeneidade dos textos, referências, autores e níveis abordados justifica essa profusão de noções, o critério que preside à sua seleção permite reuni-los num mesmo arco conceitual. É nesse duplo movimento — o da dispersão convergente — que estão organizados os próximos capítulos: visam a elaborar a noção de *Fora* através de seus modos de manifestação específicos nos diferentes níveis. Em suma, procederemos a um rastreamento da turbulência advinda do *Fora* — à qual chamamos de *relação com o Fora* — primeiramente no domínio da Linguagem, depois da Experiência, da Arte, novamente da Linguagem (sob um outro aspecto) e por fim do Pensamento. Ao cabo desse percurso (em que inevitavelmente os diversos níveis se interpenetrarão, embaralhando-se) estaremos em condições de explicitar plenamente o que entendemos por Fora e justificar a convergência em direção a ele das diversas noções preliminares trabalhadas ao longo dos segmentos desse bloco. Adiantemos porém que se falamos de Fora ao invés de Desrazão (embora em certo nível sejam equivalentes) é porque esta última ainda está carregada de sua referência antitética à Razão. Como veremos, mais abrangente e fecunda, a noção de Fora poderá nos oferecer um campo comum para situar, na sua relação recíproca, a Desrazão, a Loucura e o Pensamento.

A TOCA DE KAFKA
O DESDOBRAMENTO NA LINGUAGEM

Num ensaio sobre Mallarmé[1], Maurice Blanchot define a experiência poética como um ponto em que coincidem a realização da linguagem *e* seu desaparecimento. Esse paradoxo teria sido explicitado pelo próprio Mallarmé. Por um lado a presença da obra, que, nos termos do poeta, não admite "outra evidência luminosa senão a de existir".

Por outro lado, aquém da obra e da evidência de sua existência, da qual ela é portadora, estaria a "presença da Meia-Noite", uma região em que a obra se torna a "busca sem fim de sua própria origem", segundo a expressão de Blanchot. Como entender essa ideia no interior do pensamento de Mallarmé sem recorrer a sua teoria da linguagem?

Para o autor de *Um Lance de Dados...* há dois tipos de palavra: a bruta, ou imediata, e a essencial. A *palavra bruta* é a do cotidiano, que nos coloca em relação com os objetos do mundo, que nos dá a ilusão, através de sua familiaridade, que o mundo é familiar. Transforma o estrangeiro e o insólito em habitual, e ao mesmo tempo se atribui a leveza do espontâneo e da inocência. A linguagem torna-se uma espécie de silêncio transparente, através do qual falam os seres, suas finalidades e sua segurança.

A palavra poética, ao contrário, não remete ao mundo. Este, junto com suas finalidades, diante dela recua e se cala. Na palavra poética fala a palavra e a linguagem recobra sua espessura própria. A linguagem é que se torna essencial, daí chamar-se *palavra essencial*. Nela as palavras perdem a função designativa ou expressiva (não remetem às coisas nem expressam sentimentos) e passam a ter uma finalidade em si mesmas. Desenrolam-se num espaço que se pretende autônomo, constituído de formas, sons, figuras, que entre si estão em relações rítmicas, de composição etc. As palavras passam a ser tudo, mas é justamente no momento em que elas constituem uma obra que também elas atingem esse ponto da própria dissolução. Por quê?

A palavra, que em geral designa a ausência da coisa, ao formar poema, designa esta ausência e ao mesmo tempo a presença dessa ausência. Estatuto

---

[1] Maurice Blanchot, "L'Experience de Mallarmé", in *L'Espace littéraire*, Paris: Gallimard, 1955, p. 42 (*O espaço literário,* trad. Álvaro Cabral, Rio de Janeiro: Rocco, 1987).

paradoxal da palavra poética: faz as coisas desaparecerem e faz aparecer esse desaparecimento numa fulguração noturna. Blanchot tentou entender essa experiência *noturna* da poesia desdobrando-a em dois tipos de noite, correspondentes a dois tipos de experiência.

A *primeira noite* é aquela que devora e faz sumir as coisas do mundo, tal como a escuridão da noite efetivamente apaga o contorno dos seres. Essa é a noite da ausência e do silêncio, onde "aquele que dorme não o sabe, aquele que morre vai de encontro a um morrer verdadeiro", onde o esquecimento é um repouso. Todos nós buscamos essa noite, em que uma morte absoluta nos livraria do ser, que nos permitisse escapar de seu domínio sufocante. É o nada como potência, o poder de fazer da morte uma libertação, uma plenitude, a abolição de um presente através da ausência do tempo. Há nessa esperança a certeza de encontrar na primeira noite uma verdade (ainda que ela seja o nada como plenitude), uma essência, uma segurança (de, por exemplo, ver tudo, finalmente, abolido). É um movimento de *construção*. Nesse sentido é ainda um gesto diurno, pois envolve um trabalho, um esforço, uma esperança, um projeto e uma dialética.

Mas essa noite-segurança de repente se transforma numa outra noite, noite-ameaça. Um pouco como no conto de Kafka chamado *A Construção*[2]. Ali, um narrador se protege do mundo ameaçador cavando uma toca subterrânea, isto é, noturna. A noite subterrânea parece oferecer a segurança de uma morada, mas sua construção exige que a terra seja constantemente removida. Ao proteger-se da ameaça exterior abre-se a seus pés o mais ameaçador dos abismos. "Quando toda ameaça estrangeira parece afastada desta intimidade perfeitamente fechada, aí é a intimidade que se torna uma estranheza ameaçadora", diz Blanchot no mesmo texto.

Há um momento então em que a noite, essa primeira noite, se abre para uma segunda noite. Esta segunda noite não é um trovão, pode ser um sussurro, o escoar da terra, um ruído apenas, incessante, do chão que se abre, do vazio que se torna presente.

O que é então essa *outra noite*? É o "tudo desapareceu" aparecendo, a ausência da primeira noite se presentificando. Aí o sono é substituído pelo sonho, a morte não é suficientemente morte, e o esquecimento torna-se esquecimento do esquecimento. Essa noite já não é mais, como a primeira noite, a plenitude de um nada, a segurança de uma abolição, a construção de um fim.

A *primeira noite* é acolhedora, e nela descansamos através do sono, da morte e do esquecimento. A *outra noite* é sem intimidade, inacessível, incompleta e sem descanso. Em relação a ela estamos sempre do lado de

---

[2] Franz Kafka, *A Construção*, trad. Modesto Carone, São Paulo: Brasiliense, 2. ed., 1985.

fora, numa morte que não morre, num esquecimento que não esquece, num tempo que se repete e nunca acaba.

É assim que, ao tentar se chegar, através do trabalho diurno — a construção —, à essência do noturno — segura morada de uma abolição — chega-se, numa estranha reviravolta, a algo de inquietante, inseguro, incessante e inessencial. Para Blanchot essa reviravolta não é fortuita. A essência do noturno, da primeira noite, é justamente essa *outra noite*, sem essência, verdade ou fim, que só é acessível como o inacessível, que só é visível como invisível, que só é figurável como aquilo que destrói qualquer figura. A obra, que é uma construção diurna, só atinge esse ponto noturno quando ela própria se submete à esfera desta *outra noite*. Paradoxo: a obra só se realiza quando se desmancha. Forcemos nosso português: a obra só atinge sua essência quando se *desobra*. A essência da obra — diz Blanchot, no mais enigmático de seus pensamentos, que ainda nos caberá decifrar é *désœuvrement*, que traduzirei, de forma selvagem, talvez, por *desobramento*.

Retomemos agora a ideia que desenvolvíamos com Mallarmé, de que as palavras, ao passarem a ser tudo (isto é, ao recuperarem sua espessura própria, alheia à função de designação e de expressão) se evaporam, numa vibração cintilante. A palavra poética não se dirige para a segurança de uma presença, como a palavra bruta, mas para a presença de uma ausência, para o aparecimento de "tudo desapareceu" que ela tematiza. Trocando em miúdos (ou antes, em filosofemas, certamente estranhos ao espírito de Blanchot): a palavra poética encontra sua essência, seu *ser* (o "é" de Mallarmé) quando reflete o *não ser* do mundo ("Meia-Noite"), e apenas aí; momento em que a obra atinge sua origem, sua verdade, seu aquém (todas essas palavras a serem entendidas entre aspas), e que Blanchot chamou de "a profundeza do desobramento do ser". *A obra, na sua dimensão mais própria, é desobramento.* A dificuldade desta ideia está no paradoxo de que o desobramento, que é o oposto da obra, também é, e ao mesmo tempo, sua essência mais íntima.

A relação obra/desobramento equivale à relação obra/arte. Desde o princípio Blanchot vai postular o conflito entre obra e arte. A obra "diz o ser, a escolha, o domínio, a forma", e nesse sentido corresponde ao trabalho diurno de construção, mas ao mesmo tempo diz a arte, que é "fatalidade do ser, passividade, prolixidade informe". A forma da obra diz o disforme da arte, o limite da obra diz o indefinido da arte. Entre os dois haverá sempre oposição e estreita vizinhança. Essa luta, entre obra e arte, entre obra e desobramento, Blanchot a descreveu nos seguintes termos: "Incansavelmente nós edificamos o mundo, a fim de que a secreta dissolução, a universal corrupção que rege aquilo que 'é', seja esquecida em favor desta coerência de noções e de objetos, de relações e de formas, clara, definida, obra do homem tranquilo, onde o nada não poderia infiltrar-se e onde belos nomes — todos os nomes são belos — bastem para nos tornar felizes"[3].

Entrincheirados atrás da coerência e clareza das palavras os homens estariam travando uma batalha insólita, contra a ruína do tempo, o nada da morte e a ameaça de dissolução. Em vão. No seio do dia (e da obra), numa atmosfera de luz e de limpidez, surge o "arrepio de terror" diante daquilo que se combateu e se quis evitar. Talvez nem sempre tenha sido assim. Blanchot faz referência a um tempo ("antigamente") em que os deuses ou Deus nos ajudavam a não pertencer a uma terra em que tudo desaparecia, e "com o olhar fixado no imperecível que é o supraterrestre" organizávamos essa terra como nossa morada. Mas hoje, quando faltam os deuses, nos afastamos cada vez mais da presença passageira "para nos afirmarmos num universo construído à medida do nosso saber e livre desse acaso que sempre nos deu medo". Mas essa nova segurança, que parece vitoriosa, comporta uma derrota. "Nessa verdade, a das formas, das noções e dos nomes, há uma mentira, e nessa esperança, que nos confia a um além da ilusão e a um futuro sem morte ou a uma lógica sem acaso, talvez haja a traição a uma esperança mais profunda que a poesia (a escritura) deve ensinar-nos a reafirmar."[4].

À *obra*, esperança-fortaleza, de segurança e verdade, Blanchot contrapõe uma *outra* esperança, mais secreta, profunda e ameaçadora, de *desobramento*. Como à *primeira noite* opõe-se a *outra noite*, como no conto de Kafka em que a construção da toca-fortaleza implica a ruína de seu chão. Blanchot parece querer indicar que a obra só pode ser erigida sobre a dissolução de sua própria base. O "fundamento" da obra acaba sendo o abismo aterrador com o qual (e contra o qual) ela foi construída, e sobre o qual ela se sustenta por um instante ao menos, na iminência, sempre, de ser engolfada de vez. Forçando um pouco diríamos que a essência da obra — aquilo que constitui seu "chão", sua "condição", seu "destino", seu movimento mais próprio — é sua ruína. *O ser da obra é a ruína do ser.*

Que a obra seja (ou conduza a, ou se edifique contra, ou se sustente sobre) desobramento — eis um pensamento ainda obscuro e intrigante. *Désœuvrement* em francês significa, literalmente, ociosidade, preguiça, inação, isto é, um estado alheio ao trabalho e a seu fruto, que é a obra[5]. O *désœuvrement* em seu sentido usual fala de alguma passividade, evoca uma lassidão e até talvez um tédio. Contraponto da obra, entendida como dialética do trabalho diurno, o *désœuvrement* não poderia ser apenas sua oposição simétrica, assim como a morte se opõe à vida. O próprio termo, por seu sufixo,

[3] Blanchot, *L'Entretien infini*, Paris: Gallimard, 1969, p. 46 (A conversa infinita, Aurélio Guerra Neto (trad.), São Paulo: Escuta, 2000).
[4] Idem, pp. 46-7.
[5] "Inoperância" foi a tradução para *désœuvrement* sugerida mais recentemente por Roberto Machado, in *Foucault, a filosofia e a literatura*. Rio de Janeiro: Jorge Zahar, 2000.

lembraria uma ação. Mas como uma inação, uma não-obra pode adquirir o caráter ativo? Como a passividade pode tornar-se ativa conservando seu caráter de passividade? Que passividade é essa, ativa, efetiva e operativa? Que positividade poderia haver nessa ausência de obra que faz dela um ato, isto é, nem uma ausência propriamente dita, nem uma obra?

Segundo problema: será que o discurso pode falar da passividade sem traí-la? Discurso é atividade, que se desenvolve segundo certas regras que lhe garantem a coerência, que é sintética, que é uma memória, que é sincrônica — tudo o que a passividade não tem nem pode ser: poder, unidade. A passividade não apenas se subtrai à linguagem que a trai, ela também a mina. Um jogo de palavras de Blanchot diz mais do que qualquer definição: "*passivité, passion, passé, pas*". O *pas* é recusa e passo, negativo e marcha. O *passé* é o passado imemorial que retorna, dispersando presente e futuro. A *passion* é o estar fora de si. E a *passivité* é tudo isso, inquietude febril, que no ruminar do imemorial recusa o ser e vai mais além, ou mais aquém dele.

A passividade transborda o ser, ou o esvazia. A infelicidade, a servidão do escravo sem mestre, o morrer sem morte, em todas essas situações, diz Blanchot, há o anonimato, a perda de si, e de toda soberania, mas também de toda subordinação, perda do lugar, a impossibilidade de uma presença, a dispersão. Na relação com o Fora (como na loucura, aliás), essa passividade é uma discreta e infinita implosão. Infinita porque sempre inconclusa. Como o morrer sem morte: sem fim, sem finalidade, sem poder, sem unidade. Um transcorrer perpassado pelo perecível. Não é um nada (fortaleza fácil), uma não-vida, mas a "iminência incessante pela qual a vida dura desejando". Esse morrer é uma duração sem *Aufhebung*.

A passividade do morrer sem morte pode ser entendida como uma "profissão de fé" antiontológica. "A palavra do ser é palavra que sujeita, retorna ao ser, dizendo a obediência, a submissão", ao passo que seu contrário, a "recusa do ser é ainda assentimento, consentimento do ser à recusa" — pela simples razão de que "nenhum desafio à lei pode se pronunciar de outra forma que não em nome da lei que assim se confirma". Blanchot propõe então que se abandone a esperança fútil de encontrar no ser um apoio para uma ruptura ou revolta, pois o ser é, em qualquer transcendência, a medida. Daí ser preciso esgotar o ser, levá-lo ao ponto em que cesse a diferença ser/não ser, verdade/erro, morte/vida.

Para se chegar a este ponto (ao qual também chegam a poesia e talvez a loucura), duas vias correm em direções opostas mas se encontram no horizonte: a do excesso e da indigência. A primeira é de Bataille e leva o nome de *experiência-limite*; de Blanchot a segunda, que ele chamou de *neutro*. No desfalecimento em que desembocam ambas anunciam-se duas modalidades distintas, porém convergentes de relação sem gramática (ou seja, sem lei, sem código), isto é, de relação com o Fora em que o próprio sujeito sofre um desmanchamento. É desses dois modos — um pelo excesso, outro pela indigência — que trataremos no próximo capítulo.

A RELAÇÃO SEM GRAMÁTICA
EXCESSO E INDIGÊNCIA NA EXPERIÊNCIA: BATAILLE E BLANCHOT

PELO EXCESSO

A EXPERIÊNCIA-LIMITE

"O fato de nos mantermos abertos a uma possibilidade vizinha da loucura (é o caso de toda possibilidade que tange ao erotismo, à ameaça ou mais geralmente à presença da morte ou da santidade) subordina continuamente o trabalho da reflexão a outra coisa, onde justamente a reflexão se interrompe."[1] Haveria um momento, segundo Georges Bataille, em que cessa a reflexão e seu trabalho: é quando ela se vê face a face com o erotismo, a morte e o extatismo. Frente a esses estados extremos, "extremos do possível", cujo princípio é o desfalecimento do excesso, a palavra é dissoluta. É que nas experiências extremas há um elemento irredutível à calma da reflexão: é o fato de que elas implicam uma decomposição alheia ao espírito da filosofia, que por natureza é trabalho, ordem e acúmulo. A filosofia, diz Bataille, visa pensar tudo, a totalidade dos possíveis, e é sua obrigação abarcar as extremidades do leque desses possíveis. Mas tais extremos dizem respeito ao nascimento e à morte, cujo caráter convulsivo transborda em intensidade o pretenso rigor do filósofo — e o forçam a colocar-se à disposição do excesso.

Não se trata da oposição vulgar entre a razão discursiva e a experiência vivida, mas entre o trabalho e a violência. As pesquisas etnológicas de Marcel Mauss e Roger Caillois revelaram que os primitivos dividiam o tempo em *tempo profano* e *tempo sagrado*. O primeiro é o tempo ordinário, do trabalho e do respeito às interdições. O outro, o tempo sagrado, é o das festas, essencialmente tempo de transgressão das interdições, através do sacrifício ou da licença sexual. Bataille entenderá essa polaridade primitiva como a de uma incompatibilidade radical: o trabalho implica a exclusão do

---

[1] Georges Bataille, *L'Erotisme*, 2. ed., Paris: Éditions de Minuit, 1979, p. 288 (*O Erotismo*, trad. Antonio Carlos Viana, Porto Alegre: L&PM, 1987).

sexo e da morte (isto é, na sua interdição), pois a violência que eles evocam e suscitam, o dispêndio que é sua marca, a desordem que geram representam perturbações inaceitáveis para a ordem profana e cumulativa.

Sobre o que incidem as interdições? Sobre o assassinato, o canibalismo, o contato com os cadáveres e o sangue, ou, numa outra série, sobre a relação com o sangue menstrual, o sêmen, a prostituta, o incesto etc. — em duas palavras, sobre a relação com a *morte* e o *erotismo*. A transgressão ritual, que é sagrada, se reveste de um aspecto tão fascinante quanto terrorífico; libera uma violência desmedida e contagiante que a ordem do tempo profano visava evitar e controlar.

Na transgressão da festa rompe-se a descontinuidade que separava os seres uns dos outros, com seus contornos e limites, e se instaura entre eles uma comunicação e uma continuidade em que se diluem eles e sua existência. Dessa experiência Bataille extraiu uma "moral impossível", isto é, uma exigência de que, através da transgressão, se pudesse, como ele mesmo o disse, "colocar tudo em xeque (em questão), sem repouso admissível".

Maurice Blanchot deu a esse movimento proposto por Bataille o nome de *contestação infinita*, que começa na contestação do indivíduo e desemboca na contestação da totalidade e do próprio ser. "O isolamento, diz Blanchot ao caracterizar a primeira etapa desse movimento, é uma posição do ser que não lhe permite escorregar para fora do ser", pois implica apropriação individual, "vontade e glória de ser tudo nessa particularidade"[2]. Propõe-se então ao indivíduo um objeto com o qual ele possa comunicar, a fim de romper seu limite e seu isolamento. Na experiência mística, esse ser com o qual ele comunica não é finito nem apreensível pela ação, casos em que haveria gozo e posse, isto é, fortalecimento do eu egoísta, e não ruptura dos limites. Esse objeto deve então ser um ser infinito, e implica uma comunicação que leva o sujeito "à perda de si no seio daquilo que é incomensurável a si". Mas na medida em que esse infinito é ser, o ser finito (o sujeito), que se perdeu *enquanto finito*, se reencontra no infinito *enquanto ser* e sai da experiência incólume, com sua existência a salvo. Preserva assim sua possibilidade de ser o próprio ser. Portanto, para ser efetivo, esse questionamento generalizado deve ir além, para que a experiência "desnude a existência", subtraindo-lhe tudo que a ligue ao discurso, à ação, ao sujeito ou ao objeto, e entregando-a ao abandono puro a fim de que deságue na "perda nua dentro da noite", como o definiu Foucault em seu texto sobre Bataille.

Nessa sequência se configura uma incompatibilidade irredutível entre a modalidade de experiência-limite (extática, no caso) e o sujeito que a vive: "jamais o eu foi sujeito da experiência; 'eu' jamais seria capaz disso, nem o indivíduo que sou, essa partícula de poeira, nem o eu de todos que

[2] Blanchot, "L'Experience intérieure", in *Faux Pas*, 2. ed., Paris: Gallimard, 1971.

supostamente representam a consciência absoluta de si: mas só a ignorância que encarnaria o Eu-que-morro acedendo a esse espaço onde, morrendo, ele nunca morre como 'Eu', na primeira pessoa"[3]. Se a *contestação infinita*, que Blanchot também chamou de *paixão do pensamento negativo*, por certos aspectos lembraria o "trabalho do negativo" hegeliano, ele o subverte na medida em que dilui as totalizações possíveis. A experiência interior de Bataille abre, até mesmo no ser acabado de uma suposta totalização do fim dos tempos, "um ínfimo interstício por onde tudo aquilo que é se deixa subitamente transbordar e abandonar por um acréscimo que escapa e excede", diz Blanchot. Aí lê-se a exigência, "não mais de produzir, mas de despender, não mais de ser bem-sucedido, mas de fracassar, não mais de fazer obra e de falar utilmente, mas de falar em vão e de se desobrar".

Há um excesso que desmancha e faz desfalecer a totalidade e o ser, o sujeito e sua obra, transformando-se em a-menos. Movimento complexo e surpreendente, em que a transgressão do limite leva o ser ao seu próprio limite, e cuja lógica Michel Foucault analisou com grande acuidade em seu texto "Préface à la transgression"[4].

Numa Terra devastada e sem Deus, diz Foucault, não há nada para ser violado, negado ou transgredido. Não pode haver profanação num mundo que aboliu até mesmo a ideia de sagrado (lembremos que todas as transgressões primitivas davam-se no *tempo sagrado* e sob seu signo). Se o campo do discurso da transgressão contemporâneo é a sexualidade, não significa que se faça hoje o que nunca se fez, se fale o que nunca se falou, se pense o que nunca se desejou. A transgressão que caracteriza a sexualidade hoje em dia diz respeito a limites efêmeros. Transgressão vazia, diz Foucault, negação que a rigor não nega nada porque não há nada para negar. Na sexualidade ocorre o paradoxo quase impensável de uma profanação sem sagrado. Foucault esclareceu a natureza desse movimento ao mostrar como a transgressão infinita e vazia, que nada tem a transgredir, só é possível graças à morte de Deus, momento em que o homem perde o objeto ontológico maior da transgressão. "A morte de Deus, subtraindo à nossa existência o limite do Ilimitado, a reconduz a uma experiência onde já nada pode anunciar a exterioridade do ser, a uma experiência portanto *interior e soberana*." Já não há um limite externo, que, traçando a fronteira entre o humano e o divino e circunscrevendo o campo do finito em oposição ao infinito, permitiria uma transgressão no sentido estrito, através da qual o homem pudesse atravessar a fronteira e, negando-a, atingir o infinito. Essa passagem, para fora do ser e para além do finito, está vedada ao homem sem Deus, pois "uma tal experiência, na

---

[3] Blanchot, "L'Experience limite", in *L'Entretien infini*, op. cit., p. 311.
[4] Foucault, "Préface à la transgression", in *Critique*, n. 195-6, 1963; incluído em *Dits et écrits*, v. I, op. cit., p. 233 (*Ditos & escritos*, v. III, op. cit., p. 28).

qual eclode a morte de Deus, revela como seu segredo e sua luz, sua própria finitude, o reino ilimitado do Limite, o vazio dessa passagem onde ele (o limite) se esvai e falta"[5].

Como se com o crepúsculo de um Limite exterior, alvo fácil para qualquer transgressão, um outro limite, interior, sempre outro mas a rigor inexistente, fosse necessário para mover a máquina da transgressão — e como se esse movimento infinito de transgressão de um limite evanescente servisse apenas para que o homem experimentasse sua própria finitude. No sexo, e na modalidade discursiva que o caracteriza desde Sade, o homem estaria repassando a finitude de sua condição.

Agora já podemos dizê-lo: a experiência-limite é a experiência da ruína dos limites. Nela não se nega nada, como vimos, pois não há nada para ser negado, a não ser um limite sempre novo mas precário, combustível etéreo para um movimento infinito. A transgressão que o caracteriza estaria mais para a afirmação do que para a negação, "afirmação que não afirma nada, em pura ruptura de transitividade", diz Foucault. Afirmação que revela, talvez, a precariedade, para o homem moderno, da decisão ontológica. Num gesto que evocaria uma superação e vitória como o é a transgressão — revela-se, ao fim, a subtração.

"Dar à filosofia a transgressão por fundamento", como diz Bataille, significaria então, conforme as observações precedentes, colocá-la sob o signo do excesso e do desfalecimento, como numa experiência-limite, em que ela se abrisse, em seu desvanecimento, a uma intensidade desconhecida. Assim como ao tempo do trabalho (e da interdição) se opõe o tempo da festa (e da transgressão), ao filósofo-trabalhador seria preciso contrapor o filósofo-transgressor. A esse tipo de pensador Pierre Klossowski deu o nome de filósofo-celerado, e dele disse que "não concede ao pensamento outro valor exceto o de favorecer a *atividade da paixão mais vigorosa*"[6]. Não tenhamos dúvidas: esse pensador é aquele que nos aproxima de uma virtualidade tão perigosa quanto impensável — e que Michel Foucault considerou não como um acidente possível, vindo de fora, mas como possibilidade constitutiva da relação entre ser e limite no interior de uma linguagem não dialética — a do filósofo-louco[7]. Num mundo em que já não há um Fora (no caso um sagrado, um deus, um Ilimitado), em que "o tudo excluiu todo exterior" (Blanchot), pois o homem, em seu movimento transgressor, abarcou a totalidade do ser (buscando nessa totalidade um termo e um repouso), Georges Bataille abre uma fissura mínima pela qual ressurge, pelo excesso, uma perturbação a

---

[5] Id. ibid.
[6] Pierre Klossowski, "O filósofo celerado", in *Sade meu próximo*, trad. Armando Ribeiro, São Paulo: Brasiliense, 1985.
[7] Foucault, op. cit.

seu ver vizinha da loucura, que ele chamou de "experiência interior" e que nos expõe, já o sabemos, para a mais nua das exterioridades — para o Fora.

PELA INDIGÊNCIA

O NEUTRO

A segunda modalidade de relação sem gramática nos leva ao Fora não por intermédio do excesso, como na experiência-limite, mas através da indigência, e porta um nome (*o neutro*) ao qual a própria gramática reservou um lugar sem glória: a de designar seres que não são masculinos nem femininos. É o caso do *Es* alemão. No latim se diz que um verbo é neutro quando ele não é nem ativo nem passivo. Mas também em outras áreas esse termo é usado. Em política se consideram neutros aqueles estados que não tomam partido entre adversários, ou se fala numa atitude neutra quando ela denota indiferença em relação a uma disputa qualquer. A zoologia chama de neutras as abelhas operárias, que são assexuadas e não podem copular. Na física, os corpos que não apresentam nenhuma eletrização e que não são condutores de corrente também são ditos neutros, e na química se fala em sais neutros quando eles não são ácidos nem básicos. Desse curto inventário léxico do neutro nas diversas disciplinas, retirado de uma aula dada por Roland Barthes no Collège de France[8], se evidencia uma constante: o neutro sempre diz respeito ao "nem... nem...". Nem isso nem aquilo, nem macho nem fêmea, nem americano nem soviético, o "nem... nem..." sempre recusa uma oposição entre dois termos. No entanto, diz Barthes, a oposição (que ele chama de paradigma) é a mola do sentido. "Todo sentido repousa sobre o conflito — quer dizer, a escolha de um termo 'contra' outro. Todo conflito gera sentido. Escolher um e rechaçar outro é sempre sacrificar em favor do sentido, é produzir sentido."

O neutro então seria uma estratégia para escapar ao jogo do paradigma e "se esquivar de suas combinações e arrogâncias". Embora o termo neutro remeta a impressões de monotonia, neutralidade e indiferença, "desarmar o paradigma pode ser uma atividade ardente e fervente". No fundo o neutro é um estado intenso (ou intensivo), que na sua discrição recusa uma oposição binária, mina a polarização que é seu *moto* e arruína o sentido que ela gera.

---

[8] Roland Barthes, aula de 2/1978 no Collège de France, publicada na "Ilustrada" da *Folha de S. Paulo*, 3/10/1987, de onde extraí os trechos que seguem. A transcrição integral do curso pode ser encontrada em *O Neutro*, São Paulo: Martins Fontes, 2003.

É uma operação de guerrilha silenciosa e cansada (o silêncio e a fadiga compõem seu "arsenal tático"), porém eficaz.

Barthes usa uma bela imagem para evocar um desses componentes do neutro, que é a fadiga: o pneu furado que desincha. Parece que ele vai continuar se esvaziando por muito tempo, indefinidamente. A fadiga é esse processo infinito de um fim que nunca chega. Processo infinito porque inconcluso. Nesse sentido é um curioso paradoxo a contraposição entre a fadiga e a morte: "A fadiga é o contrário da morte pois a morte é o definitivo", enquanto a fadiga é o "que não acaba 'nunca'".

Apesar de ser "a mais modesta das desgraças" (Blanchot), e embora não tendo uma relevância social — pois é uma intensidade, e a sociedade é estruturalista, só reconhece as oposições entre termos —, a fadiga pode fazer emergir o novo. "Coisas novas podem nascer da lassidão... Estamos miticamente acostumados a considerar toda mutação revolucionária como um ato, essencialmente viril, cheio de brio", porém a fadiga, por ser um estado intensivo capaz de suspender exigências e tornar vãs solicitações sociais, pode nos abrir para o inesperado.

O outro componente do neutro é o silêncio. Antigamente, diz Barthes, havia dois tipos de silêncio, que o latim designou como *sileo* e *taceo*. *Tacere* é o silêncio verbal, de alguém que não fala. *Silere* se referia a uma tranquilidade, uma ausência de movimento e de barulho. Era usado para a lua, os botões de flores, e significava que essas coisas se calavam, numa "virgindade intemporal", antes de elas nascerem ou depois de sumirem. O *silere* é um estado original do mundo e da natureza, anterior a qualquer paradigma. Mas quando Deus deserta a natureza, ou se desdobra como paradigma (pai e filho), e sai do *silere* original, aí passamos para o *tacere*, em que o silêncio é contraposto ao falar e equivale ao não-falar. É o que faz Barthes dizer que hoje "só existe um silêncio de palavras".

O silêncio associado ao neutro não implica necessariamente uma interrupção do fluxo verbal — mesmo porque uma mera interrupção não é forçosamente silenciosa, isto é, pode ser o lugar significante por excelência, o implícito de um crime, a ironia política, enfim uma estratégia mundana. O direito ao silêncio que Barthes reivindica — como Blanchot o faz com relação à passividade — está mais próximo do silêncio cético, que é o silêncio sem razão, sem implícito, silêncio do pensamento.

Tanto a passividade quanto a fadiga ou o silêncio têm por efeito desarmar o paradigma e suas armadilhas. Estratégia discreta e suave, mas nem por isso menos eficaz (inclusive do ponto de vista político; recentemente Jean Baudrillard analisou a "maioria silenciosa" como uma estratégia para a qual nossos jogos políticos e mundanos estão pouco preparados). Antes de entrar no terceiro componente do neutro (sua dimensão desejante), gostaria de chamar a atenção para um item lateral na aula de Barthes, mas a meu ver essencial na abordagem do neutro. Trata-se da oposição lugar/espaço. O texto diz: "O que me cansa é procurar (sem encontrar) meu lugar. Essa fadiga é transformada se não me for pedido de ocupar um lugar, mas de flutuar num espaço. Lugar e espaço são termos opostos". O autor reclama dessa exigência imperativa e constante de tomar partido, definir posições, situar-se em relação ao marxismo, aos diversos problemas e correntes. Há uma obrigatoriedade de sempre circunscrever um lugar linguístico, ideológico, político, literário, pouco importa, de a qualquer momento estar em algum ponto definido em relação aos outros pontos, contraposto a eles, numa série de oposições ou alianças previamente dadas. Chamaremos a isso de despotismo tópico. Em Barthes parece haver a sugestão de que um "flutuar no espaço" pudesse representar promessa de repouso.

Paradoxo: nós costumamos associar o repouso ao "lugar" — um lugar na vida, na profissão, na estrutura familiar, um lugar na praia, numa casa de campo, um lugar ao sol... E Barthes nos diz justo o contrário: o império dos lugares cansa. Ao invés dos lugares, o espaço. O neutro representa o recuo dos lugares em direção ao espaço — com tudo o que isso implica em termos de possibilidade de circulação, estados intensivos e uma nova modalidade de experiência nômade. Nela prima o indefinido, o indeterminado, a deriva, a errância, a perda etc. Quando referirmos esse aspecto à loucura veremos a relevância do recuo de um lugar em direção ao espaço, e a nova modalidade intensiva que essa passagem inaugura.

Vejamos agora a questão do desejo no neutro. Diz Barthes: "Pode-se dizer que o neutro é suspensão da violência, mas enquanto desejo, o neutro é violento". Ideia incomum, na medida em que, à primeira vista, e tomando-se o neutro em sua acepção mais apática — de indiferença —, o neutro seria, no fundo, o grau zero do desejo. Mas há, diz Roland Barthes, com quem sigo ainda um pouco esta reflexão, um desejo de neutro. Não é o "desejo de nada" que Nietzsche desprezou com tanta veemência. É desejo, primeiramente, da "suspensão das ordens, das leis, das combinações, das arrogâncias, dos terrorismos, dos pedidos, dos 'querer agarrar' (...) da sociedade em relação a mim". Trata-se do desejo de neutralizar tudo aquilo que me solicita sob o modo da coação, seja ela suave, hostil ou tirânica. Poderíamos falar aqui de um desejo vital, no sentido em que a vida se defende de tudo aquilo que visa capturá-la. Desejo de fuga diante da captura. É o que Barthes expressa ao dizer: "O neutro, para mim, é esse não irredutível". O não à captura não adere entretanto ao "puro discurso de contestação", que não passa do reverso daquilo que ele contesta. A recusa que vem do neutro incide ao mesmo tempo sobre o contestador, sobre o alvo de sua contestação (o contestado) e principalmente sobre a dialética que os une, indissociavelmente. Operação difícil, cujo risco consiste em, afastando as solicitações e contrassolicitações, mergulhar finalmente em si mesmo. Não, responde Barthes, o desejo do neutro não é um desejo de si, um narcisismo. Ao contrário, trata-se de dissolver a própria imagem — o que só parece possível quando já não se teme as outras imagens. Curioso desejo, esse que se afasta do mundo recusando suas oposições pré-fabricadas e os temores que elas suscitam, não para refugiar-se no abrigo de uma subjetividade "autêntica", mas para dissolvê-la.

O reverso desse "niilismo estratégico" é o que Barthes chamou de benevolência. Em relação a um pedido amoroso, a benevolência significaria: "não recuso, sem necessariamente querer", o que não equivale a um apático "nem... nem...", mas a uma estratégia. "Não é ausência, nem recusa do desejo, mas é flutuação do desejo eventual fora do querer agarrar."

Flutuação evoca oscilação, circulação, mobilidade. Poderíamos opor aqui flutuação e querer agarrar, ou, em outros termos, *flutuação* e *captura*, movimento e aprisionamento. O neutro: um estado intensivo cujo poder de microcorrosão é capaz de desmanchar cristalizações capturantes, liberando o movimento para fora dos circuitos existentes. Espécie de abalo sísmico minimalista, que pode desfazer algumas conexões estratificadas para possibilitar outras, inéditas ou insólitas.

Relembremos com que peças Roland Barthes montou sua noção de *neutro*: fadiga, silêncio, benevolência, flutuação, espaço, ruína do paradigma. Essa articulação prolonga, esclarece e faz eco às reflexões de Blanchot sobre o *desobramento* (a passividade, a outra noite, o morrer infinito) e ao mesmo tempo nos introduz ao pensamento original do próprio Blanchot a respeito do neutro (do qual Barthes é, pelo menos em parte, tributário, razão pela qual nos serviu de introdução a ele). Tratemos então de aprofundar a noção de neutro a fim de entendê-lo como uma modalidade específica da relação com o Fora.

O INCONSCIENTE E A RELAÇÃO NEUTRA

Sob certos aspectos o neutro parece evocar o inconsciente freudiano. Num belo ensaio intitulado "Pour une approche de la question du neutre"[9], Jacques Rolland tenta essa aproximação, mostrando como o neutro de Blanchot lembra o conceito de inconsciente tal como ele aparece na obra de Jacques Lacan, sobretudo no texto *Os Quatro Conceitos Fundamentais da Psicanálise*. Não será inútil reportar os traços mais mercantes dessa similitude.

---

[9] Jacques Rolland, "Pour une approche de la question du neutre", in *Exercices de la patience, Cahiers de Philosophie*, n. 2, Paris: Obsidiane, Inverno 1981, número dedicado a Blanchot, p. 11.

Diz Lacan, por exemplo, ao referir-se à primeira característica do inconsciente: "O inconsciente, primeiro, se manifesta para nós como algo que fica na espera (*dans l'attente*), na região (*dans l'aire*), eu diria, do *não nascido*"[10]. Nem irreal nem não-real, nem ser nem não ser, esse não nascido, completa Lacan, é da ordem do "não-realizado". Daí nossa dificuldade em concebê-lo: situado aquém do ser, numa esfera pré-ontológica, ele é aquilo que não se presta a nenhuma ontologia.

Em segundo lugar, diz Lacan: "A descontinuidade, (...) forma essencial com que nos aparece de saída o inconsciente como fenômeno — a descontinuidade, na qual alguma coisa se manifesta como vacilação. Ora, se essa descontinuidade tem esse caráter absoluto, inaugural, no caminho da descoberta de Freud, será que devemos colocá-la, como foi em seguida a tendência dos analistas — sobre o fundo de uma totalidade? Será que o *um* é anterior à descontinuidade? Penso que não, e tudo que ensinei esses últimos anos tendia a revirar essa exigência de um *um* fechado — miragem à qual se apega a referência ao psiquismo de invólucro, uma espécie de duplo do organismo onde residiria essa falsa unidade. Vocês concordarão comigo em que o *um* que é introduzido pela experiência do inconsciente é o *um* da fenda, do traço, da ruptura"[11].

Aquém do *ser* e aquém da *unidade*, como querem os dois parágrafos citados, o inconsciente também é aquilo que não pode ser dito. Haveria uma "necessidade de desvanecimento que lhe parece ser de algum modo inerente — tudo que, por um instante, aparece em uma fenda, parecendo ser destinado, por uma espécie de preempção, a se cicatrizar, como o próprio Freud empregou a metáfora, a escapulir, a desaparecer"[12]. Na relação analítica "alguma outra coisa (do que é dito) pede para se realizar". O que se acha imediatamente se perde. "Esse achado, assim que ele se apresenta, é rememoração... sempre pronto a desaparecer novamente, instaurando a dimensão da perda." E Lacan arremata com uma imagem cara a Blanchot: "Eurídice duas vezes perdida, tal é a imagem mais sensível que podemos dar, no mito, daquilo que é a relação de Orfeu analista ao inconsciente".

Lacan recusou a psicologização da teoria analítica sobre o inconsciente, preservando seu caráter evanescente e negativo, alheio a qualquer visibilidade, consistência e verdade. O aspecto pré-ontológico, descontínuo e inapreensível (isto é, alheio ao dizer) do inconsciente lacaniano nesta sua vertente — muito diferente daquela que a ortodoxia lacaniana tenta nos infligir — nos aproxima

---

[10] Jacques Lacan, *O Seminário*, Livro 11, "Os quatro conceitos fundamentais da psicanálise", trad. M.D. Magno, 2. ed., Rio de Janeiro: Zahar, 1985.
[11] Idem, p. 30.
[12] Idem, p. 46.

do neutro de Blanchot, que também vacila numa virtualidade aquém do ser, da unidade e da palavra.

Ao "historiar" o neutro, Blanchot escreve o seguinte: "O neutro é assim constantemente rechaçado de nossas linguagens e de nossas verdades. Recalque (*refoulement*) descoberto de uma maneira exemplar por Freud, que por sua vez interpreta o neutro em termos de pulsão e de instinto, e depois finalmente numa perspectiva ainda antropológica"[13]. Freud teria revelado o recalque do neutro, mas o teria antropologizado em seguida. Numa nota de rodapé Blanchot tenta nuançar a acusação, observando que "certamente, isso foi dito rápido demais, e injustamente". Seja como for, há aí duas ideias a reter: de um lado Freud teria *descoberto a repressão* do neutro; de outro lado, porém, ao *interpretá-lo* de certo modo ele já o teria *perdido*. Assim, ao mostrar que é possível referir o neutro ao inconsciente freudiano (sem por isso assimilá-los) — desde que em sua versão pré-ontológica e não psicológica que os epígonos da psicanálise sepultaram, ao lhe recusarem a faceta mais estrangeira, inumana e insurreta —, Jacques Rolland parece plenamente sintonizado com a reflexão de Blanchot. Pois Blanchot sugere que o inconsciente pode ser visto como um dos avatares do neutro, ainda que a domesticação a que o submeteram Freud (em parte) e seus sucessores confirme a hipótese mais geral de que o pensamento seria incapaz de acolher o neutro sem sublimá-lo — isto é, sem privá-lo de sua dimensão de desconhecido.

Pois há no neutro (assim como no inconsciente, ao menos por definição) uma dimensão fundamental de desconhecimento. Blanchot o diz com todas as letras: o desconhecido é um neutro. Não penso estar violentando a fórmula de Blanchot ao invertê-la: "o neutro é um desconhecido" ou "o neutro é o desconhecido". Desde que fique claro o que Blanchot entende por desconhecido. Primeiro mal-entendido a afastar: o desconhecido não é o ainda-não-conhecido, objeto de um futuro saber, cuja revelação está inscrita na ordem do tempo e do progresso humano. O desconhecido não é um futuramente-a-ser-conhecido, um prematuro objeto do olhar que o acúmulo do saber há de desvelar a seu tempo, num porvir adequado. Mas, segundo mal-entendido a evitar: o desconhecido não é o "absolutamente incognoscível", transcendente a qualquer faculdade de conhecimento ou meio de expressão. O desconhecido não é nem o prematuro na ordem do tempo, nem o transcendente à ordem do saber, mas paradoxalmente é o objeto maior do pensamento e da poesia — enquanto desconhecido. Ideia que Blanchot estica até o limite do insuportável: "Supomos uma relação onde o desconhecido seria afirmado, manifestado, exibido: descoberto — e sob qual aspecto? Precisamente sob aquele que o mantenha desconhecido". Analogamente à análise de que falava Lacan, esta relação, diz Blanchot, deve

---

[13] Blanchot, "René Char et la question du neutre", in *L'Entretien infini*, op. cit., p. 441.

deixar intacto — não tocado — o que ela porta e não desvelado o que ela descobre. Donde a conclusão de que "o desconhecido não será revelado, mas indicado". A ressonância heraclitiana ou heideggeriana é evidente, mas logo veremos como, ao menos a última, é apenas aparente.

A relação com o desconhecido é impossível sob o modo do conhecimento objetivo (pois não se trata de um objeto-ainda-não-conhecido), do conhecimento intuitivo (não se trata de uma transcendência) ou da fusão mística. O esforço de Blanchot visa apontar para uma relação que recuse o que, de um ou outro modo, essas formas de conhecimento implicam: a identidade, a unidade, em uma palavra, a presença.

A relação com o neutro entendido como o desconhecido, com o *neutro enquanto desconhecido*, significa que esse desconhecido não pode vir à luz pois pertence a uma região estranha à visibilidade, sem que no entanto seja completamente invisível. Blanchot está questionando a história do conhecimento, calcada na metáfora do olhar e da luminosidade. Tenta mostrar como essa tradição do conhecimento como olhar nos tem levado às figuras da vista de *conjunto*, panorâmica da *continuidade, presença*, traços que marcaram não só a forma, mas também o *campo* do pensamento.

Essa reticência de Blanchot à metáfora luminosa, da claridade, já seria suficiente para marcar a distância que o separa da ontologia fundamental heideggeriana — onde, segundo Blanchot, o ser é o que "se aclara, se abre e se destina ao ente que se faz abertura e claridade". Numa nota de rodapé em que ele explica o fracasso de Heidegger em sua aproximação do neutro — seria impossível assimilar o neutro ao Ser — conclui: a "relação do *Sein* e da verdade, velamento se desvelando na presença da luz, não nos dispõe à busca do neutro tal como o implica o desconhecido".

Nem visível nem invisível, inatingível sob o modo do conhecimento objetivo, místico ou intuitivo, fora de qualquer claridade que faz sistema (identidade, unidade, perspectiva, conjunto) o que seria então um contato com o *desconhecido enquanto desconhecido*?

Como vemos, para indicar esse desconhecido Blanchot rejeitará sucessivamente os modos de circunscrevê-lo seja a alguma *região* (transcendência, o *Sein*) seja a um *tempo* (o a-ser-conhecido no futuro) seja a alguma *modalidade de apreensão* (objeto presentificável *à luz de*). Desconcertante quanto possa parecer, o desconhecido não é objeto nem sujeito. Não é da ordem de um objeto do conhecimento, nem de um sujeito do conhecimento, e nem mesmo da ordem de qualquer conhecimento que seja, dirá Blanchot, pois esse desconhecido só é acessível à palavra na medida em que não for compreendido, captado ou identificado. Para Blanchot trata-se de viver com o desconhecido diante de si, o que significa, radicalmente, viver diante do desconhecido e *diante de si como desconhecido*. A versão poética deste pensamento está em

René Char, que eu não ousaria traduzir: *"Un être qu'on ignore est un être infini, susceptible, en intervenant, de changer notre angoisse et notre fardeau en aurore artérielle"*[14]. Esse poema fala de uma disponibilidade fundamental para a surpresa advinda do ignorado, que não podemos assimilar a um ser divino pela simples razão de que o neutro não poderia ser acesso a um lugar de repouso e referência, mas sua perda. O neutro não leva a lugar nenhum, e nunca está onde o situamos. A marca maior do neutro é seu caráter intrinsecamente atópico, não por ele ser uma fantasmagoria ou um ser invisível, mas por não ser da ordem nem do ser nem do objeto (objeto é aquilo que tem um lugar detectável no interior de um campo).

Se a dificuldade em problematizar o neutro aumenta à medida que se descartam sucessivas definições, é porque a própria língua nos trai ao substantivá-lo, dando a entender que ele teria uma substância ou uma subsistência. Conviria, ao invés de dizer *o neutro*, falar de uma *relação neutra*. Relação neutra é aquela em que o sujeito não está. Isto é, é a relação que desmonta o estar-do-sujeito, que o subverte enquanto subjetividade, centro, projeto. A relação neutra é a que acontece sob o signo da ignorância, como o mostra o poema de René Char, da abertura para um desconhecido, um não-controlável, um estrangeiro, uma alteridade desconcertante. A relação neutra é o desmanchamento de um sujeito sob a avalanche silenciosa de um estranho, que não é um ser, nem uma ausência, mas a própria dimensão do desconhecido, ou do desconhecimento. Nesse sentido difere radicalmente dos modos de relação intersubjetiva mais conhecidos, que Blanchot descreveu dividindo-os em três tipos principais. No primeiro o interlocutor é possibilidade objetiva do mundo, e eu o trato segundo as categorias da objetividade. No segundo, ele é um outro eu, distinto de mim, talvez, mas tendo em comum comigo o fato de possuir uma identidade egoica básica que eu posso deduzir a partir da minha própria pessoa. Terceira possibilidade, uma relação imediata onde um se perde no outro e a distância se abole. Respectivamente: anexar o outro enquanto coisa ou *objeto* de meu olhar ou conhecimento, reencontrar no outro um *outro eu*, meu semelhante, ou encontrá-lo na forma da *identidade fusional*.

Na relação neutra, ao contrário, não se busca uma medida comum, nem a pertinência a um espaço comum, nem uma continuidade entre o outro e eu. Trata-se de uma relação com o outro enquanto estranho, separado, numa distância infinita que o situa irremediavelmente *fora* de mim, numa radical alteridade pela qual, entre ele e eu, há uma interrupção de ser; nem outro eu, nem outra existência, nem outra modalidade, nem deus — simplesmente o desconhecido. Alteridade própria à relação neutra[15].

[14] René Char, citado por Blanchot, op. cit., p. 445.
[15] Blanchot, op. cit., pp. 97-115.

Ao invés de uma geometria euclidiana, uma superfície de Riemann, capaz de introduzir no campo das relações uma distorção apta a perturbar qualquer comunicação direta, frontal ou unificadora. Dissimetria e anomalia fundamentais, próprias ao que os físicos chamariam de "curvatura do universo", e que à palavra caberia não encobrir, mas manifestar. Não opor à interrupção de ser uma palavra unificadora, mas aceitar essa ruptura abissal como o "fundo" de uma palavra plural. Isto é, não ser filósofo, se, como ironizou Heine, "com seu gorro de dormir e com os trapos de seu camisolão, o filósofo procura tapar as brechas do Universo"[16].

A relação neutra, já o intuímos, não é uma relação no sentido de copresença, de comunidade (de palavra, de tempo), de reciprocidade na distância (a distância entre A e B jamais equivale à distância entre B e A), de compreensão apropriativa.

Relação com o estranho, o estrangeiro, a alteridade, com aquilo que irremediavelmente estará *fora*, do meu espaço, do meu tempo, da minha consciência, do meu eu, da minha palavra, do meu controle. Estará fora do meu mundo, de forma desconhecida, impessoal, na mais próxima distância, na mais ausente das presenças, como aquilo que excede o meu pensar, convulsiona meu sentir, desarma meu agir. Isso que está fora, que nos ocupará longamente logo mais, Blanchot o chamará, literalmente, de *o Fora*.

Se os dois primeiros tipos de relação catalogados por Blanchot são de identificação imediata — objetiva e dialética, respectivamente — e o terceiro de unidade imediata, a relação neutra não será nem intersubjetiva, nem transubjetiva, pois já não se situa no campo de uma relação entre um sujeito e outro sujeito, em que algo fosse afirmado ou realizado. É uma "experiência onde o Outro, o próprio Fora transborda todo positivo e negativo, é a 'presença' que não remete ao Um e a exigência de uma relação de descontinuidade onde a unidade não está implicada. O Outro, o Ele, mas na medida em que a terceira pessoa não é uma terceira pessoa e coloca em jogo o neutro"[17]. O Outro é um Ele, que nos chega na forma de um Outrem, mas que remete ao Fora.

A questão do Outro em Blanchot segue a trilha aberta por Emmanuel Levinas, que em sua ética "fundamental" substituiu, ao primado da ontologia, o da relação de alteridade. Entretanto, ao assimilar o Outro ao Fora, como no texto acima, Blanchot utiliza essa ética como uma estratégia de des-subjetivação (como mostrarei mais adiante), isto é, de abertura para o Fora. No mesmo sentido vão as duas noções complementares que veremos a seguir — a do Impossível e do Obscuro — bem como a do início desse

---

[16] Citado por Renato Mezan, in *Freud: A trama dos conceitos*, São Paulo: Perspectiva, 1987, p. XII.
[17] Blanchot, op. cit., p. 102.

capítulo — do Desconhecido. Todo esse conjunto aponta, por vias diferentes, para o que Blanchot chamou de relação neutra.

O IMPOSSÍVEL

Haveria dois sentidos para "possível". O primeiro é o corriqueiro, em que se diz "isso é possível", indicando que nada o impede, nem a língua, nem a ciência, nem os costumes. É quando o possível "não está em desacordo com o real", pode vir a acontecer, mas não necessariamente[18].

No segundo sentido, a possibilidade é "o ser, mais o poder de ser"; ela "estabelece a realidade e a funda"; só se é aquilo que se é na medida em que se pode sê-lo, em que se tem o poder de sê-lo. O possível, aqui, se refere ao poder, à potência, a algum tipo de apropriação de força. Nossas relações no mundo e com o mundo sempre serão "relações de potência", onde por trás da possibilidade está a potência, para não dizer uma violência. Por exemplo, a possibilidade da morte se torna um poder-morrer, uma apropriação possível. A possibilidade da palavra se torna palavra enquanto poder, violência sobre as coisas ou sobre os homens. A possibilidade de compreensão torna-se essa captura "que recolhe o diverso no um, identifica o diferente e traz o outro ao mesmo, por uma redução que o movimento dialético, após um longo caminho, faz coincidir com a superação". Nesse caso trata-se de tornar o desconhecido conhecido, "dar a razão", explicar.

É aí que Blanchot se pergunta: não haveria relações que escapam a esse movimento de potência advindo do possível? O reverso da mesma questão poderia ser formulado como segue: e o que ocorre com o impossível?

O impossível é aquilo que não se apresenta sob o modo da possibilidade, do poder, da apropriação ou da subjugação. E que sentido pode ter esse impossível que a compreensão é tão incapaz de apreender, já que ela é, por natureza, poder e captura? O impossível, diz Blanchot, não está aí para fazer "capitular o pensamento, mas para o deixar se anunciar sob uma outra medida que (não) a do poder". E qual seria essa outra medida? A resposta vem na forma exasperante de um círculo vicioso: "Talvez precisamente à medida do *outro*, do outro enquanto outro, e não mais ordenado segundo a claridade do que o apropria ao mesmo". Enquanto acreditamos estar pensando o estranho e o estrangeiro, pensamos o familiar e o próximo (a menos que nos instalemos na quarta modalidade de relação referida anteriormente, e que se explicita na relação com o impossível). E quando nos referimos ao impossível, em geral o fazemos sob o pano de fundo da possibilidade apropriativa, e o

---

[18] Idem, pp. 59 e ss., de onde foram extraídas as citações da sequência.

vemos na forma de um fracasso (a menos que essa seja uma relação com o Fora, como veremos mais adiante).

Como então pensar (relacionar-se com) o impossível *enquanto impossível*? Para pensá-lo é preciso entender a subversão temporal em que isso implica. Na impossibilidade o tempo já não se dá na forma de um futuro que recolhe o múltiplo superando-o, mas "é a dispersão do presente que não passa, não sendo mais do que passagem, nunca se fixa num presente, não se remete a nenhum passado, não vai em direção a nenhum futuro: *o incessante*". A impossibilidade não é o bloqueio de uma possibilidade, mas uma outra modalidade temporal, de um presente que não acumula do passado elementos que configurariam um projeto, de um incessante que não corresponde ao fluxo dialético da história, pois é, primordialmente, a ruína de qualquer projeto, de qualquer história e de toda apropriação histórica. Como a música minimalista de inspiração oriental, é um presente constante mas não repetitivo: não é a constância eterna de um mesmo instante. É um presente que não presentifica nada, não traz nada à presença, não dá à luz forma alguma, não faz obra. Ainda como a música minimalista, no seu modo incessante esse presente dissolve e dilui tempo, obra, sujeito e mundo. A relação com o impossível *enquanto impossível* só é "possível" na medida em que se entra nessa nova modalidade temporal e, pela dissolução em que ela implica, se está disponível para esse Fora que ainda não podemos abordar diretamente.

O OBSCURO

Quando Blanchot se questiona sobre o desconhecido *enquanto desconhecido*, o impossível *enquanto impossível*, aquilo com o que, numa relação neutra, a experiência se depara e se arruína enquanto experiência, ele formula a questão, a mesma questão, também nos seguintes termos: "Como descobrir o obscuro? Qual seria essa experiência do obscuro onde o obscuro se daria na sua obscuridade?" A mesma pergunta volta mais adiante, desta vez num comentário sobre Nietzsche que vale a pena reportar. Ao reconhecer que em Platão ser era luz, Nietzsche teria submetido a luz do ser a uma crítica implacável. Tratava-se, para o filósofo alemão, de colocar em xeque a ideia bimilenar de que pensar significa ver, ver claro, com evidência, à luz do que restitui a cada coisa sua forma e unidade — o Bem, a Verdade, o Ser Supremo. Nietzsche combateu num mesmo gesto a ontologia e a metafísica da luminosidade.

Blanchot nota entretanto que nos primeiros escritos Nietzsche ainda parece obcecado pela forma — e seu correlato, a luz — face ao terror dionisíaco, valorizando "a calma dignidade luminosa que nos protege do abismo apavorante"[19]. Mas assim como Dionísio dispersa Apolo, também em Nietzsche o pensamento se liberta de sua subordinação à luz, à forma e ao equilíbrio, para expor-se à força. Ainda que inapreensível segundo as metáforas do olhar, a força não se manifesta sob o modo antitético e simétrico da escuridão, como que se ocultando do dia numa indigência ontológica. Ela simplesmente foge ao modelo ótico, e embora só possa atuar nos limites de alguma forma, a forma, bem como a estrutura, sempre a deixam escapar. É nesse sentido que a força não será visível (já que independe da luz do dia, da razão e do conhecimento) nem invisível (pois não é uma região ôntica incognoscível). Ela se oferece de modo obscuro sem que por isso ela seja dita inefável. A claridade do conhecimento é incapaz de se abrir para a região das forças. É por isso que Nietzsche, ao se ver livre do apolinismo luminoso e atentar para o vetor mais "obscuro" de seu pensar (leia-se dionisíaco), pôde levar a filosofia, não para dentro das trevas, mas para fora, para o Fora, para o reino das forças.

Já podemos dizê-lo: a relação sem gramática consiste num modo de exposição às forças. Seja no transbordamento da experiência interior (em que elas se manifestam sob o modo do excesso), seja na discrição da relação neutra (em que irrompem como o Desconhecido, o Obscuro, o Impossível etc.), trata-se, tanto num caso como no outro, de modalidades de relação com as forças e de seus efeitos de turbulência no domínio específico da Experiência. Vejamos agora de que modo esse tipo de relação se dá, e o que ele gera, no campo da Arte.

---

[19] Idem, p. 240.

CAOS-GERME
FORMA E FORÇA NA ARTE

Formas e forças — este é o problema capital de qualquer estética. Nas artes, tanto em pintura como em música, não se trata de reproduzir ou *inventar formas*, mas de *captar* forças, diz Gilles Deleuze[1]. A tarefa da pintura é definida como a tentativa de tornar visíveis forças invisíveis — "não reproduzir o visível, mas tornar visível", diria Klee — e a da música de tornar sonoras forças insonoras. Quais forças? Por exemplo, o Tempo, que é invisível e insonoro. Ou a pressão, a inércia, o peso, a atração, a gravitação, a germinação, ou o grito e o som para a pintura, e a cor para a música. Ou, no caso do pintor Francis Bacon que Deleuze analisa, a dilatação, a contração, o achatamento, o esticamento que se exercem sobre uma cabeça imóvel, deformada. Não se trata, aí, de mostrar a decomposição dos elementos, nem a transformação da forma, mas os efeitos das forças diversas sobre um mesmo corpo desfigurado. Desfigurado, aqui, significa: que deixa de ser figurativo, de figurar, de representar um objeto, de narrar uma história, de ilustrar uma situação, para liberar uma Figura (Figura é um conjunto simultâneo de formas) que seja um fato, a captação de uma força. Cézanne teria mostrado a força de germinação de uma maçã, a força térmica de uma paisagem, a força de curvatura de uma montanha; Van Gogh teria inventado a "força do girassol".

O corpo visível mostra as forças invisíveis pelas marcas que elas deixam nele, e tornando-as visíveis ele as potencializa e eleva a um nível superior, vital. Mesmo quando essa força é a morte, ao torná-la sensação pictórica, torna-se raio intenso, poder de riso da vida, dirá Deleuze. O horror vira vida, a abjeção, esplendor. O pessimismo cerebral torna-se otimismo nervoso. É que, embora a força não seja sensação, ela chega a nós como tal. A sensação é a tradução pictórica (através de todos seus elementos) da força.

Mas como surge na tela uma força nova, por exemplo, se a tela e o pintor, antes mesmo do ato de pintar, estão repletos de imagens, clichês, probabilidades? Francis Bacon insiste em que o artista deve, antes de tudo, limpar a tela, lutar contra essa figuratividade pré-pictural como contra

---

[1] Gilles Deleuze, *Logique de la sensation*, I, Paris: Éditions de la Différence, 1981, p. 39. As demais citações são do mesmo texto, entre as pp. 37 e 71 (*Lógica da sensação*, Roberto Machado (trad. e coord.) Rio de Janeiro: Jorge Zahar, 2007).

um destino, uma herança, uma necessidade, desorganizando-a, dando uma chance ao improvável. "Extrair a Figura improvável do conjunto das probabilidades figurativas". Isso pode ser feito deixando marcas manuais ao acaso, marcas livres, pré-picturais, mas que já são, num outro sentido, uma escolha, pois essas marcas serão reutilizadas para liberarem alguma Figura. Podem ser traços e linhas, podem ser manchas e cores sobrepostas a uma figura, prolongando uma boca, criando uma zona de indeterminação num detalhe qualquer. Marcas involuntárias, diz Bacon, que funcionam como espécies de diagrama. "Vê-se no interior desse diagrama as possibilidades de fatos de todo tipo se implantarem." Um retrato pode conter o Saara, uma pele, um rinoceronte etc. O diagrama são essas marcas involuntárias, livres, irracionais, acidentais, insignificantes e assignificantes, confusas, feitas à mão com uma esponja, trapo, escova, "como se a mão tomasse uma independência e passasse a serviço de outras forças, traçando marcas que não dependem mais de nossa vontade nem de nossa vista". A intrusão da mão desorganiza o controle ótico e figurativo, provocando uma catástrofe, um caos.

A função do diagrama — "conjunto operatório de linhas e zonas, de traços e manchas assignificantes e não representativos" (Deleuze) — é de "sugerir" (Bacon) ou introduzir "possibilidades de fato" (Wittgenstein). Por si só o diagrama não é um fato (pictural, isto é, uma Figura), mas ele o torna possível. É um caos, uma catástrofe que pode gerar uma ordem e um ritmo, *caos-germe*. Em Cézanne, é o "abismo", em Klee, o "ponto cinza". Cada pintor enfrenta essa catástrofe a seu modo e a supera com seu gênio. Cada pintor tem o seu diagrama, do qual ele pode fazer germinar uma Figura ou no qual ele pode vir a sucumbir. Exemplo: o diagrama de Van Gogh é "o conjunto das hachuras retas e curvas que elevam e rebaixam o solo, torcem as árvores, fazem palpitar o céu, e que tomam uma intensidade particular a partir de 1888".

Segundo Deleuze, há três formas modernas de se lidar com esse caos: a abstração, o expressionismo abstrato e a "terceira via".

A *abstração* se liberta do figurativismo através de uma ascese espiritual intensa, saltando rapidamente sobre esse caos-abismo, ainda que guardando dele uma espécie de oscilação. É o espaço puramente ótico, que se utiliza menos de um diagrama do que de um código simbólico, segundo oposições formais, binárias, num sistema digital (no sentido da informática, em que um dígito é uma unidade em contraposição a outra); por exemplo em Kandinsky, vertical-branco-atividade contraposto a horizontal-negro-inércia. Assim, salva-se do caos através de um código ótico puro, constituído às vezes só de horizontais e verticais (Mondrian, por exemplo).

O segundo modo, do *expressionismo abstrato* ou arte informal, aposta no caos ao extremo. O diagrama se confunde com a totalidade do quadro, e o abocanha. Perde-se o interior e o exterior, não há mais contornos, as linhas não juntam os pontos, mas passam entre eles. Explosão das linhas e manchas em catástrofes (Turner), até a decomposição da matéria (Jackson Pollock). Pintura-diagrama e pintura-catástrofe ao mesmo tempo, potência manual sobre uma tela no chão (não mais no cavalete) para subverter de vez o domínio da visão sobre a mão e o corpo. Para que uma pintura sem profundidade venha, não se subordinar à vista, mas subjugá-la e chocá-la. *Action Painting*.

A *terceira via*, escolhida por Bacon, por exemplo, rejeita tanto a abstração quanto o expressionismo abstrato. No primeiro vê um cerebralismo visual que, ao desprezar a ação direta sobre o sistema nervoso, neutraliza a tensão, interiorizando-a na forma ótica e codificando o figurativo. Quanto ao expressionismo, a "terceira via" considera que o diagrama, ao absorver a tela, provoca a catástrofe e a sensação confusa. É preciso, diz Bacon, controlar o diagrama, confiná-lo a uma região da tela, evitar que ele prolifere, que ele aborte suas possibilidades. Deve ser operatório. É a possibilidade de fato, mas não é o Fato em si mesmo. Este deve emergir *da* catástrofe, demarcar-se dela, tornando claras as linhas e nítidas as sensações. É o que Deleuze chama de "utilização temperada do diagrama". O diagrama é catástrofe, mas não deve *produzir* catástrofe. É uma zona de mistura, mas nem por isso deve produzir o indiferenciado. É o mapa da mistura de forças, que desenha o percurso possível da matéria movimento; não um percurso, muito menos dois, mas a guerra dos possíveis. O diagrama é multipotencial e plurilinear, e, nessa simultaneidade de possibilidades, é um caos-germe. É uma catástrofe necessária, que em algum momento precisa intervir para limpar a tela dos clichês e para que as formas virtuais se coloquem à mercê de todas as forças envolvidas. Por exemplo, os planos se liberam da perspectiva, a cor e suas modulações das oposições claro/escuro, luz/sombra, e o corpo se libera do organismo, quebrando a relação forma e fundo, tudo isso graças à catástrofe, ao diagrama e ao desequilíbrio que ele provoca. Mas a tripla liberação do plano, da cor e do corpo só se efetiva quando se está liberto dessa catástrofe que a viabiliza.

O problema da pintura, nesse nível, é o da passagem da possibilidade de fato ao fato, do diagrama ao quadro, do caos à Figura, do acaso à forma, do acidente à necessidade. E, configurado o fato pictórico, resta a pergunta: como ele deixa entrever, por baixo do organismo, um corpo, em seus elementos e espasmos, na sua relação com as forças internas, externas, do Tempo etc.? Como deixar transparecer, por baixo da forma, a catástrofe que a gerou e as forças que lhe deram origem? Questão que nos leva diretamente para o problema mais amplo da relação da Arte com as forças: como expor as formas às forças em jogo, deixando aquelas se atravessarem, marcarem, vibrarem e deformarem por essas, e sem que, ao invés de efetivar-se nas formas, o diagrama as aborte? O risco maior consiste em fazer coincidir Diagrama e Quadro, caso em que as formas esposam o diagrama por completo, sucumbindo a ele e provocando o desmanchamento da obra. Problema semelhante foi colocado por Umberto Eco em sua estética da obra aberta[2], ao investigar em que medida o Acaso e o Indeterminado enriquecem ou comprometem a obra de arte. Mas enquanto sua formulação está calcada sobre a teoria da informação (entropia da fonte, excesso de informação *versus* inteligibilidade etc.), Deleuze parte de uma reflexão sobre as forças para constatar a presença, na Arte, de uma turbulência necessária, que a ameaça e lhe dá corpo. É que o problema de Deleuze não é o limiar de inteligibilidade, mas o tipo de intensidade que essa turbulência gera ou de que ela provém. Quando a arte se coloca à disposição das forças de um modo específico, ela entra em contato, através do estremecimento daí resultante, com um fora do quadro e um fora da arte — com o Fora. Fora e forças são, já o vimos, tanto para a Experiência como para a Arte, mas também para a Linguagem (como mostrarei a seguir), duas faces da mesma moeda.

---

[2] Umberto Eco, *Obra aberta*, 4. ed., São Paulo: Perspectiva, 1986.

O HOMEM-GIRINO E A FALA LOUCA

Se a pintura começa com um caos-germe e deixa transparecer na sua forma acabada essa origem turbulenta, a linguagem se nos apresenta como uma totalidade dada e estruturada, em que dificilmente percebemos o tremor de uma origem ou de um exterior. Michel Foucault entendeu, porém, que é através desse tremor que a linguagem pode se colocar em xeque (com o que ela se avizinha da loucura) e estudou-a sob este aspecto nas duas direções mencionadas acima, a da *origem* e a do *exterior*. Veremos, ao final desses dois percursos, como eles confluem para um único centro de gravidade ao qual dedicaremos o último capítulo desse bloco.

PELA ORIGEM

Na virada do século passado um autor excêntrico e desconhecido, de nome Jean Pierre Brisset, debruçou-se sobre a enigmática questão da origem das línguas. Assim como Francis Bacon remeteu seus quadros a um caos-germe, Brisset obrigou a linguagem a saborear a vertigem de uma desordem original. Não que ele tenha ido buscar, para descobrir a origem das línguas, uma língua primitiva, cronologicamente anterior a todas as outras, da qual elas tivessem derivado. Ao comentar suas curiosas teorias sobre o tema num prefácio ao livro *La Grammaire Logique*, reeditado em 1970, Michel Foucault sublinha que a primitividade para Brisset é antes "um estado fluido, móvel, indefinidamente penetrável da linguagem, uma possibilidade de circular nela em todos os sentidos, com o campo livre para todas as transformações, inversões, recortes, a multiplicação em cada sílaba ou sonoridade, dos poderes de designação". Assim, a origem de nossa língua não estaria em outra língua, mais simples que a nossa, mas na própria língua que falamos, porém em "estado de jogo, no momento em que os sons ainda rolam, deixando ver suas formas sucessivas"[1].

Tome-se o exemplo da expressão *"en société"*. Eis a proposta de Brisset, que mantenho em francês por me parecer intraduzível: *"En ce eau sieds-té*

---

[1] Foucault, "Sept propos sur le septième ange", Paris: Fata Morgana, 1986, p. 14, texto de 1970 incluído em *Dits et écrits*, v. II, op. cit., p. 13 (*Ditos & escritos*, v. III, op. cit., p. 299).

= *sieds toi en cette eau. En eau sieds tê, en sauce y était; il était dans la sauce, en société. Le premier océan était un seau, une sauce, ou une mare, les ancêtres y étaient en société*". Como se vê, ao invés de buscar uma raiz para a expressão *"en société"*, Brisset a faz dançar de tal modo que, através das múltiplas decomposições, ela acabe revelando todos os sentidos que essa sonoridade comporta, e que se cristalizaram nela ao longo da história, ou não. A decomposição serve então para multiplicar suas virtualidades semânticas e abrir a língua sobre suas possibilidades, ao invés de fechá-la em direção à sua origem.

"O estado primitivo da língua não era um conjunto definível de símbolos e de regras de construção, era uma massa indefinida de enunciados, um fluxo de coisas ditas". A primeira operação de Brisset será de remeter as palavras conhecidas à avalanche enunciativa: "antes das palavras, havia as frases; antes do vocabulário, havia os enunciados; antes das sílabas e do arranjo elementar dos sons, havia o murmúrio indefinido de tudo que se dizia", explica Foucault, leitor de Brisset. A segunda operação consistirá em extrair dessa indefinição original as variações que ela comporta. No interior de uma mesma sequência fonética, introduzir o aleatório da decomposição e as diferentes recomposições. O que se encontra então, nessas variações, não serão exatamente *sentidos*, mas afirmações, questões, desejos e ordens. Mais do que conceitos definidos, essa dança traz à tona gestos primários.

Tomemos um outro exemplo de Brisset: "Voici *les salauds pris*; ils sont dans *la sale eau pris*, dans *la salle aux prix*. Les pris étaient les prisonniers que l'on devait égorger. En attendant le jour des pris, qui était aussi celui des prix, on les enfermait dans une *salle*, une *eau sale*, où on leur jetait des *saloperies*. Là on les insultait, on les appelait *salauds*".

A expressão inicial, *les salauds pris*, retorna diversas vezes diferentemente decomposta: *la sale eau pris*, *la salle aux pris*, *la salle aux prix*, *eau sale*, *saloperie*, *salauds*. Nenhuma linearidade nessa sequência, mas um jogo de quebra-cabeças, cada vez recortado de outra forma e recomposto de um modo novo, conforme o pano de fundo: batalha, carnificina, perseguição etc. Um som desaparece e reaparece em seguida com uma forma nova e uma nova significação, pois se compõe com uma nova cena. "A palavra só existe quando faz corpo com uma cena na qual ela surge como grito, murmúrio, ordem, relato." Então como acontece que uma palavra ganhe unidade e se estabilize, se a cada cena ela se dilui em favor de outra? Por duas razões, responde Foucault. Primeiro, o fato de que "de cena em cena, apesar da diversidade do cenário, dos atores e das peripécias, é o mesmo barulho que corre, o mesmo gesto sonoro que se destaca da confusão e flutua um instante acima do episódio, como sua insígnia audível". E segundo, o fato de que as cenas "formam uma história, e se encadeiam com sentido segundo as necessidades das rãs ancestrais".

Por um lado, então, o aleatório da sonoridade, ruído incessante. Por outro, as vicissitudes concretas do homem primitivo. Da combinação fugaz entre os episódios e o murmúrio aparecem certas repetições sonoras que se destacam do barulho tomando corpo, mas compondo-se a cada vez com uma constelação diferente de homens, violências, gestos, visões. As repetições sonoras não repetem uma significação: cada repetição casual de um mesmo ruído pode ser indício de uma combinatória inédita, ainda que com o tempo esse ruído, essa palavra, possa impregnar-se de todas essas cenas. No fundo, a palavra será o entrecruzamento dessas múltiplas cenas nas quais ela emerge como palavra.

Como no exemplo citado anteriormente, do termo *saloperie*. Primeiro é a captura de prisioneiros na *sale eau* (água suja), sua prisão na *salle aux pris* (*pris* = abreviação de prisioneiros, ou os que foram pegos), ou na *salle aux prix* (*prix* = preço), para os comerciantes que os querem vender ou devorar. Enquanto isso se atira sobre os prisioneiros a água suja (*sale eau*), a multidão berra *salauds* (safados), e assim, um mesmo ruído, *saloperie* (safadeza), compõe-se sucessivamente com a captura, com a prisão, com o mercado de carne humana, com o ódio da massa, com a indecência da guerra, com a lama. Não é uma mesma palavra que deriva de sentido, mas múltiplas cenas, desejos, insultos, apetites, que se sedimentam num mesmo ruído que o acaso repete. "É a série improvável do dado que, sete vezes seguidas, cai sobre a mesma face."

Uma palavra com um sentido definido remete assim a um teatro ancestral, onde se sucedem antropofagias, estrangulamentos, arrebatamentos selvagens. O som volta à sua materialidade, mas num sentido preciso: não, como diriam os psiquiatras a respeito da fuga de ideias, que o sentido se perde em favor da matéria sonora da língua. Em Brisset o som volta ao corpo, à boca, ao sexo, à força. Ele é novamente enraizado na materialidade corpórea que lhe deu origem, e em sua gesticulação orgiástica.

Brisset faz a palavra voltar ao corpo. Faz o sentido voltar ao gesto, para multiplicar-se. Faz a linguagem do homem retornar ao ruído do não-homem, da rã ancestral e selvagem que pulula e coaxa no meio dos pântanos. Faz desse ruído, desse saltitar e desse pântano uma combinatória cênica. Ao remetê-la para o corpo e o fluxo murmurante, Brisset lança a palavra de volta para a parafernália cênica que lhe deu origem *no infinito de suas combinações*. Brisset faz a palavra abrir-se, nesse gesto, ao não-homem e ao acaso.

E do que fala esse não-homem, pergunta Foucault, "senão deste homem que ainda não existia já que ele não possuía nenhuma língua; senão de sua formação, de sua lenta separação da animalidade; senão do pântano do qual escapava com dificuldade sua existência de girino?" Os homens que ainda não existiam falavam de seu nascimento futuro. Isto é, da indecisão de sua forma, da indefinição de sua palavra, do nebuloso de seu contorno, de sua gestação sem desfecho.

A fala do não-homem, que percorre, nesse meio tempo, suas virtualidades cênicas e semânticas, é uma fala anterior a qualquer código, e na sua indeterminação aponta justamente para a possibilidade de constituição tanto de um código quanto de sentidos. Brisset então, na sua Ciência de Deus, em busca da origem das línguas, faz tremer sua língua, liberando-a de seu código, a fim de jogar os seus sons de volta à sua indeterminação original, a partir da qual não um, mas muitos códigos são possíveis, não um, mas muitos sentidos são possíveis. Brisset leva a língua a um ponto de indecisão em que ela pode dizer tantas coisas que já não diz praticamente nada além dessa possibilidade. É nesse ponto que a palavra do homem-girino se encontra com a fala louca. Pois o que diz a linguagem da loucura senão a imbricação original entre língua e fala? Pelo menos é essa ideia, intrigante e difícil, que Foucault desenvolve no texto acrescido como apêndice à *História da Loucura* ("La folie, l'absence d'oeuvre"), e que merece uma reflexão mais detida na medida em que ilumina de modo novo a natureza da linguagem louca, bem como a fala do homem-girino analisada acima.

Se atentarmos para os limites impostos à linguagem, diz Foucault nesse texto[2], veremos como ela sempre sofreu formas de coerção e ordenação específicas. Nela evitou-se, desde sempre, a irrupção do desordenado, do descontínuo e, de certo modo, do violento. Em geral as interdições relativas ao discurso visaram dominar sua proliferação descontrolada, neutralizar seus perigos e organizar sua desordem — seja banindo certas formas, seja silenciando outras ou, no limite, esvaziando seus efeitos. Uma *logofobia* vigilante teria acompanhado a história do discurso, construindo figuras que pudessem alojar sua dimensão incontrolável. Ao inventariá-las, Michel Foucault detectou quatro formas de desvio da linguagem: as que concernem ao código linguístico (erros de linguagem), a articulação (séries blasfematórias), o sentido (conteúdos censurados) e o desdobramento do código no interior da própria fala. É esse último que nos interessa.

Trata-se do mecanismo através do qual uma fala contém o que ela diz *e* o código necessário para entender esse dito. Não se trata de uma linguagem cifrada que necessitasse de um código exterior a ela para decifrá-la corretamente. Não é a comunicação codificada de um significado oculto e proibido. Foucault refere-se a uma palavra redobrada sobre si mesma numa linguagem que ele batizou de *estruturalmente esotérica*. Os sentidos que essa fala libera são menos importantes do que "a fuga incontrolável... em direção a um centro

---
[2] Foucault, "La folie, l'absence d'oeuvre", op. cit., pp. 15-16.

obscuro", interior a essa fala. Diferente das três primeiras modalidades de transgressão, essa última não consiste no código, sentido ou matéria verbal transgressivos, mas no jogo que se instala entre fala e língua.

Se por certo tempo a experiência da loucura no Ocidente oscilou entre as interdições da ação e as da fala, a partir do Grande Enclausuramento do século XVII a loucura se descola do plano do comportamento e se desloca ao longo das quatro modalidades de transgressão da linguagem referidas. A partir daí serão visadas as palavras *sem sentido* (donde as classificações de "insensatos", "imbecis", "dementes"), as *blasfematórias* (donde os "violentos" e "furiosos") e as palavras com *sentido proibido* (os "libertinos" ou "teimosos"). Nesse período, que vai da época clássica até o final do século XIX, a loucura é sobretudo uma *linguagem excluída*, conforme os três primeiros tipos de desvios assinalados.

É apenas com Freud, dirá Foucault, que a loucura migrou para a quarta modalidade transgressiva: já não será "erro de linguagem, blasfêmia proferida ou significação intolerável (e nesse sentido a psicanálise é realmente a grande supressão dos interditos definidos pelo próprio Freud); ela apareceu como uma fala que se enrola sobre si mesma, dizendo sob aquilo que ela diz outra coisa, cujo único código possível é ao mesmo tempo ela própria: linguagem esotérica, digamos, pois ela detém sua língua no interior de uma palavra que não diz outra coisa, finalmente, a não ser essa implicação".

A revolução freudiana não teria consistido em devolver à loucura seu sentido perdido, derivando-o de uma compreensão psicológica capaz de revelar sua ordem oculta, mas em descobrir como a palavra louca enuncia no seu enunciado a língua na qual ela o enuncia. A loucura não tem um sentido oculto. Ela tem uma *reserva* de sentido, o que deve ser entendido de forma particular: não como provisão, estoque resguardado à espera de um decifrador, mas como retenção e suspensão do sentido, como criação de um vazio onde possa se alojar não um, mas vários e diferentes sentidos. A loucura deixaria entrever a imbricação original entre língua e fala, de tal modo que a língua só existisse nesta fala que a enuncia e a fala só dissesse esta língua na qual ela se diz. "Matriz da linguagem, dirá Foucault, que no sentido estrito não diz nada."

É aqui que se encontra a fala da loucura e a do não-homem ancestral. A proliferação desmesurada que Brisset impõe à língua condena-a a uma multiplicação de sentidos possíveis equivalente ao vazio da reserva de sentido de que fala Foucault a propósito de Freud; a multiplicação excessiva faz com que a língua passe a dizer nada mais do que a própria possibilidade de dizer tudo. Tanto na fala louca como na do homem-girino dá-se o paradoxo de uma profusão de significações (um dos perigos da linguagem) quase coincidindo com a suspensão das significações (uma das condições — e riscos — da linguagem). Nos dois casos uma suspensão de sentido (seja pela multiplicação excessiva, seja pela indecifrabilidade) permite o surgimento de muitos — e portanto de um — sentido. Paradoxo que resumiremos assim: para que um sentido seja possível é preciso que muitos sentidos sejam possíveis, cuja condição, porém, é que nenhum sentido *seja*. Enquanto as significações plurais denunciam o vazio semântico que é sua origem, é esse vazio que contém, e se abre para, suas múltiplas virtualidades. Jogo especular entre a palavra e sua possibilidade, onde, na cintilação do acaso, elas se remetem uma a outra. Tudo se passa como se por trás de seu brilho fugidio a palavra deixasse entrever o aleatório que a faz emergir do nada, mas ao designar a forma vazia que é sua origem, arrisca a anular-se. Esse risco nossa linguagem exorciza e nossa loucura traz à tona, constantemente.

A palavra-louca é como o discurso do homem-girino. Não depende de uma língua prévia, faz o som recompor-se com o cenário do corpo e diz respeito a gestos, ordens e injúrias, mais do que a sentidos. Mas a semelhança maior está naquilo que diz. A palavra-louca e o discurso do homem-girino dizem o mesmo: a virtualidade de suas falas criarem uma língua coextensiva a essas falas, tão singular e efêmera quanto elas. Talvez com isso elas estejam dizendo, ambas, a verdade mais primária da linguagem, que os homens da gramática — isto é, todos nós, os "sãos" — ainda (ou já) não estamos preparados para ouvir — a saber, sua relação com o Jogo e o Acaso. Ao criar uma língua a cada fala, a loucura diz a possibilidade infinita da criação de línguas, e na enunciação e criação de um código, por mais efêmero e indecifrável que ele seja, afirma combinações e articula um jogo — ainda que este jogo só esteja ali para demonstrar o quanto ele poderia ser outro, o quanto ele próprio, na sua forma passageira, é fruto do Acaso que ele deixa entrever. É em direção a essa mesma "origem" tremulante (Foucault chamou-a de *imbricação entre língua e fala*) que Brisset lança nossa língua, avizinhando-a da loucura.

PELO EXTERIOR

A segunda via percorrida por Michel Foucault no tocante ao modo pelo qual a linguagem se coloca em xeque (e com ela o pensamento, donde a proximidade com a loucura) passa pela literatura mas toma a direção do exterior. Acompanhemos esse percurso.

"Eu falo": eis aí, para o autor, o pivô da moderna literatura[3]. Aparentemente, feliz coincidência entre o objeto da proposição (o fato de que eu falo) e a

---

[3] Foucault, "La Pensée du dehors", in *Critique*, junho 1966, de onde extraí as citações presentes nesse segmento, incluído em *Dits et écrits*, v. I, op. cit., p. 518 (*Ditos & escritos*, v. III, op. cit., p. 219).

proposição que a enuncia (eu digo que eu falo), como se essas duas instâncias se resolvessem na simplicidade de uma única proposição. Mas essa evidência só se sustenta na medida em que se reconheça a existência asseguradora de um discurso prévio, que serviria de suporte ao enunciado proposto (eu falo equivaleria então a: eu falo um discurso, anterior e exterior a essa proposição que agora enuncio, no qual justamente ela se ancora). Ora, nada menos óbvio. O "eu falo" moderno se resume à sua própria enunciação, nele coincidem enunciado e enunciação de tal modo que, ao me calar, o próprio discurso se apaga. Em torno do "eu falo" — o deserto. Aparece, no "eu falo", esse vazio que o rodeia, e em direção ao qual ele se dirige. Nada mais pode limitar o movimento sem conteúdo dessa palavra que se alastra em direção ao seu exterior, para fora de si mesma. Nessa mobilidade infinita dispersa-se o sujeito dessa fala, os valores que ela possa veicular e acumular, a verdade. Enfim, "não é mais discurso e comunicação de um sentido, mas o desdobramento (*déployement*) da linguagem em seu ser bruto, pura exterioridade desdobrada". O discurso, sistema de representações sustentado por um sujeito que enuncia uma verdade, cede lugar à linguagem em seu caráter mais próprio, que é o do alastramento indefinido, para fora de si e num espaço nu.

Pensa-se que a literatura moderna consiste no redobramento da linguagem sobre si, numa autorreferência em que ela se designa como objeto dela mesma, numa interiorização infinita. Não, diz Foucault. Ao invés de uma "linguagem se aproximando de si até o ponto de sua ardente manifestação", o que temos é "a linguagem se colocando o mais longe de si mesma". E o que acontece quando a linguagem sai para fora de si, em vez de retornar-se sobre si? Fundamentalmente, o seguinte: entre ela e ela abre-se uma distância, um vazio, uns espaços lacunares que denunciam sua nova natureza, que é de espaçamento. A partir daí o que fala nela e aquilo sobre o que ela fala (seu sujeito e seu tema, *sujet* em francês) não é mais a linguagem em sua positividade, mas o vazio em que "ela encontra seu espaço quando ela se enuncia na nudez do 'eu falo'".

A literatura, nesse desdobramento infinito em que ela se tece como uma renda esburacada, faz de seu fora sua matéria bruta e seu ser mais próprio.

A importância desse "eu falo" não está apenas na nova modalidade literária que ele inaugura, mas na sua oposição ao tradicional "eu penso". Enquanto o "eu penso" levava à certeza do Eu e de sua existência, o "eu falo" conduz, ao contrário, à dispersão do sujeito e à dissolução de sua existência. Enquanto o *pensar sobre o pensar* nos dirige à mais profunda interioridade, o *falar do falar* nos leva a esse fora em que some o sujeito que fala. "Sem dúvida é por essa razão que a reflexão ocidental por tanto tempo hesitou em pensar o ser da linguagem: como se ela tivesse pressentido o perigo que faria correr à evidência do 'Eu sou' a experiência nua da linguagem." Como se houvesse não só uma oposição entre discurso e linguagem, mas verdadeira incompatibilidade entre linguagem e sujeito, entre "aparição da linguagem em seu ser e a consciência de si em sua identidade".

O que nos poderia levar à conclusão precipitada de que, se de um lado essa incompatibilidade pode fundar uma nova modalidade literária pelo fato de excluir a consciência, de outro lado, e pelo mesmo motivo, ela inviabiliza o próprio pensamento e a filosofia. Como se a dissolução do sujeito provocada pela emergência da linguagem em seu ser próprio pudesse representar o fim da filosofia. Ora, a sugestão de Foucault vai num sentido oposto. Se essa reviravolta não inaugura um novo pensar, ao menos ela se coloca numa linhagem marginal e incerta, que de Sade e Hölderlin até Bataille e Klossowski, passando por Nietzsche, Mallarmé e tantos outros, pratica o que Foucault chamou, nos passos de Blanchot, de o *pensamento do Fora*.

* * *

Antes de retomarmos as colocações feitas no início do capítulo, é preciso frisar que na pena de Foucault o "vazio" mencionado anteriormente não significa uma entidade-vácuo, espaço homogêneo, absoluto e originário onde viria desdobrar-se uma palavra proliferante. Assim como em física só existe espaço referido à matéria (a própria forma do espaço depende dela; por exemplo, o espaço curvo do Universo), também aqui esse vazio só será inteligível na sua relação com as forças. Pois só é vazio metaforicamente, isto é, enquanto distância entre as forças, entre a palavra e a palavra que a deserta, entre o pensamento e o pensar que o esquece, entre a força e a força que a combate. Portanto, vazio não como plenitude de um nada, mas como espaçamento produzido (essa questão será detalhada no próximo capítulo).

Feita essa observação, já estamos em condições de reiterar a hipótese segundo a qual os dois percursos da linguagem analisados por Foucault — aquele que corre em direção à sua origem e aquele outro que se dirige para seu exterior — encontram-se no Fora. A origem não leva a um embrião interior, mas ao Jogo do Acaso. O desdobramento da palavra para o exterior não leva para o Nada, mas para um Jogo de Forças. Jogo do Acaso e Jogo de Forças dizem respeito, ambos, ao Fora. Se essa afirmação ainda merece ser explicitada, adiantemos sua articulação essencial, nem que ela nos pareça, no momento, um círculo vicioso: o Fora se refere ao domínio das Forças, que também o é do Acaso.

O PENSAMENTO DO FORA

Não seria exagero dizer que grande parte do pensamento de Nietzsche gira em torno da noção de *força*. O que é uma força? É relação com outra força. Uma força não tem realidade em si, sua realidade íntima é sua *diferença* em relação às demais forças, que constituem seu exterior. Cada força se "define" pela distância que a separa das outras forças, a tal ponto que qualquer força só poderá ser pensada no contexto de uma pluralidade de forças. O Fora é indissociável dessa pluralidade de forças. Se ele indica o exterior da força, ele também designa sua intimidade, pois é aquilo pelo que ela existe e se define.

O Fora não é a plenitude de um vazio onde viriam alojar-se as diferentes forças previamente constituídas. Ele remete, antes, à distância *entre* as forças, isto é, a Diferença. O Fora será sempre um Entre, e se as metáforas espaciais ainda forem imprescindíveis, acrescentemos: não um espaço, mas "vertigem do espaçamento" (Blanchot), criação de um espaço pela diferença de um entre-forças. É o que permitiu a Deleuze afirmar de forma tão categórica, e nisso fazendo eco com absoluta fidelidade aos comentários de Blanchot sobre Nietzsche, que "o fora concerne à força: se a força está sempre em relação com outras forças, as forças remetem necessariamente a um fora irredutível, que não tem nem mesmo uma forma, feito de distâncias impossíveis de serem decompostas, através das quais uma força age sobre uma outra ou é agida por uma outra"[1].

A diferença entre as forças é diferença de quantidade. De modo que se pode dizer que a essência da força é a diferença de quantidade entre ela e as demais forças. Mas as diferenças entre as forças não se reduzem a uma distribuição em série sobre uma escala graduada de quantidades. Uma diferença de quantidade equivale a uma qualidade, de tal forma que a cada força em relação corresponde uma qualidade[2].

Quando Nietzsche diz que o homem não busca o prazer, porém um *plus* de potência, não significa que ele busca o poder ou o acúmulo de força, mas um *a mais* de força. Isto é, não uma *quantidade* maior de força, e sim

---

[1] Deleuze, *Foucault*, Paris: Minuit, 1986, p. 92 (*Foucault*, trad. Claudia Sant'Anna Martins, São Paulo: Brasiliense, 1988).
[2] Deleuze, *Nietzsche et la philosophie*, 4. ed., Paris: P.U.F., 1973, capítulo "Quantité et Qualité", pp. 48-50 (*Nietzsche e a filosofia*, trad. Edmundo Fernandes Dias e Ruth Joffily Dias, Rio de Janeiro: Edit. Rio, 1976).

uma nova *qualidade* de força, na medida em que este *a mais*, esta diferença quantitativa significa uma *diferença qualitativa*. Sabemos que em Nietzsche a relação das forças recebeu o nome genérico de Vontade de Potência.

E é ele quem o diz: Vontade de Potência não é "nem um ser, nem um devir, mas um *pathos*" — e Blanchot arremata: a *paixão da diferença*. A paixão da diferença (Vontade de Potência) é, na busca de uma nova qualidade de força, o impulso para a diferença entre elas. Um *plus* de potência, isto é, uma nova *qualidade* de força, só se dá quando se está exposto à *diferença* que a origina, portanto ao "espaço" em que essa diferença é possível, o *Fora*. Apenas quando se está aberto ao Fora e às Entre-forças que o constituem, pode advir um a mais de força, uma nova qualidade de força. As Entre-forças, que são as Diferenças qualitativas, dizem respeito às *intensidades*. Convém lembrar o que dizia Barthes sobre o neutro: é um estado intenso ou intensivo. Pois bem, na relação neutra estamos expostos ao *Fora* e por conseguinte invadidos pelas entre-forças, isto é, pelas intensidades. Deleuze o disse bem na sua caracterização do aforismo: "O aforismo não é somente relação com o exterior, tem como segunda característica o fato de ser uma relação com o intensivo. E *é a mesma coisa*"[3] (o grifo é meu). É a mesma coisa porque na relação das forças do Fora, a Diferença entre elas não é um puro vazio, mas constitui uma intensidade. Também por isso essa distância não pode ser entendida como "espaço", mas como "espaçamento vertiginoso". Vertigem é o estado intensíssimo que sentimos diante de um abismo, numa altura desmedida, quando nos defrontamos com uma distância assustadora. Vertigem é a distância traduzida em atordoamento, uma quantidade (de espaço) transformada em qualidade (intensiva), uma separação nos estirando por dentro e em direção ao exterior. O Fora como espaçamento vertiginoso é a diferença resultante do enfrentamento de forças.

Forças, Fora e Diferença são uma tríade indissolúvel. Se não são a mesma coisa, não podem ser pensadas isoladamente. As forças constituem o Fora nas suas diferenças, o Fora é a diferença entre as forças, a diferença é o Fora das forças; longe de ser um jogo de palavras, essas permutações são o próprio Jogo que Nietzsche nos ensinou.

Caberia perguntar agora de que modo subverte-se o pensamento quando a linguagem se expõe a esse Jogo, deixando circular em seu meio o Entre-forças intensivo. É novamente em Foucault que vamos buscar uma pista. Ao comentar a escrita de Maurice Blanchot no texto intitulado precisamente "La pensée du dehors", isto é, "O pensamento do fora", Foucault nota que é uma palavra que se abandona negando-se, distanciando-se de si, esquecendo-se para poder avançar, numa expectativa aberta (para o fora, para o novo), atraída

---

[3] Deleuze, "Pensamento Nômade", in *Nietzsche hoje*, org. Scarlett Marton, trad. Milton Nascimento e Sonia S. Golberg, São Paulo: Brasiliense, 1985, p. 62.

por uma ausência inominável e deixando circular em seu meio justamente esse deserto que a circunda e constitui. Com isso, a escrita blanchotiana se configura como uma prática antidiscursiva, antirreflexiva e anti-interiorizante, mas nem por isso menos "pensante" — se entendermos essa palavra, como o quer Foucault, à luz desse Fora. Isso significa que a linguagem já não será — como no passado — um controle sobre o tempo, seja sob sua forma de retenção de um passado (história) ou anúncio de um futuro (profecia), muito menos epifania da verdade. Mas tampouco será a manifestação de um nada, de um vazio pleno e mítico. O rumor incessante e informe que a linguagem de Blanchot evoca, o esquecimento e a espera sem objeto que ela suscita sugerem uma turbulência discreta mas intensíssima, que é a do vertiginoso espaçamento diferenciante das forças, sem mediação, superação ou totalização. Embora a escrita blanchotiana e a nietzschiana difiram sob muitos aspectos, nesse particular provocam um efeito similar. Comentando a natureza do aforismo nietzschiano, Gilles Deleuze deu um sugestivo exemplo pictórico para ilustrar a relação com o Fora que o caracteriza. Um quadro, diz ele[4], torna-se belo a partir do momento em que se sabe e se sente que o movimento, a linha que é enquadrada vem de outro lugar, que ela não começa nos limites do quadro, que ela apenas o atravessa. O quadro não é a delimitação de uma superfície pictórica, mas o "estabelecimento de uma relação imediata com o exterior". A crítica à filosofia vem do fato de que a relação com o Fora sempre foi "mediada e dissolvida por uma interioridade, numa interioridade". O aforismo nietzschiano seria, ao contrário, um modo privilegiado de exposição ao Fora e ao Entre-forças que o constitui. É nesse sentido que uma nova relação da escrita com o Fora suscita um novo pensamento. Pois pensar para Nietzsche, Blanchot, Foucault, Deleuze e tantos outros não é uma faculdade, mas abertura em relação ao Fora. Pensar será, por conseguinte, exposição às forças, na sua distância, no espaçamento que elas criam entre si, no Entre que a guerra entre elas produz a todo momento. Pensar será abrir-se, na relação com o Fora, às Forças, ao Jogo e ao Acaso.

---

[4] Deleuze, "Pensamento nômade", op. cit.

CONCLUSÃO DA SEGUNDA PARTE

Nos diversos segmentos reunidos ao longo desse bloco estudamos de que modo aquilo que chamamos vagamente de *turbulência* atravessa domínios tão distintos como a experiência cotidiana, a linguagem, a arte e o pensamento, provocando neles uma espécie de subversão silenciosa, que se caracteriza por uma conjugação incomum de evanescência e intensidade, passividade e paixão, solidão e comunhão, vida e morte, excesso e dissolução (do sujeito, do saber, da totalidade, do tempo, da memória, do trabalho, da linguagem). Esses efeitos, já o vemos, são os mesmos que marcam a loucura. No entanto, o que viemos descrevendo não é a loucura, mas um modo específico que nossa cultura encontrou para relacionar-se com o Fora. Resta saber que vizinhança é essa que existe entre a loucura e a relação com o Fora tal como a descrevemos nesse bloco. Ainda é cedo para responder a essa questão diretamente. Será preciso, antes, entender de que modo o Fora ao qual remetem os segmentos precedentes se "articula" com a História, e de que forma essa implicação engendra, seja as formas descritas de relação com o Fora, seja a loucura. Evitemos, insisto, a ontologização do Fora: ele não possui o mesmo estatuto ontológico que a História, na medida em que é precisamente o que arruína todo estatuto, toda ontologia e qualquer História.

O entrelaçamento entre o Fora e a História é a questão que ficara em suspenso na *História da Loucura*: é a ela que remete toda a discussão já mencionada sobre a possibilidade de se fazer seja uma história do silêncio, seja uma história positiva da desrazão. Parece-me, porém, que essa questão pode agora ser retomada sob uma nova luz, sobretudo depois que Gilles Deleuze nos instrumentou com a apresentação de um esboço global da maquinária histórica foucaultiana, *referida ao Fora*. De posse desse esboço (cuja descrição está no próximo capítulo) estaremos em condições de verificar no detalhe das práticas e saberes históricos de que modo o Fora "irrompe", se "manifesta", é "confinado" ou é "excluído" na trama da História. Isto é, entenderemos de que modo ele aparece seja como *relação com o Fora* (segundo as diversas modalidades descritas nesse bloco), seja como *loucura* (segundo algumas modalidades a serem descritas no próximo bloco) — e que distância separa essas duas possibilidades vizinhas. Talvez aí se esclareça também o que diferencia Platão de Hegel, e a Desrazão da Loucura.

TERCEIRA PARTE
DIAGRAMAS DA LOUCURA

TRÊS PLANOS E UMA INVAGINAÇÃO

Em 1986, dois anos depois da trágica morte de Michel Foucault, Gilles Deleuze publicava em Paris um livrinho denso e polêmico em que procedia a uma releitura absolutamente original sobre o conjunto da obra do filósofo recém-desaparecido, e interrompida, como se sabe, de forma tão brusca e inesperada. O texto de um grande pensador a respeito de um grande pensamento só podia dar nisso: todo o contrário de um retrato "objetivo" e "fiel". A interpretação a que o submeteu Deleuze em seu *Foucault* foi tão inusitada, e abordou questões tão pouco visíveis da obra do autor, que muitos foucaultianos chegaram a se perguntar se o livro de Deleuze era mesmo uma análise *sobre* Foucault, ou se apenas usava Foucault para trabalhar uma problemática que pertencia, afinal, ao próprio Deleuze. Sem entrar no mérito dessa discussão (ela será abordada mais adiante, no Interregno Metodológico e na Conclusão), é preciso desde logo introduzi-la, nem que seja para deixá-la em suspenso, já que o presente capítulo está inspirado de ponta a ponta por esse livro de Deleuze. O esclarecimento preliminar que cabe fazer, então, é que não se terá aqui em momento algum a preocupação em avaliar se a interpretação de Deleuze é "correta" ou "fiel" (problema, aliás, muito pouco foucaultiano ou deleuziano — e sem dúvida nada nietzschiano, para usar um parâmetro comum aos dois) e sim o quanto ela serve ao curso deste trabalho no seu esforço em pensar a diferença entre Loucura e Desrazão, seja em Foucault, seja fora dele. Se é Foucault quem aparece na pena de Deleuze, ou se é Deleuze quem fala pela boca de Foucault, ou ainda se se trata simplesmente de um encontro singular entre dois gênios teóricos — não é a questão que aqui nos ocupa. De qualquer modo, por cautela metodológica e por respeito aos textos e ao leitor, fica registrada a advertência: exporemos aqui a maquinaria histórica foucaultiana *tal como ela foi reportada por Deleuze em seu livro sobre Foucault*. E se ainda for preciso justificar essa utilização com um argumento convincente, de razão ou de autoridade, que ele venha do próprio Foucault, e de seu famoso libelo contra a monarquia do autor sobre sua própria obra: "Gostaria que esse objeto-evento [referência ao seu livro], quase imperceptível entre tantos outros, se recopiasse, se fragmentasse, se repetisse, se simulasse, se desdobrasse, desaparecesse enfim sem que aquele a quem aconteceu escrevê-lo pudesse alguma vez reivindicar o direito de ser seu senhor, de impor o que queria dizer, ou dizer o que o livro devia ser. Em suma, gostaria que um livro não se atribuísse a si mesmo essa condição de texto ao qual a pedagogia ou a crítica saberão reduzi-lo, mas que tivesse a desenvoltura de apresentar-se como discurso: simultaneamente como batalha e arma. (...) Quanto à novidade, não finjamos descobri-la nele, como uma reserva secreta, uma riqueza inicialmente despercebida: ela se faz apenas com as coisas sobre ele ditas"...[1]

* * *

Na topologia que Gilles Deleuze construiu para dar conta do pensamento de Foucault[2] distinguem-se claramente três planos diferentes: o do Saber, o do Poder e o do Fora — cuja articulação complexa constitui aquilo que nós chamamos de Subjetividade. Vejamos inicialmente o que caracteriza cada um dos planos mencionados, a fim de elucidar a seguir sua imbricação recíproca.

Ao Saber pertencem as duas formas exteriores entre si — o Ver e o Falar, o visível e o enunciável, a luz e a linguagem. Entre as coisas e as palavras — entendidas não como referente e significante, mas como campo de visibilidade e campo do enunciado — um hiato, heterogeneidade, irredutibilidade, anisomorfismo. "Falar, não é ver", diz a fórmula cara a Blanchot. "*Ceci n'est pas une pipe*", diz Magritte, Foucault comenta[3].

Visibilidade não diz respeito só à vista, mas ao conjunto das experiências perceptivas, às ações e paixões e reações, "complexos multissensoriais" que vêm à luz sob um modo específico, segundo um regime de luminosidade analisável. Seja na descrição da representação clássica baseada no quadro "As Meninas" de Velasquez, no início de *As Palavras e as Coisas*, ou no "Panopticon" de Bentham, em *Vigiar e Punir*, ou ainda no olhar da medicina anatomopatológica em *O Nascimento da Clínica* — sempre está em questão um regime de luz que distribui a visibilidade, o claro e o escuro, o opaco e o transparente, o visto e o oculto. Cada formação histórica vê e faz ver tudo o que ela pode, em função de suas condições de visibilidade, da mesma forma que ela diz tudo o que ela pode, em função de suas condições de enunciação.

O *enunciado*, por sua vez, não se refere apenas às palavras, frases ou proposições, mas à diagonal que os cruza, aos locutores e destinatários variáveis, aos segredos e interstícios que ela cria, enfim, a um regime de enunciação e suas condições, um ser-linguagem anônimo (*a priori*) e singular (histórico) que distribui a seu modo as discursividades.

---

[1] Foucault, *História da loucura*, op. cit., Prefácio.
[2] Deleuze, *Foucault*, op. cit., de onde serão extraídas as citações presentes neste capítulo — salvo nota em contrário.
[3] Blanchot, *L'Entretien infini*, op. cit., p. 35, capítulo intitulado justamente "Parler, ce n'est pas voir", para a primeira citação, e para a segunda: Foucault, *Ceci n'est pas une pipe*, Paris: Éditions Fata Morgana, 1973 (*Isto não é um cachimbo*, trad. Jorge Coli, Rio de Janeiro: Paz e Terra, 1988, texto de 1968, incluído em *Dits et écrits*, v. I, op. cit., p. 635; (*Ditos & escritos*, v. III, op. cit., p. 247).

Entre o procedimento enunciativo e o processo da visibilidade não há correspondência, continuidade, causalidade ou simbolização, mas disjunção, guerra e entrelaçamento. Nunca o enunciado conterá o visível nem o visível sugerirá o enunciável, ainda que eles se cruzem com "incisões do discurso na forma das coisas", "quedas de imagens no meio das palavras, raios verbais que sulcam os desenhos", "ataques lançados, flechas atiradas (do texto à figura) contra o alvo adverso, iniciativas de solapagem e de destruição, golpes de lança e feridas, uma batalha..." (Foucault).

O saber é a combinatória desses dois estratos disjuntivos (do ver e do falar), e a tarefa do arqueólogo foucaultiano será fazer um arquivo audiovisual desses estratos enquanto formações históricas. Mostrando, por exemplo, como o fez Foucault, que a percepção social e jurídica da loucura no século XVII a aparentava aos ociosos, libertinos, venéreos e sacrílegos, confinando-os aos hospitais gerais, enquanto, longe dali, a medicina discursava sobre a loucura segundo um regime próprio, e independente. As duas sensibilidades, jurídica e médica, defasavam tanto que mais pareciam incidir sobre objetos distintos. Efetivamente, o ver incide sobre a visibilidade, e o falar, sobre o enunciável.

Entre os dois estratos de saber não há só uma exterioridade recíproca (que se traduz em guerra, captura, entrecruzamento), mas um intervalo efetivo, um não-lugar, um meio (entre-estratos, entre-formas) onde se atualizam relações de força, isto é, de poder. É o interstício onde virá se alojar o *diagrama informal* ou máquina abstrata. O termo *diagrama* tem aqui um sentido mais preciso do que aquele utilizado anteriormente no caso da pintura: trata-se de um conjunto de relações de força que impõe aos dispositivos concretos um determinado modo de funcionamento, embora seja imanente a eles (mais adiante, quando se falar de "diagrama de Foucault", entenda-se o termo no seu sentido mais corriqueiro possível, de representação gráfica). Por exemplo, o panoptismo é uma *máquina abstrata* que visa impor uma conduta x a uma multiplicidade humana y, e ela não existe fora das formações históricas, apesar de não se identificar com elas. Ela determina visibilidades na prisão, na escola, na caserna, na fábrica, disciplinando os corpos — ao mesmo tempo em que atravessa o campo dos enunciados, segundo um outro regime. Trata-se de uma estratégia exterior aos estratos de saber, mas imanente a eles, pois só existe na medida em que é atualizada nas suas formas, segundo seus dois modos distintos, divergentes e diferenciados do ver e do falar.

O poder então é o exercício do não estratificado, e pode-se dizer com Deleuze que "as estratégias se distinguem das estratificações, como os diagramas se distinguem dos arquivos". Distinção, mas também pressuposição recíproca: "Ver e Falar já estão sempre completamente tomados nas relações de poder que eles supõem e atualizam".

Deixo de lado, por enquanto, os meandros da relação poder/saber em Foucault, segundo essa leitura de Deleuze. Interessa-me aqui que esse diagrama é mutável: houve um diagrama feudal, outro napoleônico, um disciplinar, hoje talvez um outro cuja consigna seja gerir a vida (biopoder). O diagrama é instável, e só a formação estratificada lhe dá alguma estabilidade que ele não teria por si mesmo. E por quê? Pois poder é relação de forças, e qualquer relação de força é móvel, evanescente, efêmera. O diagrama, sabemos, é um conjunto de relações de força, que chamamos de exterior (efetivamente é exterior, embora imanente, aos estratos de saber que entre si são, um para o outro, também exteriores), mas que remete, em última análise, a um outro exterior, um fora absoluto, o Fora.

O *Fora* infinitamente mais longínquo que qualquer exterior (e talvez por isso mais próximo que qualquer um deles) é o não estratificado, o sem-forma, o reino do devir e das forças, aquele "espaço anterior" de onde surgem os próprios diagramas. "O diagrama sai do fora, mas o fora não se confunde com nenhum diagrama, não cessando de 'criar' (*tirer*) novos diagramas", diz Deleuze, e acrescenta: "É assim que o fora é sempre abertura de um futuro, com o qual nada acaba, porque nada começou, mas tudo se metamorfoseia". Com efeito, as forças que ele "contém" (palavras equívocas, já se vê) e que criam os diagramas podem transbordá-los, formando pontos e nódulos de resistência que, uma vez inscritos nos estratos, os modificam.

Esses três planos brevemente discriminados acima constituem a "ficção" teórica de Michel Foucault a respeito da "estrutura do mundo", segundo Gilles Deleuze, cuja síntese gráfica reproduzo a seguir:

DIAGRAMA DE FOUCAULT

(segundo Deleuze)

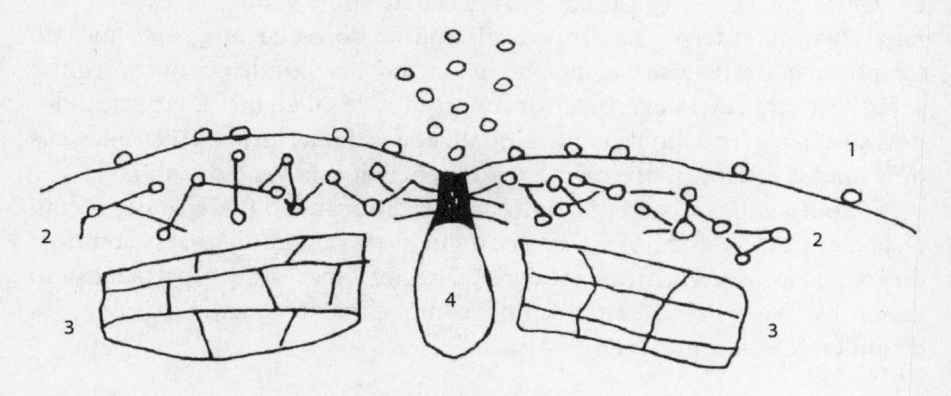

1. Linha do Fora
2. Zona estratégica
3. Estratos
4. Dobra
   (zona de subjetivação)

Para a leitura dessa representação gráfica feita por Deleuze, basta discriminar os três planos em questão:

O de número 3 é o *plano do saber*. Superfícies superpostas, arquivos ou estratos, esse plano é atravessado por uma fissura central, que os reparte em quadros visuais de um lado, e curvas sonoras de outro: enunciável e visível, essas as duas formas irredutíveis do saber, Luz e Linguagem, "dois vastos meios de exterioridade onde se alojam respectivamente as visibilidades e os enunciados".

O de número 2 é o *plano do poder*. Zona dos diagramas das forças, das estratégias que articulam Ver e Falar, do não estratificado que ignora todavia a bifurcação entre ambos, mas que só se atualiza nos estratos e segundo seus dois modos, do enunciado e da visibilidade.

O de número 1 é o *plano do Fora*, situado acima da linha do Fora. Região das singularidades selvagens, ainda não ligadas, que borbulham justo acima da fissura central, que embaralham os diagramas, que são uma tempestade de forças, impetuosa e violenta, indeterminado jogo do Acaso, temporal abstrato.

A invaginação subjetiva (número 4 na figura) é a curvatura realizada pela linha do Fora, através dos diagramas de força, para dentro da fissura que separa, nos estratos, as visibilidades dos enunciados. Um bolsão incrustado nos estratos do saber abaixo da zona de turbulência do Fora.

A subjetividade pode então ser definida como uma modalidade de inflexão das forças do Fora, através da qual se cria um interior. Interior que encerra dentro de si nada mais que o Fora, com suas partículas desaceleradas segundo um ritmo próprio e uma velocidade específica. A subjetividade não será uma interioridade fechada sobre si mesma e contraposta à margem que lhe é exterior, feito uma cápsula hermética flutuando num Fora indeterminado. Ela será uma inflexão do próprio Fora, uma Dobra do Fora. O Fora, diz Deleuze forçando um pouco e talvez correndo o risco de entificá-lo, é "uma matéria móvel animada de movimentos peristálticos, de dobras e dobramentos (*plis et plissements*) que constituem um dentro; não outra coisa que o Fora, mas exatamente o dentro *do Fora*"[4]. Por isso, quando atravessamos os estratos e, seguindo a fissura central, buscamos na invaginação subjetiva um interior do mundo, somos acometidos pelo "terror de que a alma do homem acabe nos revelando um vazio imenso e assustador"; com efeito, dentro dessa Dobra jamais encontraremos outra coisa além do Fora do qual ela é uma prega.

---

[4] Deleuze, *Foucault*, op. cit., p. 104.

Nessa ótica o sujeito é uma crispação do Fora. Mas se o dentro da Dobra, que é o sujeito, não passa de um Fora recurvado, cabe perguntar em que é que a Dobra se diferencia efetivamente do Fora. A resposta histórica se encontra no último Foucault: os gregos teriam inventado o sujeito dobrando o Fora, curvando a força sem que ela cessasse de ser força. Eles a trouxeram para si. A existência estética, o cuidado de si, a regra facultativa do homem livre, tudo isso que Foucault analisa em seus últimos livros trata da mesma questão: da relação da força consigo, do poder de se afetar a si mesmo, do *afeto* de si para si (no sentido espinozano). Essa relação pode-se manifestar no regime alimentar (como foi o caso, inicialmente) ou sexual — campo de análise privilegiado por Foucault porque privilegiado pela História.

Assim o sujeito do qual falamos é um recurvamento sobre si da força solta e nômade, e que se cristaliza numa dobra. Para usar a mais imagética das figuras — bem conhecida dos psicanalistas —, essa inflexão pode ser comparada ao reflexo especular. Ao devolver a imagem projetada sobre si, o espelho (côncavo, digamos) cria um movimento reflexo, desviando e curvando o que incide sobre ele. A dobra cria um dobro, espécie de duplo distorcido. A dobradura que é o sujeito é também, ao mesmo tempo, uma réplica especular do Fora. Assim, o sujeito é aquele que reflete, que espelha, que devolve o que sobre si projeta o Fora, e aquele que curva sobre si as forças que lhe vêm do Fora. A rigor, um único movimento. Pois refletir o Fora é também imprimir-lhe uma curvatura e assim dobrar o que se reflete, constituindo-se enquanto dobra e invaginação.

A articulação necessária entre a Dobra e a Duplicação corresponde àquela que se dá entre a Subjetividade e o Pensamento. Pensar (a partir de uma subjetividade) será então *dobrar-se* e ao mesmo tempo *duplicar o Fora* de um dentro coextensivo a ele (um comentário de Haroldo de Campos em seu *Mallarmé* ilustra bem essa relação entre a dobra e o duplo: "Traduzir o *Coup de Dés* de Mallarmé é, antes de tudo, uma 'operação de leitura', no sentido mallarmeano da expressão —, dobragem, dobra, duplo, duplicação, dação em dois, doação, dados". Ainda veremos como pensar tem a ver com um lance de dados).

Já podemos nos deter na relação que a Dobra/Duplo, ou Subjetividade e Pensamento instaura com o Fora. Tudo indica que, embora essa relação seja constitutiva tanto da subjetividade quanto do pensamento, sua natureza é historicamente determinada e, portanto, variável. No bloco anterior (capítulo 4), vimos, por exemplo, que o pensamento do pensamento, característico da época clássica em que o discurso não passava de transparência entre o ser e a representação, cedeu lugar, justamente quando a linguagem redescobria sua espessura, a um pensamento sobre o fora do pensamento, sobre o Outro do homem, exterior a ele ainda que sua parte mais íntima — o Fora. A partir daí o pensamento não será mais um próprio pleno desdobrando-se e expandindo-se, mas antes um Fora se dobrando e se interiorizando. "Não a emanação de um Eu, (mas) a colocação em imanência de um sempre outro e de um Não-eu", diz Deleuze. Significa que nesse momento da história existe uma relação com o Fora que o pensa como primeiro. De modo que pensar será fazer com que o Outro, o Fora, o mais longínquo se torne minha intimidade.

Nos termos do diagrama deleuziano sobre Foucault, porém, a relação entre o pensamento e o Fora não se dá na forma de uma passagem livre. Um gargalo semiobstruído filtra, desacelera, curva, rejeita, amortece, seleciona as forças do Fora, mas ao mesmo tempo constitui uma passagem, via de comunicação, de permeabilidade etc. O que Foucault estaria sugerindo, então, é que, para que o Outro, o Fora, o mais longínquo se torne a intimidade do pensador, seria preciso desobstruir ao máximo o gargalo da zona de subjetivação em direção ao Fora.

Jacques Derrida usou para essa mesma ideia uma metáfora sugestiva ao comparar o pensamento com o tímpano. O tímpano, explica ele, é uma tela estendida, pronta a receber pancadas, a amortecer impressões, a fazer ressoar os tipos, a equilibrar as pressões entre o dentro e o fora[5]. O discurso mais ruidoso pode participar, através dele, da economia mais serena. Sabe-se entretanto que a membrana do tímpano, película fina e transparente, que separa o canal auricular do ouvido médio (a caixa), está distendida obliquamente (*loxôs*, em grego). Obliquamente de cima para baixo, de fora para dentro, de frente para trás. Não é, portanto, perpendicular ao eixo do canal. Um dos efeitos dessa obliquidade será o de aumentar a superfície de impressão e, por conseguinte, a capacidade de vibração. Nos pássaros a obliquidade do tímpano está ligada à acuidade maior do ouvido. Como se uma "fidelidade" maior ao Fora exigisse essa inclinação, essa irregularidade, enfim, uma distorção.

O paradoxo é que a acuidade da audição vai de par com a distorção do tímpano. Quando Derrida sugere a "timpanização" da filosofia, significa que é preciso torná-la oblíqua a fim de que, aumentando sua superfície de vibração, seja ampliada sua permeabilidade para o Fora. "Fazer trabalhar o *loxôs* no *logos* para que a filosofia saia de seu autismo", estabelecendo uma nova relação entre "o próprio do outro e o outro do próprio". Às vezes até é preciso — como querem os que filosofam com um martelo na mão — "rebentar-lhes os ouvidos", para usar a expressão de Zaratustra. Mas sempre é bom lembrar que a ruptura dos tímpanos traz a surdez, não a acuidade.

Para concluir: trata-se de curvar diferentemente a linha do Fora, desobstruindo-lhe o gargalo, a fim de poder "pensar de outra forma", como

---

[5] Derrida, "Timpanizar a filosofia", in *Margens da Filosofia*, trad. Joaquim Torres Costa e Antonio M. Magalhães, Lisboa: RÉS-Editora, pp. 11 e ss.

quer Foucault. Infletir essa linha timpânica da relação com o Fora é a um tempo remodelar a subjetividade e abrir o pensamento (essas duas coisas sempre andam juntas). Mas esse ponto extremo, de encontro entre o vórtice e a linha timpânica, no horizonte do temporal abstrato, ao qual aspira todo pensamento do Fora, também é aquele em que nos expomos ao risco maior, o da loucura.

O COLAPSO DA INVAGINAÇÃO

"Foi para o espaço. Perdeu os eixos. Saiu dos trilhos. Está fora de si. Virou astronauta. Saiu de órbita. Pirou!" Essas poucas expressões de uso corrente, que designam o insensato, indicam um duplo movimento: por um lado a perda de um centro (si, órbita, eixo, trilho), por outro a ejeção centrífuga em direção a um fora indeterminado (*pira!*, em Minas, ainda é usado no sentido de "dá o fora"; segundo o Aurélio, *pirar*, que significa "fugir", é palavra de origem cigana). As metáforas espaciais supõem, longe desse centro perdido, uma região de desgoverno e extravio, à semelhança do infinito do universo em que as naves descontroladas se desintegram e retornam à poeira cósmica. Voltar ao pó, aí, não significa regressar ao nada, conforme o sentido bíblico, mas perder-se no turbilhão das partículas cósmicas, à mercê de seus caprichos e arbítrios.

A intuição popular registrou com acerto a troca de um eixo subjetivo por uma deriva espacial. Efetivamente, trata-se de um salto feito a partir de uma história temporal e uma interioridade centrada, para um espaço externo e informe. A loucura é com efeito uma viagem para Fora, um vagar no Aberto. Ou, para engatar na ficção foucaultiana reportada por Deleuze, é o destampe do gargalo subjetivo, pelo qual o vórtice que plana sobre sua abertura aspira o sujeito como um todo. A invaginação da linha do Fora (vide figura na página 115) desencurva-se, restituindo a interioridade que ela constituía à pura exterioridade, expelindo-a para o turbilhão das forças do qual ela não passava, enquanto subjetividade, de uma dobradura desacelerada. Isso num nível — o do Fora. Em outro plano trata-se da ruptura do bolsão da subjetividade (zona de subjetivação na figura) e o vazamento selvagem, por todos os lados, de tudo aquilo que ela, através de seu fino contorno, refreava. Como um tímpano arrombado, que já nada filtra, nem seleciona, nem amortece — mas que também não dá ressonância, nem faz passar. Pois agora por essa membrana esgarçada já tudo passa: o próprio dentro escancarou-se.

O estupro multífluo da invaginação subjetiva abole o "limite" entre dentro e fora, e tudo o que daí decorre: interioridade, unidade, identidade, memória, história, continuidade etc. Com a diluição do dentro/fora esvai-se também o *lugar* ("em relação a", "em contraposição a"), deixando emergir um espaço intensivo. Para falar como Barthes, a *posição* do sujeito, manifestação paradigmática de um estruturalismo social, cede o passo a uma ductilidade de intensidades absolutas.

Se antes descrevemos a subjetividade como uma crispação do Fora, podemos dizer agora, em contrapartida, que a loucura é sua *dis-tensão*. A dobradura se des-dobra, abrindo-se, e forças anteriormente re-torcidas na zona de subjetivação se dis-torcem. Do mesmo modo o afeto de si por si (afeto no sentido espinozano) se re-vira, des-afetando-se, e o sujeito que antes curvava a força (sujeito *da* força) torna-se agora, louco, sujeito à força. Não a dos outros — embora isso também aconteça, na forma jurídica, policial, manicomial ou familiar —, mas a todas as forças circundantes, que a partir daí o atravessam segundo o turbilhão do *Fora*, os diagramas de *Poder* e os estratos de *Saber*. O rompimento da membrana subjetiva que ocorre na loucura a abre diretamente e sem proteção alguma para os três planos citados, segundo os seus modos específicos, que examino a seguir.

O *plano do Fora* irrompe com suas partículas singulares e não ligadas, no jogo selvagem e aleatório das forças e entre-forças, vertiginosa tempestade de fluxos (corpo dilacerado, objetos parciais, pedaços, intensidades travessas, não significadas). Trata-se dos Elementos, na indeterminação e indecisão de seu devir. Devir-louco, diria Deleuze. Sugado pelo vórtice, o nome próprio do sujeito é arremessado ao entrechoque de uma multiplicidade virginal — ou apocalíptica. Não há aí o consolo de uma forma, a tranquilidade de uma organização, a promessa de uma consistência. Nem unidade, nem acúmulo possível. Ductilidade turbilhonar do puro devir das partículas elementares. A irrupção do Fora distende o sujeito louco segundo a diagonal do Acaso.

O plano estratégico, já o vimos, é o do não estratificado, e corresponde aos *diagramas do Poder*. Indefeso contra esse plano (isto é, sem mediação alguma), o sujeito-louco o assimila em sua pureza de máquina abstrata, e adere ao seu funcionamento na forma direta ou invertida. Sentir-se observado, vigiado, pode ser a incorporação sem transição do diagrama panóptico; ter o sentimento de ser um número, controlado, planejado e manipulado pode derivar do diagrama pestilento, que é esquadrinhador, em sua versão informatizada. É raro incorporar um diagrama puro, já que a zona estratégica é um campo de batalha, onde se confrontam diferentes diagramas e se geram novos. Daí também a virulência arrebatadora com que os delírios de conteúdo político, sejam eles imperiais, revolucionários ou anárquicos acometem o sujeito na loucura. Ele se converte numa superfície de projeção do enfrentamento diagramático próprio ao plano estratégico, e reflete o ardor desse combate.

No *plano do Saber*, em que a fissura central constituída pela zona de subjetivação repartia os estratos em visibilidades e enunciados, com o desmoronamento do dique subjetivo as duas formas de saber se interpenetram de um modo novo. Se antes já havia entre elas guerra, capturas, entrelaçamentos, haverá agora mútua diluição. As palavras viram coisas, corpos, matéria sonora, os objetos viram signos, a disposição dos móveis numa sala pode ser um enunciado persecutório, enquanto as frases podem deslizar para o registro do ruído. O campo de visibilidade, que comportava, como vimos, complexos multissensoriais, se desarticula enquanto campo para misturar-se desordenadamente com sons, palavras, frases, mas também mistérios, personalizações, animismos. O regime da discursividade se fragmenta, perdendo seu primado (perdeu-se a dimensão do simbólico, diriam os psicanalistas). Luminosidade e sonoridade se confundem, gestos e sons retornam à sua implicação original que o texto de Brisset nos sugeriu, quando fez a língua recuar para sua hipotética origem. A loucura evoca aqui, de forma frustra, parte do ideal da poesia contemporânea: resgatar na palavra sua dimensão sensível de coisa, gesto e matéria sonora[6]. Na loucura as curvas sonoras se entrelaçam com os feixes luminosos numa indiscriminação que evoca, miticamente, o estado do Universo antes que Deus separasse as águas das trevas e a luz da escuridão.

Para entender essa indiscriminação da loucura — da qual Antonin Artaud foi sem dúvida uma das expressões mais fulgurantes —, Gilles Deleuze retomou certas ideias estoicas, montou um modelo teórico extremamente interessante (embora diferente do foucaultiano reportado neste capítulo, mas convergente com o dele em alguns pontos, como veremos) e aplicou-o àquele autor. Não será inútil examinar o modelo deleuziano, com o que certamente se explicitará o que aqui foi chamado de colapso da invaginação, e que diz respeito a um dos modos da "irrupção" histórica do Fora — o da loucura.

---

[6] Cf. Paulo Leminski, "Poesia: a paixão da linguagem", in *Os sentidos da paixão*, São Paulo: Companhia das Letras, 1987, pp. 283 e ss., ou, de Haroldo de Campos, "A Palavra Vermelha de Hölderlin", in *A Arte no horizonte do provável*, 4. ed., São Paulo: Perspectiva, 1977, pp. 93 e ss.

O MAIS PROFUNDO É A PELE

Em seu estudo sobre a lógica do sentido, Gilles Deleuze retoma a divisão estoica entre de um lado corpos e *estados de coisas*, e *acontecimento*, de outro.[1] O primeiro é o domínio da existência, das substâncias e qualidades, das misturas dos corpos, das ações e paixões, das causas. O segundo é a série dos efeitos, o duplo incorporal que se desprende dos corpos e constitui um extra-ser insistente. *Profundidade* e *superfície*.

Se formos rápido resumiremos como segue: por um lado as coisas, por outro as proposições. Entre elas uma fina película, o acontecimento (que não será confundido com sua efetuação espaço-temporal em um estado de coisas), ou o *sentido* que, embora pertencendo essencialmente à linguagem, e só possível na expressão, não se identifica com ela.

Planando na superfície das coisas, o acontecimento-sentido-efeito *separa* e *articula* coisas e palavras, e tem duas faces: numa é atributo de estados de coisas (é a face voltada para as coisas), na outra é expressão da proposição (é a face voltada para as palavras). Fina película entre a profundidade e a altura, efeito de superfície, trata-se de um mínimo de existência neutra, com suas regras próprias de produção de sentido (por exemplo, o não-senso eficaz, ou a casa vazia dos linguistas estruturalistas que faz tudo funcionar). Pois o sentido é produzido. Ele não deve ser buscado na profundidade abissal das coisas, nem nas alturas platônicas. Nem origem, nem essência, nem reserva, mas puro efeito de superfície, jogo de singularidades pré-pessoais e pré-individuais. O sentido não substitui aqui, a exemplo do que acontece na tradição filosófica, as velhas Essências metafísicas. A produção de sentido entre as proposições e os estados de coisas não requer um *eu*, que articule o Deus da altura e o Mundo da profundidade. À trindade eu-Deus-Mundo, que garantia a ordem do Universo e esconjurava o perigo da matéria em seu devir-louco, Deleuze opõe o acontecimento, no seu jogo de sentido, como articulador entre o desvario da matéria e a gramática das proposições.

Tudo anda bem até que nem tudo anda bem. Porque essa fina película do sentido às vezes arrebenta, e o não-senso, que antes a fazia funcionar,

---

[1] Deleuze, *Lógica do sentido*, trad. Luiz Roberto Salinas Fortes, São Paulo: Perspectiva, 1974, pp. 6 e ss., nas quais se baseia este capítulo. Para o estoicismo, ver Émile Brehier, *La Théorie des incorporels dans l'ancien stoïcisme*, 4. ed., Paris: Vrin, 1970, e Victor Goldschmidt, *Le Système stoïcien*, 4. ed., Paris: Vrin, 1985, nos quais se inspira Deleuze.

agora a faz submergir. A fronteira entre as coisas e as proposições se desfaz, e a superfície vem abaixo. Como na linguagem de Antonin Artaud, que é "talhada na profundidade dos corpos". O que antes era um sentido *imaterial* — resultado de coisas materiais, suas misturas, ações e paixões — perde sua "superficialidade" (que é própria ao sentido) e se afunda nos corpos.

O primeiro aspecto desse traço esquizofrênico é o que Deleuze chamou de corpo-coador. Trata-se da sensação de ter a pele perfurada por uma infinidade de buracos e de tragar, por essa via, a própria superfície. Escancarado, o corpo suga tudo, e tudo vira corpo, corporal, penetração, infiltração, "tudo é física", dirá Artaud.

O colapso da superfície acarreta a falência do sentido, e as palavras perdem sua "capacidade de recolher ou de exprimir um efeito incorporal distinto das ações e paixões do corpo, um acontecimento ideal distinto de sua própria efetuação presente. Todo acontecimento é efetuado, ainda que sob uma forma alucinatória", explica Deleuze. As palavras retornam a seus elementos fonéticos, e viram coisas, estados de coisas, misturas de coisas, perigosas, penetrantes, envenenadas, insuportáveis. É o caso do estudante que sente a língua materna como venenosa e que inventa um método de traduzi-la para idiomas estrangeiros de forma fonética[2]. O *efeito* de linguagem torna-se, para o esquizofrênico, linguagem-*afeto*.

Paralelamente ao esfacelamento e rematerialização da linguagem haveria um outro movimento — o de constituir um corpo sem órgãos, uma plenitude ativa, uma mistura líquida de todas as coisas, indecomponível, assim como o esforço em amalgamar uma palavra dura, irredutível, indissociável, impenetrável.

Por um lado a paixão e o sofrer de um corpo em pedaços (e as palavras fragmentadas incrustadas nos estados de coisas), por outro a ação de um corpo sem órgãos (e das palavras impermeáveis). *Corpo-coador* e *corpo glorioso*. Nos dois movimentos, a superfície como doação de sentido vem abaixo, literalmente. O sentido, que através do não-senso articulava o atributo lógico dos corpos e a expressão das palavras (segundo suas formas de designação, manifestação e significação), deixou agora de ser fronteira incorporal para mergulhar na materialidade selvagem das coisas, transformando-se em algo semelhante a um infrassentido.

A comparação entre Lewis Carroll e Antonin Artaud é sugestiva. Enquanto o primeiro faz, junto com Alice, a trajetória que vai das profundezas do corpo materno à superfície incorporal almejada, o segundo faz o percurso

---

[2] Deleuze, sobre Louis Wolfson: "Le schizo et les langues, ou la phonétique chez le psychotique", in *Les Temps Modernes*, n. 218, julho de 1964, retomado em *Critique et Clinique*, Paris: Minuit, 1993 (*Crítica e Clínica*, São Paulo: Editora 34, 1997). Comparar com "O sentido perdido (ou o 'esquizo' e a significação)", de Piera Aulagnier, in *Psicose, uma leitura psicanalítica*, ed. por Chaim Katz, Belo Horizonte: Interlivros, 1979, p. 94.

inverso (não é à toa que Artaud acusa Carroll de ser "superficial"). A criança é o contrário do louco, assim como Carroll é o oposto de Artaud. "Por todo Carroll, diz Deleuze, não daríamos uma página de Antonin Artaud; Artaud é o único a ter sido profundidade absoluta na literatura e a ter descoberto um corpo vital e a linguagem prodigiosa deste corpo, à custa de sofrimento, como ele diz. Ele explorava o infrassentido, hoje ainda desconhecido."

Não nos precipitemos em entender esse arrebatamento como uma adesão incondicional de Deleuze à profundidade e à moda que fez de Artaud o inspirador estético de um intolerável culto à loucura. Deleuze está preocupado em mostrar como o colapso da superfície engendra uma interação nova entre dois domínios que a película de sentido antes *separava* a fim de *articulá-los*, sem que por isso eles se juntassem. Em Deleuze não há nenhuma apologia da profundidade, mesmo porque toda sua obra vai na direção oposta, da superfície. Exemplo disso é seu belo ensaio sobre Michel Tournier, publicado em apêndice à *Lógica do Sentido*, em que retoma por sua conta o dito de Paul Valéry: *o mais profundo é a pele*.

Deleuze mostra bem como a filosofia, desde Platão, sempre se esforçou em contrapor à obscuridade terrorífica das profundidades a serenidade das alturas, com suas ideias, essências, conceitos. Esse modelo pode ter variado ao longo do tempo, mas continua sempre fiel à preocupação de conjurar o devir-louco da matéria através de algum expediente superior. Ser divino da antiga metafísica, Eu transcendental, consciência intencional, sempre foi preciso que uma instância unificadora se contrapusesse ao sem-fundo do abismo. A ameaça era de que "fora deste Ser ou desta Forma" (entenda-se as figuras citadas) não teríamos senão o caos.

Ora, a superfície de sentido entendida como trama de singularidades, diz Deleuze, basta-se a si mesma, e é justamente pelo fato de consistir numa superfície que ela não afunda no sem-fundo. Trata-se de superar a alternativa imposta tanto pela filosofia transcendental como pela metafísica, de que "fora da pessoa e do indivíduo, não distinguireis *nada*...".

Extraio daí duas observações. A primeira só vem confirmar o que disse acima: Deleuze não está pregando a indiferenciação da profundidade e da superfície, muito menos a abolição desta última. Reivindica para ela autonomia e a vê em sua função de produção e pivô da maquinaria de sentido — ainda que em textos ulteriores, devido a um remanejamento conceitual e terminológico, os recortes tenham sido modificados[3].

A segunda observação diz respeito ao núcleo de nossa questão. A esquizofrenia seria o colapso da superfície e a queda na profundidade, segundo um modo específico. Desse desabamento são testemunhas maiores escritos

---

[3] Sobretudo em conjunto com Félix Guattari em *O Antiédipo* e *Mil platôs*.

como os de Artaud e Nietzsche. Este, por exemplo, em seus primeiros anos, ainda discípulo de Schopenhauer, "fez falar Dionísio sem fundo, opondo-o à individuação divina de Apolo e não menos à pessoa de Sócrates". O vigor da escrita nietzschiana à época só confirma, segundo Deleuze, que "foram sempre momentos extraordinários aqueles em que a filosofia fez falar o Sem-Fundo e encontrou a linguagem mística de seu furor, de sua informidade, de sua cegueira". Mas parece que Nietzsche, ao se livrar de Schopenhauer e de Wagner, teria explorado um mundo de singularidades impessoais, pré-individuais, não ligadas e não aprisionadas nem pela individualidade fixa de um Ser infinito, nem pela sedentariedade de um sujeito do conhecimento. Não um abismo indiferenciado, repito, mas uma *máquina dionisíaca de produzir sentido*, o que já eleva Nietzsche, automaticamente, ao nível da superfície. Isto é, de uma terra sobre a qual seja possível dançar. Ao mesmo tempo, porém, Nietzsche teria se dedicado a uma tarefa mais radical: a de ouvir o fundo, a de fazer falar o sem-fundo, com todas suas vozes, ruídos e monstros. Foi neste gesto, diz Deleuze, que Nietzsche pereceu. Pereceu porque mergulhou (na mistura dos corpos, inclusive na mistura corporal sifilítica). Dilacerada por explosões e rasgos, a superfície recaiu na "pulsação anônima em que as próprias palavras não são mais do que afecções do corpo: a ordem primária que murmura sob a organização secundária do sentido".

O que fez Nietzsche, então? Aliou a direção descendente do louco (rumo à profundidade) e a ascendente da criança (rumo à superfície). Parece que é sempre por um fio que Nietzsche consegue fazer obra (um acontecimento, um sentido, uma superfície), voltando à tona de um mergulho abissal, e sempre com uma bandeira branca na mão, despedaçada e respingando sangue.

Michel Foucault, em seu *Nietzsche, Freud e Marx*, lembra que esse movimento de Nietzsche é também uma técnica de interpretação. Ao criticar a profundidade ideal, Nietzsche estaria criticando a profundidade da consciência, denunciada como um invento dos filósofos. O intérprete nietzschiano, ao contrário, deve descer "como bom escavador dos baixos fundos" (Nietzsche), porém, segundo Foucault, a fim de "restituir a exterioridade resplandecente que foi recoberta e enterrada". O objetivo seria mostrar que a profundidade é um segredo absolutamente superficial, e descobrir que ela "não é senão um jogo e uma ruga da superfície". O que acontece, efetivamente, apenas quando ele, Nietzsche, consegue "voltar".

Artaud, por sua vez, em um outro sentido, não é menos exemplar. Diz ele, literalmente: "Não gosto dos poemas ou das linguagens de superfície e que respiram ócios felizes e êxitos do intelecto, mesmo que este se apoie no ânus, mas sem que se empenhe nisso a alma ou o coração. O ânus é sempre terror e não admito que percamos um excremento sem nos dilacerarmos com a possibilidade de que aí percamos também nossa alma... Podemos inventar nossa própria língua e fazer falar a língua pura com um sentido extragramatical, mas é preciso que este sentido seja válido em si, isto é, que venha do pavor..."[4]. A crítica da superfície é feita em nome do corpo, e a reivindicação maior é a de uma palavra que seja física, que se efetue, que já não plane na superfície imaterial do sentido. A palavra deve se decompor em seus elementos fonéticos, em pedaços ruidosos, em fragmentos alimentares e excrementiciais que ameaçam, invadem, penetram, cravam. Sim, desfazer-se da gramática, diz Artaud (para poder se desfazer de Deus, diria Nietzsche), mas se isso vira mero jogo de palavras ainda continuamos na superfície. A menos que entendamos *jogo de palavras* no sentido em que Freud o utilizou para indicar a dimensão primária da palavra, isto é, pulsional. Trata-se aí do prazer fonatório, da experimentação da materialidade verbal, das pulsões libidinais investidas na linguagem. Como na criança, que em seus primeiros balbucios mobiliza todo o corpo numa gesticulação global: a linguagem é então vivida como puro dispêndio gestual, jubilação muscular, polifônica e rítmica. O sentido advém secundariamente, como diferenciação interna dessa atividade e como recalque progressivo de seus componentes somáticos e libidinais. Sabe-se que as crianças, ao aprenderem uma língua não materna, primeiro a "falam" por intermédio da gestualidade pulmonar, glótica e labial, produzindo uma espécie de simulacro, para depois precisar e diferenciar os sentidos correspondentes à sua língua. "A lógica gestual do sistema fonemático prevalece sobre seu uso comunicativo", explica Michel Thévoz, acrescentando que mesmo depois de adquirida a linguagem materna, as crianças fazem constantemente a experiência libidinal do funcionamento vazio da linguagem. "Elas discorrem por discorrer, por pura euforia elocutória." Só com o tempo essa gestualidade, dinamismo e corporeidade da matéria sonora devem transladar-se para além da barra que em nossa cultura separa o significante do corpo fisiológico, ou, como diriam os psicanalistas, os impulsos sádico-orais primitivos se sublimam[5].

Se aproveitamos essas observações sobre a primariedade pulsional da elocução, não será para concluir que a palavra-louca consiste numa regressão ao balbucio infantil. Por enquanto conservamos presente a advertência de Deleuze quanto à direção ascendente da criança rumo à superfície em contraste com a direção descendente do louco rumo à profundidade. O louco não regride a um estado infantil, apenas redescobre um processo primário da linguagem recalcado pelo despotismo da gramática e do sentido — e o reutiliza a seu modo. A linguagem-corpo do louco pode ser um corpo sonoro e fonemático que, ao transformar-se em grito, uivo ou sopro, não

---

[4] Antonin Artaud, "Carta a Henri Parisot", *Lettres de Rodez*, GLM, 1946, citado por Deleuze, in *Lógica do sentido*, op. cit., p. 87.
[5] Michel Thévoz, *Le Langage de la rupture*, Paris: P.U.F., 1978, pp. 154 e ss.

necessariamente terá relação com um sentido. Quando Artaud por exemplo diz *"Jusque là où la rourgue est à rouarghe a rangmbde et rangmbde a rouarghambde"*, está fazendo, segundo Deleuze, uma cadeia de associações entre elementos tônicos e consonantais, em uma região de infrassentido e segundo um princípio fluido e indecomponível da palavra impermeável. Ainda que Rouergue seja a região em que Artaud se encontrava, e que *rourghe* e *rouarghe* indiquem *ruée* (corrida), *roue* (roda), *route* (rodovia), *règle* (regra)... Trata-se de signos vazios de sentido, mas que se confundem com uma ação ou paixão do corpo. Não só um significante rebatido sobre o significado ou referente, mas a abolição da própria fronteira.

Quando essa barra se borra, a própria escrita deserta o registro simbólico das letras para encarná-las, dar-lhes formas, insuflá-las, demovê-las do abstrato para o figurativo. Os historiadores registraram as aventuras da escrita antes do advento do império tipográfico. Roger Druet e Herman Grégoire falam de uma época em que "a escrita é louca. Mais exatamente, ela é aberta a todos os desregramentos; tanta gente apressada a empilhou, quebrou, encheu de abreviações, de adornos intencionais, de ligações supérfluas, que ela ficou sem defesa. A fantasia desenfreada dos copistas se exprimiu através dela, e também toda a loucura do século... Todas essas loucas escritas falirão, pois o signo da loucura para a escrita é a ilegibilidade. Ora, os filósofos e os poetas, sobretudo da Renascença, querem ser lidos e os copistas sempre acabam por submeter a escrita à sabedoria da leitura"[6].

A história da escrita teria sido então a de uma normalização. A letra, escapando gradualmente ao impulso gestual e visual do escriba, foi sendo estandartizada pela tipografia, fotocomposição e finalmente a digitalização. O grafismo manual cede lugar à codificação abstrata do tipo "universo", e a escrita acaba tão imaterial quanto a voz, ambas funcionando como equivalentes gerais de indiferenciação, universais. Contraste gritante entre a pulsação rítmica e corpórea do manuscrito, e a transposição tipográfica subsequente, onde se codifica e/ou elimina a intensidade original. A passagem do corpo ao código implica ou uma repressão da intensidade primeira, ou a invenção de novos expedientes que permitam sua transposição. Uma escritura plástica, embora no limite impublicável — como é o caso, efetivamente, dos ditos "escritos brutos" coletados por Michel Thévoz —, é, num certo sentido, a falência da superfície e a irrupção do corpo.

Nem sempre porém o perigo vem da letra figurativa. Longe ainda das aventuras de uma "escrita bruta", o fundador da linguística moderna se insurgiu contra os perigos da escrita *tout court*: Ferdinand Saussure considerava a escrita um gesto corpóreo, patológico e supersticioso, contraposto à idealidade da fala, expressão pura da alma. A escrita seria uma violência

---

[6] Roger Druet e Herman Gregoire, in *La Civilisation de l'écriture*, p. 87, citado por Thévoz, in op. cit., p. 86.

sacrílega à língua falada. Talvez isso não passasse de uma herança platônica, como lembrou Derrida[7]: Platão opunha a criancice da escrita como jogo (*paidia*) à gravidade adulta da fala (*Fedro* 277e). Com efeito, os escritos loucos comprovam que a escritura se presta a ser um jogo intensivo de formas e gestos, impulsos, violências e graças. Tudo o que nossa escrita tipográfica perdeu, ou foi obrigada a incorporar sob outro modo.

Seja na relação da escritura com a fala, seja na do som com a língua, estamos nos referindo sempre a uma materialidade contraposta a uma idealidade, uma profundidade relativa a uma superfície suscetível a qualquer momento de, uma vez perfurada, vir abaixo. Uma substância material, estado de coisa, paixão e ação do corpo, tragando sua própria tela de inscrição, absorvendo a palavra, a fala, a linguagem — o sentido. É como se, perdida a superfície que articulava coisas e proposições, fosse preciso soldá-las de um modo novo, num duplo gesto, que torna-se abstrato quando fala do corpo e voluptuoso quando trata da palavra. Autogemeometrizar-se, dirá Francis Palanc, um doceiro que tentou constituir alfabetos pessoais com bolos não comestíveis, espalhando pó de casca de ovo sobre superfícies com cola, ou as distribuindo com um rolo de macarrão. Grafias ou pinturas, pouco importa, tratava-se de descobrir-se a si e ao mundo como uma escrita cujo código seria preciso inventar. Não o traduzindo para um alfabeto conhecido, mas cedendo ao seu caráter de mágica hieroglífica. Pode-se falar de uma gramatologia que aboliria a oposição entre significado pleno e significante diáfano à qual está habituada nossa cultura[8].

Em todo esse trajeto é preciso diferenciar esse esforço em *soldar* a materialidade e a linguagem (feito pela loucura), e a *articulação* entre elas operada pela superfície de sentido. No primeiro caso tenta-se amalgamar os dois polos, rebatendo-os sobre um ou outro; no segundo caso trata-se de manter a diferença entre coisa e palavra, justamente para poder articulá-las. Diferença articulante ao invés de identidade indiferenciante.

Quando a fronteira se apaga, deixa de haver por um lado um *mundo de coisas* e por outro um *sistema da língua*, articulados entre si por uma diferença. As duas séries se desfazem enquanto séries e se interpenetram. Essa dissolução nos remete a uma questão que atravessa esse capítulo de formas variadas, mas que no fundo é a mesma. Profundidade ou superfície? Compossíveis? Incompatíveis? A primeira seria suicidária, enquanto a segunda redentora? Que dialética entre elas? Como abraçar a primeira mas ao mesmo tempo evitar seu abraço? Pergunta que Deleuze formulou a seu modo e que cito a seguir por inteiro: "Como o traçado silencioso da fissura incorporal na

---

[7] Derrida, *Gramatologia*, trad. Miriam Schnaiderman e Renato Janine Ribeiro, São Paulo: Perspectiva, 1973, pp. 46 e 48.
[8] Thévoz, op. cit., p. 154.

superfície não se tornaria uma *Spaltung* profunda e o não-senso da superfície um não-senso das profundidades? Se querer é querer o acontecimento, como não haveríamos de querer também sua plena efetuação em uma mistura corporal e sob esta vontade trágica que preside a todas as ingestões? Como não haveríamos de chegar a este ponto em que nada mais se pode além de soletrar e gritar, em uma espécie de profundidade esquizofrênica, mas não mais, absolutamente, falar? Se existe a fissura na superfície, como evitar que a vida profunda se transforme em empresa de demolição...? Será possível manter a insistência da fissura incorporal, evitando, ao mesmo tempo, fazê-la existir, encarná-la na profundidade do corpo?"[9]

Haveria um desejo imperioso de, ao invés de deixar o acontecimento planar na superfície incorpórea das coisas, encarná-lo na mistura dos corpos. Abandonar a ascese da idealidade para romper de vez com a dicotomia metafísica a que nos habituou o Ocidente. Para o pensador essa é a tentação mais intensa e ao mesmo tempo a mais arriscada: esposar o devir-louco da matéria. Em outros termos, a tentação do pensador é vizinha da loucura. Deleuze tem razão então em perguntar-se se é possível, no fundo, pensar sem enlouquecer.

---

[9] Deleuze, *Lógica do sentido*, op. cit., pp. 159-160.

INTERREGNO METODOLÓGICO

Seria tentador fazer corresponder agora, termo a termo e respectivamente, os dois polos da equação deleuziana estudados nesse capítulo (*proposição/ estado de coisa*) e os da foucaultiana apresentados por Deleuze no capítulo anterior (*enunciado/visibilidade*), estabelecer a equivalência entre *superfície* e *zona de subjetivação* e definir, em conclusão, a loucura como o colapso dessa fissura. A elegância teórica, porém, sucumbiria ao primeiro exame. Não que essas aproximações não se justifiquem; veremos, na sequência, como elas de algum modo estão no horizonte desse trabalho. Entretanto, devem ser manejadas com cuidado por algumas razões de ordem conceitual e metodológica.

A primeira delas diz respeito à equivalência entre enunciado e proposição. Em sua *Arqueologia do Saber* Michel Foucault esclarece que os enunciados não correspondem à proposição lógica, à frase gramatical ou ao ato elocutório (*speech act*). Ainda que atravessem a linguagem, eles não lhe são coextensivos. Não são sua estrutura nem sua unidade, mas uma função, que faz ressoar palavras, frases, proposições numa espécie de diagonal, definindo suas possibilidades de emergência. Através das palavras, Foucault busca sua condição de possibilidade. Neokantismo foucaultiano, em busca de um *a priori* histórico situado, diferentemente de Kant, não na transcendência de um sujeito universal, mas na formação histórica, e referida, não a qualquer experiência possível, mas a uma experiência histórica precisa. Os enunciados, que só existem em relação uns com os outros, formam um campo e um jogo enunciativo, e constituem, na sua diferença, um regime discursivo historicamente determinado.

Seja como for, não obstante sua evidente pertinência ao campo da discursividade ("práticas discursivas"), o enunciado é muito mais (mais amplo) e muito menos (menos visível) do que a proposição, mesmo quando esta comporta, como quer Deleuze, além das três funções de designação, manifestação e significação, também uma quarta, a de sentido.

O mesmo vale para a visibilidade. Foucault, segundo Deleuze, não está preocupado com as coisas, mas com seu modo de visibilidade, com a Luminosidade *a priori* e histórica que as traz à luz, segundo o seu modo específico, com suas condições de emergência, reflexo, cintilação etc. Assim como os enunciados atravessam as palavras e definem seu campo de possibilidades segundo um certo regime, também a visibilidade atravessa as coisas e as ilumina segundo um regime próprio. Foucault não trata dos corpos, de suas qualidades sensíveis, estados de coisa, paixões e ações, mas da maneira como eles aparecem e vêm à luz, das condições de possibilidade históricas de sua receptividade. Nesse sentido o visível é muito menos que as coisas (porque é invisível) e muito mais (porque estabelece o campo de sua visibilidade).

Se então, como vemos, não é nem das palavras nem das coisas que trata Foucault — a não ser num sentido irônico, como ele mesmo observou — e sim da "prática discursiva onde se forma ou se deforma, onde aparece e se apaga uma pluralidade emaranhada — ao mesmo tempo superposta e lacunar de objetos"; se, mais radicalmente, os discursos não são, como se poderia esperar, "um puro e simples entrecruzamento de coisas e de palavras", nem "estreita superfície de contato, ou de confronto, entre uma realidade e uma língua" — mas o lugar de um "regime de objetos", onde se formam sistematicamente os objetos de que se fala, a conclusão será categórica: "Certamente os discursos são feitos de signos; mas o que fazem é mais que utilizar esses signos para designar coisas. É esse *mais* que os torna irredutíveis à língua e ao ato de fala. É esse mais que é preciso fazer aparecer e que é preciso descrever"[1].

Esse *mais*, que o capítulo subsequente já explicita através de seu título, é a função enunciativa. Penso porém que, além disso, ele contém algo *mais*. No extremo de sua argumentação, ali justamente onde ele mais parece se distanciar da construção deleuziana, nesse *mais* não visível mas não oculto, como dirá ele, pode-se ver também, talvez, o rastro de uma problemática que nos ocupa já há algum tempo ao longo dessa Terceira Parte.

Enquanto Michel Foucault (segundo Deleuze) buscava o *a priori* histórico da emergência dos objetos, Gilles Deleuze, ele próprio, saía à cata da máquina dionisíaca de produção de sentido. Malgrado as diferenças de método, em ambos tratava-se de pensar *a articulação entre dois campos heterogêneos*, quer se lhes dê o nome de coisas e palavras, de visibilidades e enunciados, de extradiscursivo e discursivo, de estado de coisa e proposição, ou qualquer outro. Nessa articulação, que podemos chamar de fissura, ou diferença articulante, ou ainda de muitos outros nomes pomposos, trata-se no fundo, do espaço reservado ao pensamento, como veremos no próximo capítulo, e à loucura. Donde minha insistência nesse problema.

* * *

---

[1] Foucault, *Arqueologia do saber*, Rio de Janeiro: Forense Universitária, 1987, op. cit., p. 56.

A aproximação feita acima entre os modelos teóricos descritos nos capítulos precedentes levanta uma segunda dificuldade, desta vez não de ordem conceitual, mas propriamente metodológica, e que poderíamos resumir com a seguinte questão: trata-se efetivamente de *dois* modelos teóricos, ou de um único modelo, travestido e desdobrado em duas terminologias diferenciadas? Dito de outra forma: será que os dois modelos coincidem na sua problemática central — a da articulação entre dois campos heterogêneos — simplesmente por terem saído, ambos, da pena de um mesmo autor?

Com efeito, no início desta Terceira Parte adverti que apresentaria a maquinaria histórica foucaultiana *tal como Deleuze a reconstruiu em seu livro Foucault*, e no capítulo seguinte expus uma construção teórica de Deleuze tal como ele, baseado nos estoicos, a desenvolveu em sua *Lógica do Sentido*. Seria legítimo perguntar-se, pois, se o ponto de coincidência entre os dois modelos descritos é efetivamente um ponto de *cruzamento entre dois modelos diferentes*, ou, ao contrário, não passa da *repetição de uma mesma questão* formulada por Deleuze quando escreveu a *Lógica do Sentido* em 1969, e retomada por ele, com outros termos, em 1986, ao escrever seu *Foucault*. Neste caso, não poderíamos falar de cruzamento entre dois modelos teóricos diferentes, mas da persistência de uma mesma questão no pensamento de um mesmo autor. Nessa ótica, tanto Foucault quanto os estoicos, Carroll e Artaud, teriam servido a Deleuze apenas para retomar seu problema — e o máximo que se poderia concluir é que um modelo teórico de Deleuze estaria cruzando um outro (ou o mesmo) modelo teórico... de Deleuze. Deleuze coincidindo consigo mesmo, ou, com um pouco de humor: Deleuze repetindo-se na diferença.

A esta ironia cabe retrucar com despretensão, mas também relançando a aposta inicial. Ainda que não seja possível afirmar de forma categórica que os modelos teóricos de Foucault e Deleuze se cruzem efetivamente num céu inteligível, é inquestionável que entre o "transcendentalismo histórico" de Foucault e o "estoicismo" de Deleuze há uma zona de reverberação efetiva. E se Deleuze, ao iluminar a obra de Foucault do modo como o fez, trouxe à luz aspectos coincidentes com suas próprias questões, o que aí vai nos interessar, para além da atribuição dos direitos autorais, é que com isto essa zona de reverberação se ampliou e enriqueceu.

* * *

Ainda algumas palavras sobre a questão dos modelos teóricos e seu cruzamento. Esse trabalho não considera os modelos teóricos como pretensos "decalques" de um suposto real, cujo acesso nos seria dado por uma objetividade do olhar. São, quando muito, recortes, e como tais deles não se pode dizer que são fiéis — apenas que são úteis, que servem para fazer avançar determinadas hipóteses em alguns momentos, em outros para construir um campo de inteligibilidade a fim de deixar passar certas intensidades ou ainda fazer caducar cristalizações teóricas. Os modelos a que tenho recorrido devem ser vistos como instrumentos (como o diagrama de Foucault, por exemplo), e são válidos nesse sentido estrito. Sempre se corre o risco de ver essa utilização provisória e relativa deslizar para a forma confusa, em que se toma os modelos por uma essência ou os instrumentos por uma substância. Contra o platonismo científico dominante, a questão não é mais a de saber se aquilo que aqui leva o nome de ficção teórica corresponde ou não à realidade, mas em que sentido ela funciona e faz funcionar, que efeitos gera e que desdobramentos ela trava. É o que se deveria entender quando Foucault diz que em toda sua vida só escreveu ficções (e que escrever, como o disse Deleuze sobre ele, é lutar, devir, cartografar).

* * *

Uma última questão metodológica, também relacionada ao problema do cruzamento dos modelos, refere-se mais precisamente ao conceito-chave que serve de fio condutor a esse estudo.

A tematização explícita da noção de Fora pelos três autores principais com os quais venho trabalhando deixa entrever a diversidade de abordagens possíveis. Ora, seria ingenuidade pretender que pensadores da estatura de Blanchot, Foucault e Deleuze se referissem ao Fora da mesma maneira. Seria espantoso até que cada um deles o tratasse de uma única forma no interior de sua própria obra. Basta tomar o exemplo de Maurice Blanchot para se certificar dessa pluralidade. Em seus primeiros escritos (*L'Espace litteraire*) Blanchot associa o Fora, indiretamente ao menos, ao Aberto heideggeriano. Depois (certos textos incluídos em *L'Entretien Infini*), ao Outro de Emmanuel Levinas. Mais tarde um pouco, numa escrita mais fragmentária (é como se seus textos fossem se desarticulando), um certo nietzschianismo introduz, no estilo e na abordagem do Fora, a dimensão da guerra — penso sobretudo em certas passagens de *L'Écriture du Desastre*. Oscilação presente, como se sabe, também no percurso de pensamento de Michel Foucault: "Todo meu devir filosófico foi determinado por minha leitura de Heidegger. Mas reconheço que foi Nietzsche quem levou a melhor...", disse ele numa entrevista. Na tematização do Fora, especificamente, essa oscilação é detectável apenas se a referirmos à questão da desrazão — como o fizemos desde o início desse trabalho — com todos os problemas já mencionados que isso acarreta (os comentários de Pierre Macherey sobre o primeiro livro de Foucault e sua reedição modificada intitulada *Maladie Mentale et Psychologie*, e a desheideggerianização operada de uma versão para outra são disso um exemplo[2]).

Assim, se Heidegger de algum modo está presente em Blanchot e Foucault, e indiretamente, neste trabalho (é inegável que em Heidegger há um apelo da relação com o Fora, mas a dignidade atribuída ao Ser — aproximando-o do divino —, a correspondência entre *Sein* e *Dasein* — ser e compreensão do ser vão juntos — e o desvelamento luminoso dessa destinação — tudo isso foge do que entendo por relação com o Fora neste estudo), não "levou a melhor" em nenhum dos casos.

Quanto a Deleuze, a leitura que faz de Blanchot não deixa dúvidas sobre sua inspiração nietzschiana. A noção de Fora é tomada aí em sua vertente estratégica, e por vezes essa firmeza o avizinha de uma cosmologia das forças (o que poderia fazer crer, enganosamente, que Deleuze estaria descrevendo o Fora como uma região ôntica).

Enfim, isso tudo apenas para lembrar o caráter complexo e compósito da noção de Fora, tanto em cada um dos autores tomados separadamente (se é que isso é possível) como deles todos considerados simultaneamente. Mas ao invés de tomar essa heterogeneidade embutida na noção de Fora (e em parte derivada da heterogeneidade das fontes estudadas) como um déficit teórico e tentar encobri-la através de cosméticas linguageiras, me pareceu preferível, ao contrário, explicitá-la e tirar proveito de seu caráter problemático, me reservando o direito de marcar minhas preferências e priorizar uma vertente em detrimento de uma outra (como no caso de Heidegger, por exemplo).

Não me interessa reduzir a noção de Fora a uma definição qualquer, ainda que ela possa ser deduzida dos textos consultados (por exemplo, Puro Devir, Matéria Móvel, Diferença, Reino das Forças, Desrazão, Ser, Outro, Divino, Inconsciente, Alteridade etc.), mas atentar para a possibilidade de uma relação com o Fora que *alguns* desses termos, tomados como indícios metafóricos, ajudam a evocar. Trocar um nome pelo outro (estabelecer, por exemplo, uma equivalência direta entre o Fora e algum desses termos) é recurso fácil porém inócuo; entifica-se e se esvazia os conceitos, paralisando o pensamento. A questão não é saber *o que é* o Fora (questão sobre a essência e a identidade, questão metafísica) mas como "(dis)funciona" a relação com o Fora. É bem verdade que às vezes um termo nos ajuda a não perder o pé, mas também ocorre que ele nos bloqueie o movimento. De uma alternativa para outra a passagem é quase sempre imperceptível, mas desastrosa, razão pela qual deve ser detectada a tempo e evitada. Problema particularmente espinhoso na questão do Fora, onde se tem constantemente a sensação de perder o pé e a tentação de fixá-lo de vez. A preocupação dos autores aqui

---

[2] Pierre Macherey, "Nas origens da História da Loucura: uma retificação e seus limites", in *Recordar Foucault*, org. Renato Janine Ribeiro, São Paulo: Brasiliense, 1985.

utilizados em fugir a esse risco é o que os torna tão fecundos e problemáticos, mas é preciso acrescentar que só são fecundos na justa medida em que sua problematicidade é trazida à tona e levada a seu extremo.

PENSAR, ENLOUQUECER

Para Foucault, segundo Deleuze, *Saber* é Ver e Falar, mas *Pensar* é sempre instalar-se no interstício entre os dois, na sua disjunção (ao passo que *Enlouquecer*, como veremos mais adiante, decorrerá justamente do colapso dessa zona intermediária). No entre-dois entre Ver e Falar não há vazio, mas um entrecruzamento, guerra. Batalha audiovisual que ele encontra em Raymond Roussel, em Magritte, em Brisset, onde ora as coisas capturam o enunciável ora as palavras conquistam o visível. Pensar seria inventar, no cruzamento entre um *estrato*, um *diagrama* e o *Fora* (isto é, dos três planos: do Saber, do Poder e da Subjetividade, *grosso modo*), um novo entrelaçamento entre Ver e Falar. Nessa fissura entre Ver e Falar se infiltra o *exterior*, nas suas relações de força diagramáticas, mas também o *Fora*, no seu turbilhonar de singularidades selvagens, não-ligadas. Nesse último nível pensar é dobrar esse Fora, essas forças, numa relação a si que não fecha uma interioridade mas se aceita como uma prega desse Fora. Pensar, nessa fissura, é estar aberto à intrusão do Fora, através de um certo modo de subjetivação, e aí, a partir dos diagramas efetivos, ver e falar, na sua heterogeneidade.

Isso significa que um certo modo de subjetivação, aliado a uma efetivação diagramática, reparte e entrelaça o enunciado e a visibilidade, articulando-os na sua diferença. Quando esse bolsão de subjetivação se escancara deixando entrar o Fora na violência não-ligada de suas singularidades, o sujeito deixa de poder articular, segundo uma diagramática, os dois campos heterogêneos do saber. Deixa de sustentar a dissimetria e o entrelaçamento entre eles, para se tornar o campo de sua "isomorfização" e mistura. Os campos, ao se mesclarem, se turbilhonam segundo a irrupção das singularidades do Fora, e os estratos de saber viram um descampado selvagem. Esse descampamento já não é um saber, tal como o entendíamos até o momento — isto é, articulação da heterogeneidade Ver/Falar segundo os diagramas de poder vigentes. As duas séries defasadas, ao se romperem e deixarem de ressoar na sua diferença, inauguram uma geometria nova.

Quando o sujeito desfaz a dobra que ele é, esgarçando-se para Fora, quando deixa de habitar o interstício que articula as duas formas de saber, torna-se, ao invés de dobra e fissura articulante, um campo aberto. Já o dissemos, campo aberto para: a) as forças não-ligadas do Fora; b) as forças ligadas dos diagramas de Poder; e c) as formas heterogêneas dos estratos de Saber.

O louco não é considerado sujeito *de* uma *subjetividade*, sujeito a um *poder* nem portador de um *saber*. A loucura descampada é a ruína da tríade que nos constitui: Saber, Poder, Subjetividade. O louco é tido antes de tudo como aquele que "*não sabe*" (não vê o que é, não fala o que é, não sabe o que fala, não sabe o que vê, não sabe que não sabe, acredita no que percebe embora não perceba o que vê, e percebe mais do que vê), é avaliado como quem "*não pode*" (gerir bens, ser eleito, situar-se numa relação de forças, ter autonomia, sujeitar-se a um trabalho, obedecer, respeitar, ser adequado), em suma, é considerado como aquele que "*não é sujeito*" (desestruturado, sem centro, Nome-do-Pai forcluído, não se relaciona consigo mesmo, nem com os demais). Essas afirmações não devem ser aqui tomadas para caucionar qualquer desqualificação (clínica, psiquiátrica, jurídica) dos sujeitos ditos "loucos" — muito pelo contrário. Deveriam servir-nos para repensar as modalidades de articulação vigentes entre as três instâncias mencionadas e a violência nelas embutidas, bem como apontar para outras possibilidades de (des)subjetivação — indicando, assim, outros lugares possíveis para o que ainda chamamos de loucura.

Em todo caso, já podemos retomar nossa "ficção" teórica. Ao descentrar-se dessa intersecção entre as três instâncias o louco as perde, fá-las girar em falso e se perde, devastado por todas as forças na sua variedade infinita, fracassando na constituição ou reconstituição de algum território.

Ao falar da superfície situada entre proposições e estados de coisa, ocorre a Deleuze usar o termo "fissura", um "não ser" que articula dois campos heterogêneos (profundidade e altura), um "vazio" (não-senso, palavra esotérica, excesso ou falta) que faz funcionar essa defasagem produzindo sentido. Essa superfície não é a consciência nem o sujeito, mas é nessa superfície, como agenciamento de pontos singulares, que um sujeito e uma consciência podem vir se alojar — isto é, podem igualmente ser produzidos. O sujeito só aparece nessa fissura enquanto campo de articulação de uma diferença, e quando ela entra em colapso, submergindo na profundidade, sentido e sujeito se perdem. Pois é aí, nesse ponto, linha, superfície ou zona intermediária situada entre campos não isomorfos, e que os articula, é aí que a meu ver se cruzam os dois modelos com os quais venho trabalhando (Gilles Deleuze disse em algum lugar[1] que dois pensadores se encontram em geral num ponto cego; não há para isso melhor exemplo do que esse). E é o colapso dessa zona intermediária que, nos dois modelos, me serve para pensar a loucura. Acontece que através de um modelo chegamos à loucura como descampado aberto às forças do Fora, enquanto, no outro, loucura é profundidade canibalesca, fragmentada e corpórea. Se em nenhum dos dois sobra uma fronteira vazia — e é ao fim dessa fissura articulante que

---

[1] Deleuze, *Lógica do sentido*, op. cit., p. 50.

se pode atribuir, em ambos os casos, a perda de território que caracteriza a loucura — os dois modelos parecem desembocar em resultados opostos. Ao Fora num caso, à profundidade no outro.

Uma maneira de dar conta desse paradoxo seria evocando novamente o conto de Kafka sobre o personagem que ao cavar a terra para proteger-se do exterior encontra pouco a pouco, na profundidade, não a fortaleza mais segura, e sim o mais escancarado dos abismos; como se por uma estranha lei de reversão, quanto mais se mergulha para dentro, mais fora se está. A profundidade, embora promessa de fundo, é o sem-fundo, assim como a máxima altura não é um abrigo, mas o sem-teto. Sem-fundo e sem-teto, num espaço absoluto, são estritamente equivalentes. E é absoluto o espaço sem sujeito (voltemos por um instante à "física newtoniana"), pois é um espaço sem referências, sem centro e sem céu, sem alto nem baixo. Para a loucura, a profundidade ou o Fora são rigorosamente o mesmo — o reino selvagem das singularidades não-ligadas, de seu entrechoque, do entre-forças turbilhonar, sem relação alguma com o que chamamos de Nada ou Vazio. Não é o Indiferenciado, mas o Indeterminado. Ao qual a loucura é atirada de modo catastrófico, a arte de modo sublime (no sentido kantiano) e o pensamento, a contragosto ou por paixão. É provável que o fascínio que Nietzsche ainda exerce sobre nós venha daí: foi nele que da forma mais patética aliaram-se Arte, Pensamento e Loucura para, expondo-se ao Fora, fazê-lo coincidir com a profundidade. Nesse sentido não é casual que, para pensar esse Fora interior ao homem, a ciência de Freud (que ele batizou num certo momento de Psicologia Profunda), através de Grodeck, tenha ido buscar em Nietzsche o termo mais enigmático, inumano *e neutro* (exterior e profundo ao mesmo tempo) — o *Es*[2].

---

[2] S. Freud, *El "yo" y el "ello"* [O ego e o id] (1923), in *Obras Completas*, 4. ed., Madrid: B. Nueva, 1981, p. 2.707, nota 1.633, e Grossman, C. & S., "El ello de Freud y el ello de Groddeck", in *El Psicoanalista profano*, México: F.C.E., 1967.

QUARTA PARTE
DA CLAUSURA DO FORA AO FORA DA CLAUSURA

A CLAUSURA DO FORA

A pista essencial desse trabalho nos veio na forma de uma observação das mais sóbrias e penetrantes escritas por Maurice Blanchot. A existência da loucura, diz ele, responde à exigência histórica de enclausurar o Fora, constituindo-o como "interioridade de espera ou exceção"[1]. Paradoxo da loucura: ao ser exposição descampada ao Fora nas suas diversas modalidades históricas (caos do mundo, fúria da morte, fim dos tempos, bestialidade do homem, inumanidade, força do desejo, sagrado dos Elementos, fascínio das miragens, violência do desmesurado, ameaça do nada, e todas as outras forças, sejam quais forem, determinadas ou indeterminadas, e que podem "constituir" o Fora), é ao mesmo tempo cercada numa exclusão, numa reclusão, num tipo social, numa doença. A Loucura não seria então só exposição pura ao Fora como vínhamos postulando, mas *clausura desse Fora numa personagem exilada*. Como se um círculo de giz traçado na circulação de forças (cósmicas, inumanas, trágicas) do Fora reservasse ao louco esse espaço como morada única. Não é à toa que nos loucos se conjuga de modo tão surpreendente um lugar extremamente exíguo (lugar familiar, lugar social, lugar mítico, circuito de circulação urbana restrito) e a mais desarticulada transversalidade. Espantosa combinação de paralisia e aceleração, sufoco e vertigem. Puxado e empurrado por todos os ventos e confinado, não obstante, a um percurso milimétrico, como um trapezista sobre um único fio, equilibrando-se em meio à tormenta e por cima do abismo. Às vezes não se sabe bem se o fio limita ou sustenta (enlouquecer pode ser uma forma de obter um fio, por mínimo que seja, para interromper a queda: por exemplo, o *status* de louco; filosofar caminhando sobre o fio da Razão pode ser outra).

Michel Serres chamou a atenção para a problemática espacial na questão da loucura, e acertou ao observar que Michel Foucault precisou escrever sua *História da Loucura* na língua da geometria, distinguindo o espaço único, estruturado de forma caótica — exemplo do espaço marítimo onde vaga a nau dos insensatos (vizinhança imediata de todos os pontos possíveis) — e a insularidade da reclusão. Mas o que Serres vê como uma sequência histórica (errância marítima × fortaleza terrestre), barca e hospital, é preciso ver

---

[1] Blanchot, *L'Entretien Infini*, op. cit., p. 292.

também como uma oposição constitutiva da loucura. A ilha da loucura é cristalização e fechamento do mar aberto[2], do Fora.

Presa no Aberto do Fora, a Loucura é o que — por pavor e confinamento — acaba subtraindo-se a ele. De tão exposta à indeterminação das forças, já lhes fica alheia: impermeável permeabilidade. O ponto em que a Desrazão vira Loucura é o mesmo em que o absolutamente Fora torna-se o absolutamente Dentro do Fora. A Loucura não é Dobra do Fora (isso é a subjetividade) mas Dentro do Fora, mônada do Fora, sem curvatura de forças, viabilização de formas, passagem. Entre o Dentro e a Dobra, há a mesma oposição que reina entre a Subjetividade e a Loucura.

Quando dissemos anteriormente que Loucura é o escancaramento da Dobra, demos só meio passo que agora cabe completar. É quando essa Dobra (que é a subjetividade) se escancara e ao mesmo tempo vira um Dentro — aí, na maior das aberturas e no rebatimento dela sobre o menor dos territórios, estamos em plena Loucura. Se antes insistimos sobre o caráter de abertura para entender a loucura como esgarçamento para Fora, contrariamente à subjetividade, onde há um encurvamento do Fora, agora insistiremos sobre o caráter paradoxalmente insular dessa abertura, em que o louco é objeto confinado a lugares restritos, tanto a nível imaginário (para a mãe, a família, a sociedade) como efetivamente (clínicas, hospitais, minoridade jurídica, inimputabilidade etc.).

E a partir daí, nesse espaço mínimo maximamente atravessado, o louco torna-se a tela de projeção intensíssima do Fora total. Passam por ele todas as forças, seus combates, os diagramas de poder, os estratos, os saberes, as palavras, as coisas, os sons, as personagens da História, os elementos, as cores. A perda do corpo é isso: tudo cravando a carne, perfurando a pele, atravessando-o, desmembrando-o, projetando sobre ele imagens materializadas, explodindo-o, incendiando-o, engolindo-o. Esse é o corpo despedaçado, corpo-coador, corpo-tela, cinema vivido nas vísceras, superfície feita profundidade. Se há profundidade no louco, é nesse sentido, do Fora adentrando o corpo-tela.

Já podemos retificar a afirmação em que identificávamos a profundidade com o Fora: ela só é válida para as modalidades de relação com o Fora reportadas na segunda parte desse estudo, mas não para a loucura, pois esta, como acabamos de ver, é Clausura do Fora num Dentro absoluto, e por isso profundidade absoluta. Que na loucura todo Fora vira Dentro significa também que toda superfície submerge numa profundidade.

Precipitemo-nos um pouco nessa distinção sugerida acima entre relação com o Fora e loucura, e digamos, prestes a esclarecê-lo mais tarde, que a relação com o Fora se refere à desrazão. Assim, na questão da profundidade que ora nos ocupa é preciso dizer, quase, que a loucura é o contrário da

---

[2] Serres, op. cit., pp. 171-2.

desrazão. Se nesta a profundidade leva à exterioridade e ao Fora (pois elas se equivalem), como no referido conto de Kafka, na loucura a superfície e o Fora desabam num Dentro, confirmando a linda análise que Deleuze fez a respeito da profundidade psicótica. Sempre é tênue a fronteira entre um caso e outro, e como uma luva revirada, a profundidade — superfície desabada — pode tornar-se o Fora novamente, como em Nietzsche ou Artaud, que diz claramente: "E a terra entreaberta em todo o lado e a mostrar segredos áridos. Segredos como superfícies". Um pouco mais adiante no mesmo texto, cujo título sugestivo fala por si mesmo — "Onde se malham as forças" —, Artaud mostra uma vez mais o sofrimento da profundidade, a esperança do Fora e a oscilação especular, sem definição, entre ambos: "Ó cães, que acabastes de rolar na minha alma as vossas pedras. Eu. Eu. Voltai a página dos escombros. Também ando à espera do celeste saibro e da página já sem margens. Este fogo precisa de começar em mim. Que os blocos de gelo venham naufragar-me nos dentes. Sou de crânio rude mas alma lisa, como um coração de matéria naufragada. Tenho ausência de meteoros, ausência de injúrias inflamadas. Na minha garganta procuro nomes e como que o cílio vibrátil das coisas. O cheiro do nada, um relento de absurdo, a estrumeira da morte total... O leve e rarefeito humor. Eu próprio já só, espero o vento. E chame-se amor ou miséria, não vai naufragar-me em nenhum lado que não seja uma praia de ossos"[3].

Cavernas de gestação ou leveza do humor, celeste, em Artaud sempre paira, num misto de terror e apelo irrecusável, a iminência do naufrágio ou sua efetuação. É sempre um *quase* que transforma um desarrazoado (aquele que tem *relação com o Fora*) em insano (aquele que está *dentro do Fora*), um artista num delirante ou um delirante num pensador do Fora. É da passagem de um para outro que devemos tratar, discriminando-os, se quisermos responder à pergunta maior já referida na introdução e que atravessa todas as demais em diagonal: como é possível a relação com o Fora sem que dela advenha a loucura? E a outra, correlata ou anterior a esta, tal como Michel Foucault a formulou: o que condenaria à loucura aqueles que uma vez tentaram a experiência da desrazão?

---

[3] Artaud, "Onde se malham as forças", in *A Arte e a morte*, trad. Anibal Fernandes, Lisboa: Livreiros Editores e Distribuidores Ltda., 1987, pp. 31 e 33, respectivamente.

AUSÊNCIA DE OBRA

A loucura é ruptura absoluta de obra, diz Michel Foucault[1]. À primeira vista tudo parece claro. Por obra entendemos trabalho, construção, consistência, produto, comunicação, estrutura — tudo aquilo de que seriam incapazes nossos loucos, supostamente impotentes e desmilinguidos. Obra é materialização de trabalho, forma, inserção do homem no espaço e inauguração de história. Os que não produzem, segundo nossos padrões, os que não comunicam, segundo nossos códigos, não têm lugar — a esses nós chamamos de loucos. A conclusão se impõe: ausência da obra vale como critério-limite para discriminar o produtor do improdutivo, o estruturado do desmanchado, o existente do desistente, o são do insensato.

A essa evidência se contrapõem duas séries de objeções. A primeira: 1) Não se vê por todos os lados grandes obras de grandes loucos? Não estão aí Hölderlin, Nerval, Artaud, Lautréamont e Van Gogh para atestá-lo? 2) Não vemos com frequência cada vez maior exposições feitas por instituições manicomiais que testemunham a vitalidade e criatividade até de pacientes cronificados por anos de hospitalização? Veja-se o belo filme de Hugo Denisart sobre o Bispo, ou a obra do próprio Arthur Bispo do Rosário, paciente que recriou um universo inteiro em miniatura na Colônia Juliano Moreira, com os mais diversos materiais. Ou o Museu do Inconsciente, seu acervo, exposições, publicações, sem falar da arte bruta e de todo o aproveitamento dadá e surrealista da arte dos loucos. 3) Quem conhece de perto o cotidiano das clínicas psiquiátricas e o trabalho de certos profissionais da área (principalmente os terapeutas ocupacionais) sabe perfeitamente que as afirmações sobre a improdutividade da loucura não têm fundamento.

A segunda série de objeções resume-se no seguinte: hoje em dia basta visitar uma Bienal qualquer para se certificar de que grande parte das obras parecem sugerir uma desmontagem da estrutura, da forma, da comunicação, de seu caráter de produto finalizado; atentando contra a consistência, essas obras lembram mais a ruína do que propriamente um movimento de construção, como vimos na Segunda Parte desse trabalho. Nada similar à noção vulgar de obra. A elas melhor se aplicaria o termo feliz de Blanchot — desobramento.

[1] Foucault, *História da loucura*, op. cit., p. 529.

Se há ali trabalho, visa a demolição da própria noção de trabalho, de obra, de linguagem, de palavra, do enquadre, da inteligibilidade etc.

Enfim, se os loucos produzem (como querem as três primeiras objeções) e, em parte, a arte arruína (conforme a última), nada do que foi dito acima se sustenta e somos obrigados a retomar o problema de um outro ângulo a fim de entender por que, segundo Foucault, onde há loucura não há obra.

* * *

Depois de historiar o nascimento do asilo, Michel Foucault se pergunta o que sobreveio à desrazão com a medicalização da loucura operada pela nascente psiquiatria. O desatino clássico, diz ele, que era silêncio e nada diante da Razão, foi transformado no final do século XVIII, através de Goya e Sade, em grito e furor. O não-ser da desrazão tornou-se com eles poder de aniquilação, violência, possibilidade de abolição do homem e do mundo. O nada e a noite da desrazão adquiriram direito de expressão *na forma de obra*, mas apenas na medida em que essas obras que o expressassem fossem mortíferas e lancinantes, capazes, na sua força, de contestarem o mundo, a razão e a dialética que as ligavam.

Essas vozes do desatino foram ouvidas, mais tarde um pouco, por Nietzsche e Artaud, que as levaram ao paroxismo. Nietzsche, por exemplo, transformou em raio o desabamento de seu pensamento, e é através dele que ainda somos nietzschianos. Artaud, com a virulência e sofrimento que o marcaram, fez de sua obra uma obra que diz sua destruição, de suas palavras fez palavras que dizem a ausência de linguagem, fez da obra um "escarpamento sobre o abismo da ausência de obra". Pela loucura, conclui Foucault, essas obras abrem um silêncio, um vazio e um dilaceramento que obrigam o mundo, que as repele e acolhe, a interrogar-se.

Paradoxo: enquanto loucura e obra se excluem mutuamente (segundo a fórmula foucaultiana: loucura é ausência de obra), a forma maior de expressão da loucura, numa época em que ela foi sequestrada por inteiro pela "ciência" psiquiátrica, é precisamente a obra — que ela, no entanto, arruína. Por que a loucura, para expressar a ruína, precisaria justamente da obra, que é seu contrário? Por que a loucura, que implica a ausência de obra, necessita da obra para manifestar-se? Mero jogo de contrastes?

Toda essa questão se esclarece se a retomamos à luz da hipótese desenvolvida anteriormente, segundo a qual a *História da Loucura* seria uma arqueologia articulada em dois planos distintos, o da desrazão e o da loucura. Para isso basta relacionar as últimas páginas do livro, em que Foucault "define" loucura como ausência de obra, com a problemática da dupla arqueologia. É no meio do capítulo "O Círculo Antropológico"² que há uma referência àqueles que, "perdendo o caminho, desejam perdê-lo para sempre". Trata-se do destino da desrazão que abordamos acima, que na época clássica era silêncio e que no século XVIII recompôs-se, como vimos, num "silêncio sulcado de gritos, ... silêncio da interdição, da vigília e da desforra". No comentário sobre os quadros de Goya, que ilustram esse silêncio da desforra, em que a loucura é a "possibilidade de abolir o homem e o mundo", vemos que Foucault, apesar de falar das formas de manifestação da *desrazão* (a pergunta dizia respeito ao destino sobrevindo à desrazão), utiliza o termo *loucura*. Não penso que isso se deva a um mero deslize de linguagem, mas ao deslocamento histórico ao qual aludimos no princípio desse estudo.

O pensador da arqueologia mostrou, ao longo desse livro, como o hiato entre desrazão e loucura foi se diluindo ao longo do tempo, desaguando numa coincidência à qual ainda estamos submetidos. Se a desrazão foi "capturada" pela loucura, não é de surpreender que a única forma de manifestação da desrazão seja a loucura, uma loucura que será, então, marcada pelo índice do grito, da vigília e da desforra. A desrazão "enclausurada" não pode "romper o cerco" a não ser pela exacerbação e violência. A loucura será a máscara já colada ao rosto da qual a desrazão quer livrar-se, o que só é possível desfigurando-a, no exagero das caretas e dos clamores. Usar a máscara para arrebentá-la, assim como é preciso desfigurar as palavras para deixar aparecer os sons.

A desrazão insurreta, já o sabemos, não é a loucura fundamental e originária, mas aponta para o Fora (no mesmo texto de Blanchot do qual extraímos a ideia-mestra desse trabalho, referida no início do capítulo anterior, está implícita essa equivalência entre Fora e Desrazão), o Fora enclausurado na loucura, cuja irrupção só é possível — numa época em que se confinou o Fora na loucura e na doença mental — através da própria loucura. Isso responde à questão de por que os que experimentaram a desrazão sucumbiram na loucura. É porque, pela configuração histórica (práticas e saberes de exclusão, medicalização etc.) ao Fora foi reservado (quase que apenas) o espaço dessa linguagem, e é dessa linguagem, a da loucura (com sua fúria, sintomas etc.), que a relação com o Fora precisou lançar mão para se libertar justamente dele — esse espaço confinado ainda que o elevando ao seu extremo.

O mesmo valerá para a obra. Como diz Maurice Blanchot, a loucura tem a mesma função que a obra, "pois permite à sociedade, como a obra permite à literatura, manter — inofensiva, inocente, indiferente — a ausência de obra entre os firmes limites de um espaço fechado"³. A ausência de obra,

---
² Idem, p. 523.
³ Blanchot, op. cit., p. 617.

fechada no asilo, está emparedada também na obra. E tal como a desrazão usa a loucura para expressar-se, a ausência de obra usa a obra, às vezes até sua possibilidade extrema (isto é, arruinando-a), para manifestar-se.

Fechemos o círculo e designemos a ausência de obra pelo seu lugar de origem — o Fora. É o Fora que, confinado à obra, a utiliza para "vir à luz", e ao fazê-lo a arruína, sem nunca conseguir destruí-la. É assim que a obra existe como um movimento que de algum modo a anula sempre, levando-a de volta à ausência de obra, mas nunca definitivamente. Oscilação inconclusa, eis a obra da modernidade: desobramento. O desobramento, já o vimos, é o que, como o neutro, anula o tempo, dissolve a história, desbarata a dialética e a verdade, abole o sujeito e faz soçobrar uma ordem. Se quisermos ver aí um "trabalho" da desrazão, no sentido de uma demolição, nada mais justo.

Violentemos agora o postulado de Foucault (loucura é ausência de obra) e entendamos o termo "loucura" no sentido de desrazão — é aliás o que o início do texto que tomamos por referência sugere, ao se perguntar sobre o destino da desrazão[4]. Feita a substituição que sugerimos, obtemos, ao invés de "loucura, ausência de obra", "desrazão, ausência de obra". Desrazão e ausência de obra estão sob o signo do Fora, e numa época em que o Fora está confinado *quer à loucura, quer à obra*, desrazão e ausência de obra só podem expressar-se na forma que os aprisiona: como obra louca. Os poetas loucos não realizam a síntese entre um gênero literário e outro psiquiátrico, mas expressam a desrazão com as máscaras que esse século e outros talvez lhes reservaram: a arte e a loucura.

Por trás das máscaras não há nada, desde Nietzsche já o sabemos. Mas o nada de Nietzsche é um Fora, as forças na sua indeterminação, no seu jogo do Acaso, nas suas diferenças intensivas. É a essas forças que se expõe a obra, assim como a loucura, e são essas forças que ambas enclausuram; essas forças ora as submergem, devastando-as, ora são encarceradas por elas em túmulos tristes (loucos crônicos, peças de museu).

Às vezes entre a obra e a loucura, de um lado, e as forças do Fora, de outro, ocorre um jogo, um diálogo, uma troca. Quando Foucault afirma que a psicanálise restituiu a possibilidade de um frente a frente entre loucura e desrazão, é desse diálogo que se trata, malgrado a terminologia estranha a Freud: entre as forças do Fora e a clausura do Fora (loucura). Diálogo interrompido na época clássica quando a clausura foi elevada ao estatuto de natureza — e com mais razão um século depois, com o advento da psiquiatria. Foucault diz com todas as letras: não é mais de psicologia que se trata na psicanálise, mas dessa experiência da desrazão que a psicologia moderna mascarou. E Blanchot completa: os psicanalistas não raro o esquecem, sobretudo quando eles "hesitam em abandonar algumas das exigências do

---

[4] Foucault, op. cit., p. 513.

conhecimento dito científico, que quer situar a loucura de uma maneira cada vez mais precisa na solidez de uma natureza e num enquadre temporal, histórico e social"[5].

O Fora com o qual a psicologia, no seu trato com a loucura, recusou entrar em contato, é o contrário de uma ciência: é a não-origem, a ausência de tempo, o inumano, o anônimo — tudo o que, aliás, a psicanálise abrigou sob o nome de Inconsciente. Se uma crítica deve ser feita à psicanálise (e ela talvez justifique minha opção de situar esse trabalho fora de seu campo), é a de ter remetido sua descoberta do Fora a uma interioridade personalógica — individualizando-a e humanizando-a —, ao dispositivo familiar — edipianizando-a —, a um teatro imaginário — jogando-a do lado da representação — e, por último, a de ter privilegiado na loucura, em decorrência dessas inflexões, seu fechamento (o narcisismo), em detrimento da dimensão do Fora do qual a loucura é apenas um recorte. Mas talvez fosse exigir da psicanálise o que não cabe a ela promover — afinal, não é a isso que ela se propõe.

A desrazão confinada na loucura ou na obra exigiria, quem sabe, não psiquiatras, nem críticos de arte, mas algo que por falta de expressão mais adequada chamarei por ora de pensadores do Fora. O pensamento do Fora pode ocupar-se do Fora embutido na loucura e na arte, na filosofia ou na política. Pouco importam, aqui, os territórios. O essencial é que se trate de um pensamento que pratique, como diz Blanchot em outro contexto, o *aléa entre raison et déraison*. Talvez o pensamento do Fora permita um contato com a desrazão que não desemboque na loucura, o que responderia à questão essencial formulada no final do capítulo precedente.

Resumindo: a Desrazão remete ao Fora, a Loucura à Clausura desse Fora num Dentro absoluto, e o Pensamento do Fora à relação da Dobra subjetiva com esse mesmo Fora (o pensador do Fora é aquele que tem relação com o Fora, isto é, com a Desrazão; pode ser dito um desarrazoado, embora não seja um louco. Por vezes nos terá ocorrido assimilar Pensamento do Fora e Desrazão — é quando preferimos ficar na terminologia do Foucault historiador, a fim de melhor ressaltar o sentido do contraste Desrazão/Loucura presente em sua obra). Ao longo de uma história da loucura sempre estarão em questão as diferentes modalidades de relação com o Fora (confinamento, exposição a, troca) segundo os diagramas de poder, os estratos de saber e os modos de subjetivação sucessivos. Loucura e Pensamento do Fora (por essa expressão entendo agora o bloco de "experiências" analisadas ao longo da Segunda Parte, tanto artísticas, cotidianas, místicas como propriamente pensantes, em que uma certa turbulência é expressão de um tipo de relação com o Fora ou a Desrazão) são duas formas de se relacionar com o Fora, vizinhas mas antitéticas, donde a insistência em tratá-las lado a lado ao longo desse

[5] Blanchot, op. cit., p. 298.

estudo. São vizinhas porque estão sob o signo do Fora, e antitéticas porque, enquanto a Loucura transforma o Fora em Dentro numa adesão surda, o Pensamento do Fora é capaz de estabelecer com ele um jogo e uma troca.

Mas voltemos à questão desse capítulo. Agora talvez se entenda por que a história da loucura será sempre, ao mesmo tempo, a história da desrazão: a Clausura do Fora só pode ser entendida no horizonte das demais manifestações do Fora do qual ela é às vezes apenas uma parte, às vezes a depositária exclusiva. Em outros termos: assim como em certos momentos uma sociedade pode confinar o acesso ao Fora apenas à loucura (obrigando com isso poetas, artistas e pensadores do Fora a enlouquecerem), em outros momentos outros espaços podem estar abertos a uma relação com o Fora (espaços proféticos, xamânicos, místicos, políticos, poéticos, literários etc.)[6]. Que fique claro: o Fora não é uma invariante histórica nem uma entidade metafísica. Ele remete, como já dissemos anteriormente, ao Jogo selvagem das forças, ao qual os homens têm acesso sempre em função da fissura subjetiva que reparte Ver e Falar segundo os diagramas de poder. Trata-se sempre de um acesso histórico àquilo que arruína qualquer história. Esse é o paradoxo da relação com o Fora: o modo de relação com o Fora sempre é historicamente determinado, ainda que nessa relação fale a ruína do tempo, do sujeito e da memória.

Enfim, se hoje a loucura ainda é um dos modos privilegiados de exposição ao Fora (na forma da clausura), nem de longe é o único. Por isso talvez a aura da loucura esteja cedendo lentamente, em favor da disseminação do Pensamento do Fora. Se essa hipótese for correta, estaríamos assistindo não mais à liberação do louco — já em andamento — mas à da desrazão, isto é, a uma modificação profunda nas modalidades de relação com o Fora.

---

[6] Roger Bastide nota, por exemplo, a relação existente entre o processo de secularização cultural e da medicalização (e somatização) da loucura. Com o declínio dos rituais mágicos e sagrados aumenta a incidência da loucura, de onde ele conclui que "a loucura é uma doença do sagrado". Nietzsche teria expressado a mesma ideia ao dizer: outrora, refugiava-se em um convento, hoje não nos resta senão a loucura. In *Sociologie des maladies mentales*, Paris: Flammarion, 1965, p. 299.

O PENSADOR DO FORA

Caos, "esse lugar metafórico que organiza a desorganização".
Blanchot

*"Eu vos digo: é preciso ter ainda caos dentro de si,
para poder dar à luz uma estrela dançante".*
Nietzsche

O Fora em Nietzsche chama-se Caos. Nome equívoco, organizador, unificador, signo-substantivo cuja função é fazer entrar na ordem do discurso aquilo que não tem ordem, substância nem unidade. Nietzsche sempre fez questão de mostrar mas não ver, num misto de sedução e pavor, aquilo que ele mesmo chamou de O-Mais-Terrível (*das Furchtbarste*). Esforço inútil em combater a atração irresistível dessa cintilação abissal e intolerável.

Jean Granier entendeu o Caos nietzschiano como o devir enquanto turbilhão de forças em guerra e sujeitas à metamorfose constante[1]. Pierre Klossowski foi mais longe, e incluiu o conjunto das intensidades. As intensidades são altos e baixos de força, oscilações descontínuas, movimento sem começo nem fim, coexistindo às vezes num único corpo que não passa, por sua vez, de uma extremidade prolongada do Caos[2]. Mais do que organismo, ou menos, o corpo seria a pluralidade das veleidades pulsionais delegadas pelo Caos. Donde a importância do corpo em Nietzsche.

A economia sem intenção das forças do Universo cria, por puro acaso, seres intencionais: os humanos. Incapazes de conceber o que quer que seja desprovido de uma intenção (apesar de serem fruto do acaso), eles transformam a *intensidade das* forças do Caos em *intenção* humana, isto é, em moral.

No entanto, nada mais estranho à fixidez, coerência e "moral" do código de signos cotidianos utilizado pelo homem do que essas flutuações intensivas e múltiplas, estados descontínuos e incoerentes. Ainda que um signo responda sempre a um grau de intensidade mais alto ou mais baixo (por exemplo, o *eu*, sujeito de todas as proposições), é incapaz de dar conta do movimento-caos que lhe dá origem, que lhe escapa, que o transborda e o ameaça por todos os lados.

[1] Jean Granier, "La pensée nietzschéenne du chaos", *Revue de Métaphysique et de Morale*, Paris, Armand Colin, abril/junho 1971.
[2] Klossowski, *Nietzsche et le cercle vicieux*, Paris: Éditions Mercure de France, 1969, p. 58.

A essa ameaça é preciso responder com um véu — o véu da arte, da interpretação, da vida, dos valores. Contra essa "estranheza", "ausência de ordem, de articulação, de forma, de beleza, de sabedoria", como diz Granier, o "pragmatismo vital". A vida se defende da ameaça de dissolução vinda por parte de O-Mais-Terrível. "A vida e a arte são duas palavras para qualificar o mesmo ato criador que ordena o Caos, estabiliza o devir, inventa as categorias pelas quais as figuras e as constelações se organizam a partir da verdade-abismo."

Não obstante, a "moral impossível" de Nietzsche, segundo Klossowski, é enfrentar-se com o Caos — isto é, reconverter a *intenção* em *intensidade*. Quando a "figura Nietzsche" começa a desvanecer-se ainda antes de sua crise em Turim, o pensador percebe que o nome Nietzsche não passava de uma máscara por trás da qual havia nada, havia forças, havia Caos. Nietzsche fora apenas um caso fortuito, um signo intensivo, o Caos vivido, mascarado e voluptuoso. E no momento em que a máscara, que é crispação do Fora, se desmancha por completo, cessa o jogo entre a Dobra e o Fora e resta apenas o Fora absoluto. Nesse instante, em que não há nada além de intensidades puras na exterioridade mais perfeita, Nietzsche cessa de *dialogar com a Desrazão* para entregar-se a ela por completo. E cala-se. Vira o louco, personagem social, o *Dentro do Fora*, tão imerso no Fora que completamente incomunicável. O salto absoluto para Fora, para Dentro do Fora, resulta em enclausuramento no Fora justamente quando a entrega a ele é a mais total.

Para além de certo limiar de exposição ao Fora (que Félix Guattari chamaria de "coeficiente de desterritorialização") um outro "pragmatismo vital" intervém, encerrando o sujeito na loucura justamente a fim de evitar sua dissolução definitiva.

O pensamento do Fora, por sua vez, não se dissolve no turbilhão do Fora. Ele é uma Dobra, e enquanto tal, uma curvatura desse Fora, sua invaginação flexível, semiaberta a esse Fora do qual ele constitui uma prega. Na abertura da Dobra o pensamento do Fora pratica o jogo entre Razão e Desrazão a que se referia Maurice Blanchot e que suscita, como vimos, as diversas modalidades de turbulência que analisamos na Segunda Parte desse estudo. A passagem desse *jogo* com o Fora (próprio do pensamento do Fora) para a *exposição nua ao Fora* é o salto da turbulência para o turbilhão, para a loucura. É também a passagem de certa subjetividade para a pura exterioridade, da Dobra do Fora para o Dentro do Fora — risco maior e constante ao qual está exposto todo aquele que se aventura ao jogo vital com o Fora.

Se, como foi postulado ao longo desse trabalho, a Desrazão remete ao Fora, a exposição total e sem mediação a esse Fora implica um Dentro do Fora — que é a Loucura. Apenas uma *relação com o Fora* permite expor-se ao que constitui o oxigênio do pensamento, sem soçobrar. A relação com o Fora não é um capricho da filosofia, mas uma necessidade do pensamento.

Quiçá por trás desse trabalho paire um imaginário impossível (assim como Nietzsche tinha uma "moral impossível") que Michel Serres definiu como uma "revolução copernicana da desrazão". Ao invés de a razão enclausurar o mar irracional que a circunda e ameaça nas figuras clássicas do louco e da obra, talvez seja possível permitir que a desrazão (nós diremos: o Fora) "designe" a insularidade da razão (diremos: a Dobra). Significaria atentar para o fato de que a vizinhança da desrazão, isto é, do Fora, é essencial para a vida (do pensamento). Para isso talvez seja preciso insistir em que a espacialidade que nos governa nem sempre foi binária no que concerne à oposição Razão e Desrazão, que o "geometral das negatividades", como diz Serres, nem sempre obedeceu às mesmas oposições, se é que se pode falar sempre de oposições (por exemplo, Michel Foucault, sem prová-lo, sugeriu, como vimos, que a *hubris* grega não era o contrário da razão pois o Logos grego não tinha contrário). É para a possibilidade dessa vizinhança não-binária que o primeiro capítulo tentou apontar.

Imaginário mítico ou necessidade do pensamento, não é só na filosofia que se expressa essa tendência. Ao prefaciar um livro sobre a loucura, até um psicanalista, como é o caso de Gregório Baremblitt, por exemplo, certamente familiarizado com o enfoque clínico do assunto, expressa a convicção de que o campo da loucura é muito mais amplo que "aquele que nós pretendemos enquadrar com nosso 'modernista' conceito de psicose", e manifesta a esperança de que o autor cujo livro ele prefaciou, numa produção futura, consiga "interrogar o que outros saberes, incluído aquele *da loucura*, têm a dizer acerca da psicanálise"[3]. Creio que esta formulação não está longe da revolução copernicana da desrazão que Michel Serres reivindica e em cujo movimento, talvez, inscreva-se esse ensaio.

---

[3] Gregório Baremblitt, Prefácio a *Reflexões sobre a loucura*, de Carlos Roberto Aricó, São Paulo: Ícone, 1986.

CONCLUSÃO

Seria ingenuidade pretender que esse desfecho correspondesse a uma conclusão. Desde o início minha proposta foi mais ampla e ao mesmo tempo mais modesta: a de montar um campo teórico em que fosse possível tematizar a desrazão, seja em suas relações com a loucura, seja com o pensamento.

Embora tenha começado esse trabalho com uma digressão sobre a pertinência da distinção entre desrazão e loucura, tanto na filosofia (tomando a Platão e Hegel, respectivamente fundador e apogeu da Razão no Ocidente, como paradigmas históricos) como na arqueologia de Michel Foucault, apenas quando introduzi a noção de Fora abriu-se um horizonte conceitual comum para considerar a loucura e a desrazão, quer em suas inflexões específicas, quer em seus cruzamentos. Em posse desse eixo pude enfocar os diversos modos de relação com o Fora — na cultura, na história, nas patologias e no pensamento — segundo suas diferenças mas também seus entrelaçamentos.

Em nenhum momento desse estudo me escapou a problematicidade epistemológica da noção de Fora. Não é por outra razão que a cada passo insisti na necessidade de evitar sua ontologização ou sua redução psicanalítica a um inconsciente atemporal. Riscos constantes, reconheço, na medida em que tratei o tempo todo de aguçar ao máximo o paradoxo essencial do Fora — que "irrompe" na história para colocá-la em xeque, abolindo-a — com o que estamos, bem ou mal, próximos à lógica da epifania ou, guardadas as diferenças, das formações do inconsciente. Espero ter esclarecido em que minha abordagem se afasta dessas alternativas.

Talvez convenha lembrar ainda algumas outras dificuldades que esse estudo enfrentou desde o início.

Diz respeito, a primeira delas, à opção metodológica de trabalhar em torno de um mesmo tema com vários autores, e simultaneamente. Se em algum momento tive a ilusão de poder extrair deles um mínimo denominador comum sobre o tema em questão, ela logo caiu por terra. Tarefa impossível entre escritores contemporâneos que se comentaram abundantemente uns aos outros, quase confundindo-se, e alheios à ideia de autoria. Veja-se: Foucault comenta Deleuze, que lê Blanchot, o qual se inspira em Foucault, que escreve sobre Klossowski, que influencia Deleuze... e assim por diante, para não falar em Derrida, Lyotard e tantos outros dessa mesma linhagem. Ciranda teórica, em que o dizer de um já é comentário sobre um outro e não pode ser entendido sem o eco suscitado em todos os demais. Infinito da interpretação, como uma genealogia talmúdica retorcida sobre si mesma num círculo vicioso simultâneo, da qual estivesse ausente aquilo que justamente jamais terá existido — o texto original. Donde a dificuldade em saber no interior desta dança o que a quem pertence; e se é impossível fixar o que realmente cada qual "quis dizer", talvez seja possível — como nas fotografias sobre a colisão de partículas subatômicas, desenhar o rastro visível de um movimento invisível. Mais do que detectar o percurso de cada um dos autores, tratou-se de captar o modo pelo qual ele reverbera em todos os demais. Assim, não cabe a pergunta sobre se a interpretação deleuziana ou blanchotiana (ou minha) de Foucault é fiel, mas de que modo cada uma delas usa, reverbera e ressoa Foucault. Tarefa tanto mais difícil se considerarmos que o objetivo não é fazer de todos esses autores uma única sopa teórica, indiferenciada, mas, ao contrário, identificar com o máximo de fineza e acuidade as redes de reverberação e ressonância mútuas.

Uma outra dificuldade concerne ao bloqueio advindo precisamente da linguagem. O tempo todo me vi às voltas com palavras inadequadas, séries associativas viciadas, cadeias lógicas incontornáveis, armadilhas metafísicas, enfim, me espreitando nos interstícios mais inesperados da escrita. Tudo se passa como se a linguagem resistisse em liberar uma incerteza. Talvez a desrazão (já um termo equívoco, com um prefixo que denota negação a uma razão tida como referência primitiva, prioritária, numa oposição binária e antitética que esse trabalho tentou questionar) só possa ser pensada num fluxo de linguagem espasmódico e evanescente, que se anula a fim de não cristalizar o que as palavras, como uma cola espalhada entre as coisas, totaliza e completa. Às vezes é preciso diluir o que se disse a fim de que seja dito aquilo que se dilui (como faz Blanchot), às vezes impõe-se correr em ziguezague, como um guerrilheiro em campo aberto, a fim de cruzar o Fora e não ser baleado (como Deleuze), às vezes ainda é preciso mover-se em círculos concêntricos, questionando a própria sombra com o olhar de lince e uma precisão inquietante (como Foucault). Entenda-se: nesse trabalho não se tentou propriamente imitar nenhuma dessas soluções, mas utilizá-las; valer-se de seus ensinamentos táticos e truques de guerra, a fim de que o pensar a desrazão conseguisse driblar as resistências cristalizadas na linguagem.

* * *

Se alguma conclusão se impõe a esta altura desse percurso, é a reiteração da exigência que o orientou: para ser pensável, a "desrazão" deve ser retirada da tutela a que a submete o modo predominante da racionalidade ocidental nas suas diversas formas: a do exílio social, a da captura terapêutica ou a da omissão filosófica. Exclusão, explicação ou silêncio são modos solidários de evitar sua vizinhança. Seria preciso insistir, ao contrário, sobre a possibilidade de um vai-e-vem com o Fora, vislumbrando a passagem — ainda que sempre inconclusa, vacilante e problemática — da clausura do Fora para uma relação com o Fora da clausura.

* * *
APÊNDICES

Embora discutam uma questão pertinente ao curso desse trabalho — a da assimilação entre loucura e doença mental —, os apêndices que seguem podem ser lidos separadamente e não são obrigatórios para a inteligência do livro. Em última instância é a medicalização da concepção de loucura que cada um deles problematiza a seu modo: respectivamente, desde um ponto de vista etnológico, epistemológico e histórico. Estão à parte pois de algum modo a questão que eles tematizam — a da identidade atual entre loucura e doença mental — é mais óbvia (e recente) que aquela outra que a preparou e da qual ela deriva — e que constitui o objeto desse estudo — a da equivalência entre desrazão e loucura.

I. ETNOLOGIA E LOUCURA

"Não fique louco, mas se for preciso, manifesta tua loucura desta forma... e não de outra. Se te afastares deste comportamento não passarás por louco, mas por criminoso, feiticeiro ou herético"[1]. Em toda e qualquer sociedade, seja ela primitiva ou complexa, é esse, segundo o etnopsiquiatra Georges Devereux, o mandamento implícito em relação aos seus loucos potenciais.

Um comportamento desviante não basta para configurar uma loucura socialmente reconhecida como tal: pode significar crime, feitiçaria, heresia ou rebeldia, todos eles passíveis de punições diversas, conforme a cultura. Mas para ter acesso ao *status* de louco e a todas as vantagens, privilégios e especificidades daí decorrentes, o indivíduo deve conformar-se a um modelo de comportamento louco, tradicional a sua cultura. A tese de Devereux pode ser resumida numa fórmula simples: há maneiras corretas de ser louco, e de ser reconhecido como tal. Numa expressão feliz, Ralph Linton chamou essas maneiras de "modelos de inconduta". Consistem de certos traços culturais que uma sociedade reserva para configurar sua psicopatologia, e que ela coloca à disposição de seus membros, de forma organizada e estruturada, para ser utilizada quando preciso.

Um belo exemplo de "modelo de inconduta" oferecido como forma hegemônica — e bem estruturada — de loucura, ainda que não beneficie sua vítima com qualquer privilégio advindo do reconhecimento do *status* de louco, a não ser simbólico, como veremos, é a corrida do *amok* entre os malásios. Trata-se de uma crise de loucura furiosa e assassina, onde o sujeito sai em corrida desenfreada, com um punhal (*kris*) na mão, podendo atingir um membro de seu próprio grupo. Um corredor de *amok*, mesmo transpassado por uma lança, ainda é capaz de se aproximar de seu adversário e matá-lo. Um grito de "Amok! Amok!" constituía um sinal social ao qual os malásios reagiam um pouco como nós reagimos a uma sirene de alarme[2]. A maneira clássica de acabar com uma crise de *amok* consistia em matar o corredor. Conta-se que o exército americano adotou a pistola calibre 45, ao invés de 38, pois esta era insuficiente para derrubar um corredor de *amok*, ainda que o atingisse no ventre ou no tórax.

---

[1] Georges Devereux, *Essais d'etnopsyquiatrie génerale*, Paris: Gallimard, 1970, p. 251.
[2] "The Amok of Dâto Kaja Biji Derja", in *The Further Side of Silence*, Nova York, 1922, citado por Devereux, op. cit., p. 33.

Em muitas cidades malásias as autoridades colocavam nos cantos das ruas bastões em forma de garfo para que a população pudesse controlar os corredores de *amok* sem deixá-los se aproximarem demais. Quando da chegada dos holandeses, ao não mais se oferecer aos corredores de *amok* a morte gloriosa que eles buscavam, passando-se a condená-los a trabalhos forçados, a incidência das crises diminuiu sensivelmente.

Uma crise de *amok* pode ter causas diversas, diz Devereux: delírio provocado por febre alta, humilhação por algum insulto, desejo de perecer na glória sobre um monte de cadáveres, submissão às ordens de um superior hierárquico, fascínio exercido pelo *kris*, grave depressão reacional, antecipação intencional da conduta do *amok* (espécie de precipitação ritual numa crise de *amok* que o indivíduo sente estar chegando; o que a psicanálise chamaria de atitude contrafóbica), auto-hipnose em forma de litania sobre o destino mortal do homem, e muitas outras causas.

Que uma única manifestação — o *amok* — seja o escoadouro de tamanha diversidade etiológica não surpreende a etnopsiquiatria. Ela sustenta que múltiplos problemas e tensões subjetivas podem encontrar expressão num único complexo de sintomas, desde que ele seja culturalmente estruturado, na trama de uma configuração étnica. Sua forma será necessariamente tributária da cultura que lhe deu origem. A louca temeridade do corredor de *amok* é a manifestação paroxística da coragem, valor supremo do guerreiro malásio. O "modelo de inconduta" toma a forma, muitas vezes, de uma caricatura do modelo cultural total (voltaremos a esse ponto na questão da esquizofrenia e as sociedades contemporâneas).

A crise de *amok* é exclusiva da sociedade malásia. Não se poderá considerar a corrida desembestada de um cidadão americano disparando sua metralhadora no centro de Los Angeles e matando dezenas de civis indefesos como uma crise de *amok*. Tampouco o Ajax de Sófocles, que trucidou animais pensando matar seus adversários, é um corredor de *amok*. O *amok* só tem sentido no interior da cultura em que surge. Um europeu entre os malásios pode ter febre, ser humilhado, estar deprimido, receber ordens — ele jamais será acometido por uma autêntica crise de *amok*. A paixão do médico europeu exilado na Malásia e as extravagâncias a que o submete Stefan Zweig no conto intitulado *Amok*[3] fazem dele um apaixonado enlouquecido segundo o modelo europeu, e não um corredor de *amok*, em que pesem as expressões do autor. Elas devem ser entendidas mais como recurso literário do que como testemunho etnográfico.

O *amok*, como vimos, é um tipo de *desordem étnica*, isto é, socialmente estruturada com um material cultural dado de antemão. Integram essa

---

[3] Stefan Zweig, "Amok", in *A Corrente*, v. 3 das *Obras Completas*, trad. Odilon Gallutti, Rio de Janeiro: Editora Delta, 1956.

categoria várias outras manifestações primitivas, como o *Cão-Louco-Que--Quer-Morrer* dos índios das Planícies, nos Estados Unidos, o *Windigo* dos Algonquins, no Canadá, o *Berserek* dos Vikings, e outros. A lista é extensa e as formas muito diversas. Diferentes dessas desordens étnicas, porém, são as *desordens sagradas*, que constituem outra categoria e que Devereux analisa separadamente.

O personagem-tipo da desordem sagrada é o *xamã*. Os Mohave, que Devereux conheceu bem, consideram o xamã um louco. Devereux confirma o diagnóstico, e especifica: o xamã é psicologicamente enfermo por razões convencionais e de um modo convencional. O que o diferencia de um psicótico é a elaboração secundária convencional de um material inconsciente idêntico ao do psicótico. A comparação entre as alucinações de um psicótico paranoide "privado" (isto é, passível de assistência num ambulatório psiquiátrico ocidental) entre os Sedang Moi e as experiências sobrenaturais de qualquer xamã desta mesma tribo, diz Devereux, revela uma nítida comunidade de elementos, e as diferenças entre os dois situam-se sobretudo na estruturação destes elementos, que no caso do xamã é de tipo convencional (isto é, culturalmente codificado), e no caso do psicótico é não-convencional (idiossincrático)[4].

Com essas observações sobre a psicose do xamã, Devereux pretende contestar as teorias relativistas que fazem do xamanismo uma norma cultural, com uma função social definida e necessária. Também combate a teoria de Akerknecht, para quem o xamã seria um autonormal e um heteropatológico. Não podemos entrar nos detalhes dessa discussão. Apenas lembraremos o argumento principal de Devereux, que consiste na distinção entre crença e experiência, mais precisamente entre crença tradicional e experiência subjetiva. Uma coisa, diz Devereux, é, para uma tribo uta acreditar que o xamã abriga em si mesmo um Homúnculo-Devorador-do-Mal, e outra coisa é um xamã uta sentir a presença deste homúnculo nele mesmo. Devereux conclui que o "xamã não é um neurótico porque *partilha* as *crenças* de sua tribo, ele é neurótico porque no *seu* caso particular, e *somente* no seu caso, essa *crença* se transforma, por *razões neuróticas* (sic), numa *experiência* subjetiva, ainda que culturalmente estruturada, de tipo alucinatório"[5]. Isto é, o xamã experimenta subjetivamente um sobrenatural que para os demais não passaria de uma crença. Pode-se imaginar aonde essa tese nos levaria se aplicada, por exemplo, ao caso das pitonisas, ou às mães-de-santo, para quem é improvável que o rito e a crença não constituam ao mesmo tempo uma experiência subjetiva. Mas não nos antecipemos.

---

[4] Devereux, op. cit., p. 19.
[5] Jurandir Freire Costa discute essa questão em *Violência e Psicanálise*, Rio de Janeiro: Graal, 1984, pp. 73-78.

Há um terceiro tipo de desordem estudado por Devereux, além da desordem étnica e da sagrada, já mencionadas — a *idiossincrática*. Ele insiste muito sobre a diferença entre os três tipos. A *desordem étnica* se utiliza de traços culturais para estruturar uma sintomatologia, a *desordem sagrada* é uma síndrome restitucional convencional referente a uma experiência sobrenatural originada num incidente psicótico, enquanto a *desordem idiossincrática* provém de um traumatismo não necessariamente recorrente na sociedade em questão, e portanto atípica, tanto na sua etiologia quanto na sua forma e evolução. Essa desordem insólita é estranha à psicopatologia da cultura em que aparece, de modo que o louco, neste caso, vê-se obrigado a inventar seus sintomas, improvisando-os de acordo com suas necessidades. Não é raro que essa improvisação se dê a partir da deformação de certos itens culturais, ou até de uma deculturação, através da qual o indivíduo se exclui da cadeia de significações de sua cultura, privatizando sua existência a ponto de torná-la ininteligível para si e seu grupo. Às vezes a desordem idiossincrática pode tomar emprestados elementos do "modelo de inconduta", ou até mesmo confundir-se com ele.

A tipologia construída por Georges Devereux, tal como foi exposta até aqui, constitui um esforço sério no sentido de organizar a diversidade de material etnográfico que as culturas primitivas oferecem com respeito à loucura, e agrupá-lo segundo suas características maiores. Não pretendo discutir os critérios que presidem a categorização proposta por Devereux. No momento basta notar que, se por um lado a etnopsiquiatria nos abre para as formas múltiplas de manifestação do desatino, ela nos conduz, por outro, a um etnocentrismo cujo postulado central merece ser colocado em discussão.

Devereux acredita que por trás de diferentes sintomatologias étnicas há doenças similares. Seu interesse se volta para o tipo de instrumentos, defesas e recursos que cada cultura oferece para manifestar ou solucionar conflitos e desordens psíquicas universais. "...Os processos psíquicos fundamentais (têm) caráter universal mesmo quando se expressam sob formas extremamente diversificadas. Normal ou anormal, pertencendo a tal ou qual cultura, o indivíduo recorre a mecanismos de defesa que são fundamentalmente iguais. O normal difere do anormal, e o esquimó do beduíno, em função *não* da presença ou da ausência de certos mecanismos de defesa, mas da estruturação do conjunto destas defesas e da importância relativa atribuída por sua cultura a cada uma delas..."[6]

Devereux não esconde suas cartas. Sua etnopsiquiatria é psicanalítica, e é com esta nosografia que ele se propõe a entender o mundo primitivo. Daí a desenvoltura em falar de processos psicodinâmicos universais, mecanismos de defesa universais, em concluir que um xamã é um psicótico, que a maior

[6] Devereux, op. cit., p. 25.

parte das loucuras primitivas são de caráter histérico devido à solidariedade orgânica que caracteriza essas comunidades (ao contrário das sociedades modernas, ditas de solidariedade mecânica, que produzem a loucura de tipo esquizofrênico), que entre os primitivos há neuróticos de guerra, como os que se tornam travestis para fugirem à batalha, ou que a loucura divina grega se caracteriza pela glossolalia etc. Por debaixo das diversas manifestações patológicas e por detrás das psicopatologias das diferentes culturas, Devereux encontra, em última análise, a nossa própria nosologia. Para ele não há relativismo possível nesse campo. Assim, indivíduos julgados loucos por suas culturas e tratados como tal — Devereux se dá o direito de diagnosticá-los como normais. Indivíduos normais para a cultura em que vivem, desempenhando funções insólitas (para nós) mas socialmente reconhecidas — Devereux os carimba de psicóticos ou neuróticos ou histéricos ou psicopatas, em função de nossa psicopatologia.

Ele o admite claramente: louco é aquele que a sociedade reconhece como tal — é um *status* etnológico —, enquanto psicótico (isto é, verdadeiramente louco segundo o olhar clínico último e científico do psiquiatra, ainda que ele seja psicanalista) é aquele que ele, Devereux, diagnostica como tal. A grade de leitura psicanalítica serve para todas as culturas. Trata-se de ver apenas como cada cultura organiza o material étnico para manifestar essa psicopatologia. O postulado básico que atravessa esse método, já o vemos, é tão evidente quanto contestável, qual seja o da unidade e universalidade antropológica e psíquica do objeto de estudo — o homem. Devereux passeia pelas culturas primitivas com esse passaporte teórico, munido de um instrumental forjado na Viena do século XX e ostentando a segurança de quem às vezes mais parece um psiquiatra de primitivos do que um etnólogo.

Feitas essas ressalvas, de peso, podemos felicitar Devereux por não ter sido fiel a esses postulados e, na sua pesquisa, ter excedido em muito, pela inteligência, fineza de observação e riqueza do material, o enquadre teórico fixado de forma explícita. Só podemos admirar sua análise sobre a esquizofrenia nas sociedades contemporâneas (precursora das teses antipsiquiátricas), da qual extrairemos algumas reflexões.

* * *

Para Devereux haveria uma homologia entre a estrutura da psicose e a da sociedade contemporânea: o homem moderno é esquizoide fora dos muros manicomiais, e esquizofrênico no interior deles. O modelo de comportamento esquizoide, descrito a seguir, é valorizado pelo social, e constitui a base estrutural da atitude esquizofrênica. O esquizofrênico intensifica e concentra traços de comportamento típicos da civilização que o rodeia, e que são:

— sexualidade restrita à fornicação, sem conteúdo afetivo, ou, mais prosaicamente, incapacidade de amar;
— fragmentação das relações humanas e do engajamento social; atividades compartimentadas, parciais, por vezes incompatíveis entre si, que geram a impessoalidade e o esfacelamento;
— pseudorracionalismo cientificista que encobre ou justifica o imaginário;
— puerilização do comportamento (a sociedade prolonga ao máximo a infância e cria adultos dóceis e infantis);
— perda do sentimento de identidade, despersonalização (inclusive borramento das diferenças sexuais).

Enfim, penalização da autonomia do homem, com o sentimento de se estar cada vez mais "possuído", "manipulado", "dependente" de forças que escapam ao nosso controle — e legitimação exclusiva dos anticonformismos estandartizados, que não passam de um conformismo a mais.

Em seu comentário sobre essa tese, Roger Bastide confirma a homologia existente entre esses traços e as características estruturais da esquizofrenia identificados desde Bleuler até Minkowski (1953)[7]. Não é à toa, pois, conclui Devereux, que a esquizofrenia é quase incurável; seus principais sintomas são sustentados pelos valores mais característicos de nossa civilização. A esquizofrenia é a desordem étnica tipo, privilegiada, da sociedade ocidental. É seu "modelo de inconduta", assim como, segundo o autor, a histeria o era para as sociedades primitivas.

Entendamos corretamente. O esquizofrênico não se comporta como todo mundo. No seu comportamento individual ele é um desviante, mas a estrutura de sua doença é homóloga à estrutura social onde ela aparece. A homologia dá-se ao nível da doença, não do doente.

Mas o que significa que a esquizofrenia tornou-se o "modelo de inconduta" da sociedade contemporânea? Implica que hoje em dia, para manifestar uma perturbação qualquer ou fazer-se reconhecer como louco (e não como criminoso, por exemplo), ou simplesmente comunicar que "algo não anda bem", o indivíduo "esquizofreniza". É a sintomatologia dominante, assim como a histeria o era na virada do século. Por detrás das histéricas de Charcot escondiam-se todo tipo de perturbações mentais; na época esperava-se do louco que se comportasse como histérico, e o louco sabia "como deve-se comportar um louco". Devereux escreveu várias páginas sobre a simulação da loucura, seja na Bíblia, na Grécia (a volta de Ulisses) ou entre os Mohave, mostrando como qualquer cultura conhece e usa os "modelos de inconduta" hegemônicos de seus loucos.

[7] Bastide, *Sociologie des maladies mentales*, op. cit., caps. XI e XII.

Daí a importância, para Devereux, da etnopsiquiatria na formação do psiquiatra, a fim de que ele possa atravessar a linguagem semântica dominante e chegar ao diagnóstico correto.

O fio desta análise de Devereux é claro: a sintomatologia das psicoses (que, como lembra Bastide, não passa de um esforço de comunicação) varia em função das estruturas sociais e de suas transformações. A loucura seria ao mesmo tempo *cópia* e *desvio* em relação à sociedade que lhe dá origem. Como vimos no exemplo da esquizofrenia na civilização contemporânea ou do *amok* entre os malásios, cópia ao nível da *estrutura* da doença, e desvio ao nível do *comportamento* do doente.

Embora simples e tentadora, essa fórmula, que também sintetiza o pensamento da sociologia das doenças mentais inaugurada por Bastide, é fruto de um debate longo e espinhoso, que atravessou a psiquiatria social, a sociologia psiquiátrica, a etnopsiquiatria ou qualquer outro nome que se queira dar às disciplinas que se ocupam das relações entre loucura e sociedade. Tentarei contextualizar a discussão para dar a essa tese de Devereux a dimensão que lhe é própria.

Roger Bastide lembrou com muita propriedade que a questão fundamental dessas disciplinas é a da delimitação entre o normal e o anormal, e atribuiu a um célebre artigo de Ruth Benedict (*Anthropology and the Abnormal*) o papel de disparador deste debate[8]. Referindo-se a certos fenômenos colhidos pelos etnólogos, como a normalidade do transe nas sociedades xamânicas, o homossexualismo nas sociedades de *berdaches* (*status* feminino atribuído aos homens não guerreiros), o caráter paranoico das culturas melanesianas (Dobu) e os traços megalomaníacos dos Kwakiutl, Benedict concluiu que a normalidade é relativa, uma vez que nós consideramos patológicos comportamentos que outras culturas vivem como normais. A suspeita excessiva, por exemplo, que para nós é um traço persecutório, sintoma paranoico, formação imaginária, é tida pelos Dobu como elemento essencial de uma cultura mágica onde cada qual deve estar constantemente atento à ameaça de ataque por parte do feiticeiro. Ali, quem não é desconfiado não é normal. A normalidade tem por único critério os traços dominantes da cultura em questão. Ruth Benedict complementa esse relativismo cultural com a hipótese da loucura como desvio em relação a essa norma. A doença mental manifestaria as virtualidades antropológicas negligenciadas ou reprimidas pela cultura em que surge. Numa cultura do corpo e agressiva como dos índios Crow, por exemplo, estudados por Lowie, um homem de virtudes intelectuais é tido por irresponsável, incompetente e, finalmente, um doente[9].

---

[8] Idem, pp. 80 e ss.
[9] Foucault, *Doença mental e Psicologia*, trad. L.R. Shalders, Rio de Janeiro: Tempo Brasileiro, 1984, p. 72.

O desvio patológico expressaria a dimensão humana e cultural inexplorada pelo grupo social em que aparece.

Michel Foucault observou a similitude entre essas teses de Ruth Benedict e as de Durkheim sobre o patológico. Durkheim antes dos etnólogos americanos, e de certo modo servindo-lhes de modelo teórico, estabeleceu que pode ser considerado mórbido o fenômeno que se afasta de um tipo médio esquemático, que reúne as características dominantes de uma cultura. Veremos como os que entraram neste debate seguiram efetivamente, de uma forma ou de outra, essa trilha aberta por Durkheim e redescoberta por Benedict.

John Folley, por exemplo, tentou dar um caráter mais científico ao relativismo cultural de Benedict, e forjou o critério estatístico. É normal o comportamento dominante e hegemônico em determinada sociedade e determinado momento, e é anormal aquele comportamento que, estatisticamente falando, desvia desta norma. De aplicação relativamente fácil numa sociedade primitiva, esse critério é inoperante numa sociedade altamente diferenciada como a nossa, onde o leque de comportamentos legítimos é amplo e comporta um espectro graduado, e onde a fixação do comportamento médio nem sempre é possível.

A partir daí esse debate tomou outro rumo. Tratava-se de demonstrar que o estatisticamente desviante não era necessariamente patológico. Wegrocki, por exemplo, defendeu a tese de que o único critério válido para identificar um fenômeno patológico é, não sua anormalidade, mas sua etiologia. Uma alucinação só é uma perturbação patológica se resultar de um conflito psíquico — caso contrário não passa de um fenômeno cultural e normativo. A palavra final, como se vê, cabe ao psiquiatra, não ao etnólogo.

Outros, mais ecléticos, tentaram conciliar os três critérios, o cultural, o estatístico e o psiquiátrico, desde que fossem aplicados a domínios diferentes: o primeiro às psiconeuroses, o segundo aos desvios sexuais e o último às psicoses funcionais.

Ralph Linton fez outro tipo de composição entre as várias tendências em debate. Forjou o conceito de personalidade de base, culturalmente constituída, que serviria de referência para se medir os comportamentos desviantes. Mas não se desfez da nosografia psiquiátrica. Distinguiu as anormalidades absolutas, de origem constitucional e existentes em qualquer sociedade, das anormalidades relativas, desviantes em relação a esta personalidade de base. "Num grande número de sociedades, diz ele, alucinações e ataques histéricos são considerados como indícios de contato íntimo do indivíduo com o sobrenatural." E conclui: "Muitos dos indivíduos atualmente internados em nossos manicômios estariam não só livres, mas ocupando as mais elevadas posições se tivessem nascido em algumas outras sociedades"[10]. Embora

[10] Ralph Linton, O *Homem, uma introdução à Antropologia*, 10. ed., São Paulo: Martins Fontes, 1976, p. 476.

concorde que o desajustamento é uma questão de grau, Linton não trata a doença com o mesmo relativismo. Para ele também, como, aliás, para muitos outros etnólogos, a doença mental é um fato — e não um problema. Mesmo Devereux — a quem Bastide atribui o mérito de ter demonstrado que a adaptação social não pode ser critério de saúde mental, já que há sociedades doentes, como foi o caso da Alemanha nazista — não problematiza de forma radical seus próprios pressupostos sobre a doença mental. Logo mais veremos como enfrenta essa questão. Antes disso esquematizemos o recorrido a partir do debate iniciado com Ruth Benedict.

Podemos dizer que num primeiro momento estabeleceu-se a evidência de que diferentes sociedades comportam diferentes desvios e têm atitudes distintas para com seus próprios desviantes. A esse relativismo, cultural ou estatístico, seguiu-se uma nova constatação: de que diversas culturas, em épocas diferentes, apresentam fenômenos recorrentes que o pesquisador percebe como patológicos; é a volta do critério psiquiátrico. Num terceiro momento se entende que esses fenômenos "patológicos" nem sempre são desviantes e que os comportamentos desviantes nem sempre são patológicos. Discrimina-se desvio cultural de desvio patológico (por exemplo, nem todo mendigo — que é um desviante social — é por isso um doente mental). A discussão, que começara com a questão da norma, do desvio e da adaptação, se desloca para a natureza do patológico.

Essa inflexão teórica não é sem consequências. A reflexão sobre a natureza da saúde e da doença coloca em xeque, necessariamente, mesmo que de forma involuntária, a nosografia psiquiátrica. Há uma certa ironia neste avanço epistemológico. Ao devolver à psiquiatria a jurisdição sobre um tipo de material etnográfico, os etnólogos foram levados a se perguntar sobre a essência do patológico e a questionar os postulados da própria "ciência psiquiátrica" à qual recém haviam delegado a palavra final sobre seu objeto de estudo. Ainda que o problema continue sendo o das relações entre o normal, de um lado, e o anormal, o desviante e o patológico, de outro, bem como a demarcação entre esses três últimos, a questão central agora vai girar em torno da própria noção de patológico.

Michel Foucault tem toda razão em situar o impasse da etnologia americana, nessa questão, na forma como encarou a doença. Tanto Durkheim quanto Benedict e seus sucessores, por vias diferentes, encaram a doença como um dado negativo e virtual. "Negativo, diz Foucault, já que é definida em relação a uma média, a uma norma, a um *pattern*, e que neste afastamento reside toda a essência do patológico: a doença seria marginal por natureza, e relativa a uma cultura somente na medida em que é uma conduta que a ela não se integra. Virtual, já que o conteúdo da doença é definido pelas possibilidades, em si mesmas não mórbidas, que nela se manifestam: para

Durkheim, é a virtualidade estatística de um desvio em relação à média; para Benedict, a virtualidade antropológica da essência humana. Nas duas análises, a doença ocorre entre as virtualidades que servem de margem à realidade cultural de um grupo social."[11]

A tendência dos estudiosos que fizeram do desvio e do afastamento a própria natureza da doença será duramente criticada por Foucault. Ele verá nela mais do que um erro: uma resistência cultural. "Nossa sociedade não quer reconhecer-se no doente que ela persegue e encerra." Para Foucault, uma sociedade se exprime positivamente nas doenças mentais que seus membros apresentam (mais tarde o surgimento histórico dessa noção foi amplamente estudado por ele, como se sabe), seja qual for o *status* que ela dê a essas formas mórbidas, situando-as no centro de sua vida religiosa, como entre os primitivos, ou expatriando-as da vida social, como o faz nossa cultura.

Ao sustentar que não se pode pensar o patológico tendo por base a noção negativa de virtualidade marginal, estatística ou antropológica, Foucault trilhou um caminho semelhante ao de Devereux, que na época realizava suas pesquisas etnopsiquiátricas nos Estados Unidos. A afirmação de que uma sociedade se manifesta nos seus doentes (e que eles não constituem, como se pensava, o seu negativo), feita por Foucault, é similar à tese que presidiu a análise de Devereux sobre a esquizofrenia que resumimos acima: a sociedade contemporânea é esquizoide e a esquizofrenia é sua caricatura. Entre a doença e a cultura, portanto, não há oposição, mas homologia. Situada no interior desse debate, a tese da homologia ganha todo seu sentido e relevância, pois abre perspectivas novas para se pensar a relação entre loucura e sociedade.

Se as teses do filósofo e do etnopsiquiatra coincidem nesse ponto, bifurcam em outros. Mesmo porque Devereux, com todo seu brilhantismo e exuberância de pesquisador imaginativo, não prima pela coerência teórica. Para comprová-lo, basta recapitular seu percurso. Para fugir tanto ao relativismo quanto ao etnocentrismo, forjou sua própria concepção de saúde, próxima à de Canguilhem, da qual trato no próximo apêndice. Paralelamente continuou utilizando a nosologia psicanalítica com a maior desenvoltura, e, quando preciso, justificando esse uso de forma encarniçada, sem receio de incorrer no etnocentrismo que pretendia combater ou de violar a noção de saúde que ele próprio inventara.

Na coexistência pacífica entre a teoria da homologia estrutural, da saúde e sua nosografia não podemos ver somente falta de rigor, justaposição de níveis de análise diferentes (cultural, filosófico e psicológico), ou indecisão entre o psiquiatra e o etnólogo que o habitam. Trata-se, a meu ver, de um impasse epistemológico que tem origem nos pressupostos metodológicos da etnopsiquiatria, que ao risco do relativismo cultural (suscitado pela

---

[11] Foucault, op. cit., p. 73.

diversidade das formas de loucura) contrapõe a segurança da nosografia psiquiátrica ou psicanalítica. Georges Devereux faz seus ricos exemplos desembocarem num postulado que a própria etnologia tem se esforçado em demolir — a saber, o da universalidade e identidade fundamentais do psiquismo humano. A etnopsiquiatria remete à variedade sintomatológica das loucuras tais como aparecem nas diferentes sociedades, aos conflitos psíquicos universais tal como a psicanálise os postulou em pleno século XX. Ao reduzir a heterogeneidade do desarrazoado à homogeneidade psíquica do homem, a etnopsiquiatria perde na conclusão o que colheu na pesquisa de campo: um olhar sobre o plural da loucura.

11. O NORMAL E O PATOLÓGICO

Até o início do século XIX a medicina ocidental, *grosso modo* (excluindo os gregos), repousou sobre um único dogma, tão simples quanto indiscutível: saúde e doença se opõem radicalmente, assim como o Bem e o Mal — por princípio. A doença não é desvio ou acidente na ordem da Natureza, mas essência, entidade específica — contranatureza. O estado patológico não é uma alteração da normalidade, mas a presença ou ausência de um princípio definido. Entre saúde e doença não pode haver continuidade ou comunicação: o abismo que as separa é qualitativo, a tal ponto que a fisiologia e a patologia constituirão domínios independentes. À patologia caberá agrupar sintomas diversos em unidades nosográficas discriminadas, tal como faria um botanista em relação a suas espécies. Por detrás do jardim patológico, anterior a ele e até mesmo independente dele, pairam as essências mórbidas em seu sistema classificatório.

A medicina clássica funcionava através de um mecanismo epistemológico que Foucault descreveu com a expressão "conhecer é reconhecer"[1]. A regra classificatória inaugurada por Sauvages e vigente até Pinel estabelecia que a doença, antes de ser tomada na espessura do corpo, teria uma organização hierarquizada em famílias, gêneros e espécies. Esse quadro nosológico, anterior a qualquer manifestação sintomática, não era um mero instrumento de memorização com a finalidade de facilitar o diagnóstico. Foucault vê nele todo um espaço fundamental, anterior à percepção, do perpétuo simultâneo, isto é, um espaço plano em que o tempo não conta como variável e onde as analogias qualitativas definem as essências. O olhar da medicina ontológica coloca o corpo do doente entre parênteses, com suas variações pessoais, temperamentais, climáticas, acidentais, enfim, para deixar emergir a essência mórbida em sua pureza. O doente não passa de uma doença que adquiriu traços singulares. E a terapêutica só pode ter um objetivo: expulsar do corpo o princípio enfermo a fim de restituir-lhe a saúde.

A medicina do século XVIII referiu-se muito mais à noção de saúde do que à de normalidade. Compreende-se. A diferença entre doença e saúde estava na presença ou ausência de qualidades como vigor, flexibilidade, fluidez, e

---

[1] Foucault, *O Nascimento da clínica*, trad. Roberto Machado, 2. ed., Rio de Janeiro: Forense Universitária, 1980, p. 8, de onde foi extraído o essencial desse capítulo.

não tinha ainda por referência uma estrutura orgânica ou um funcionamento regular considerado "normal" frente a seus desvios.

Foucault fez a história epistemológica da dissolução da medicina ontológica, e pontuou duas rupturas fundamentais na estrutura desse olhar: a emergência da medicina dos sintomas (o olhar clínico), e o surgimento da anatomia patológica.

No novo olhar clínico o significante sintoma e o significado doença fundem-se num único registro, tomando a totalidade da cena médica: não há mais essência patológica. A doença se esgota em seus sintomas, e tudo na doença é fenômeno de si mesmo. O tempo, por sua vez, será para esse novo olhar aquilo que o espaço plano era para as classificações. O recorte diacrônico fará da doença uma história. Desaparecem assim duas oposições clássicas: essência/sintoma e natureza/tempo.

Um terceiro elemento caracterizará essa medicina dos sintomas: as variações fenomênicas. No domínio homogêneo da estrutura hospitalar, as comparações são possíveis, podem ser rigorosas e a percepção das frequências permite fazer das variações uma questão de probabilidade estatística. Assim, o anormal torna-se, segundo o modelo estatístico, uma forma de regularidade.

Esse olhar neutro sobre as manifestações, as frequências e as cronologias será reorganizado com o advento da anatomia patológica. Bichat fará do tecido um elementar que é, ao mesmo tempo, um universal. Ao reduzir o volume orgânico ao espaço tissular, Bichat abandona a história e cria uma geografia, que vai da superfície sintomática à superfície tissular, descobrindo o volume anatomoclínico. A partir daí não há uma espécie patológica infiltrada no corpo, mas é o corpo que se torna doente. Essa doença é localizável: tem um foco e uma origem.

Entretanto a grande revolução operada por Bichat foi a de volatizar a morte através da vida. É na autópsia que se revela a verdade da doença, mas a morte não é esse acontecimento final e decisivo que se pensa: ela é múltipla, dispersa no tempo e imbricada com o processo vital. Os fenômenos de morte parcial ou progressiva não antecipam futuro algum, apenas mostram um processo em realização.

O que importa assinalar é a conclusão de Bichat: a doença é alteração das propriedades vitais. É um desvio interior à vida. Não se trata de uma enfermidade que ataca a vida, opondo vida e doença como antes se opunham vida e morte, mas só se pode falar de uma *vida patológica*. Os fenômenos patológicos passam a ser compreendidos sob o pano de fundo da vida, e não de uma essência nosológica qualquer. "A vida, diz Foucault, com suas margens finitas e definidas de variação, vai desempenhar na anatomia patológica o papel que a ampla noção de natureza exerce na nosologia: o fundamento inesgotável mas limitado em que a doença encontra os recursos ordenados de suas desordens"². Assim se entende por que a descoberta dos processos vitais como conteúdo da doença a tenham transformado em "forma patológica de vida".

Georges Canguilhem também mostrou, embora por vias muito diferentes, como o século XIX contestou a teoria ontológica da doença³. Broussais, segundo ele, teria demonstrado como os fenômenos da doença coincidem com os da saúde, do qual só diferem pela intensidade, postulando assim a identidade real dos fenômenos vitais normais e patológicos. Os estados mórbidos não passariam de prolongamentos dos limites de variação próprios ao organismo normal. Canguilhem nota, entretanto, que a escola de Broussais, embora derivando a patologia da fisiologia, não conseguiu dar uma definição objetiva de "normal", considerando-a tão-somente um fato. A doença como excesso ou falta, como variação em torno de um parâmetro tido por normal, traía a dificuldade maior desta concepção. Sua definição positiva de normal — "quando os órgãos funcionam com toda regularidade e uniformidade de que são capazes" — supõe, segundo Canguilhem, um ideal de perfeição que não é totalmente estranho à ontologia que Broussais pensava refutar.

Seja como for, o postulado básico da homegeneidade qualitativa entre saúde e doença vingou e marcou o curso das teorias subsequentes, Claude Bernard, por exemplo, escreveu: "A saúde e a doença não são dois modos que diferem essencialmente, como talvez tenham pensado os antigos médicos e como ainda pensam alguns. É preciso não fazer da saúde e da doença princípios distintos, entidades que disputam uma à outra o organismo vivo e que dele fazem o teatro de suas lutas. Isso são velharias médicas. Na realidade, entre essas duas maneiras de ser há apenas diferenças de grau: o exagero, a desproporção, a desarmonia dos fenômenos normais constituem o estado doentio".

Claude Bernard foi ainda mais longe em seu esforço explícito de "reconhecer em tudo a continuidade dos fenômenos". Estabeleceu a continuidade entre a vida e a morte, a matéria orgânica e a inerte, a identidade material de todos os fenômenos físico-químicos, chegando a postular a identidade fisiológica das funções correspondentes no vegetal e no animal. Deixo de lado as conclusões mais gerais de Claude Bernard acerca da constituição do Universo e de suas leis. Interessa-me que sua época pensou a doença como um grau da saúde, resultando das funções permanentes do organismo.

Canguilhem vai tentar provar que essa concepção da doença como gradação da saúde encobre a originalidade radical do estado mórbido. A doença, dirá ele, e aí já avança suas ideias próprias a respeito do assunto,

---

² Idem, caps. XVIII e ss.
³ Georges Canguilhem, *O Normal e o patológico*, trad. Maria Thereza Redig de C. Barrocas, 2. ed., Rio de Janeiro: Forense Universitária, 1982, no qual se inspiram as próximas páginas.

concerne ao organismo e ao ser consciente como uma totalidade viva, e portanto constitui, para o doente, uma nova forma de vida. É nisso que reside sua especificidade. Quando se define o patológico como uma variação quantitativa do normal, este "mais" e "menos" não têm uma significação puramente quantitativa, mas qualitativa. É nesse sentido que Canguilhem contesta as conclusões que Leriche extrai de seu belo princípio — com o qual Canguilhem está de acordo — de que "a saúde é a vida no silêncio dos órgãos". Desse princípio Leriche infere que a saúde é, para o indivíduo, a inconsciência de seu próprio corpo. E que a doença é a disfunção desse organismo, da vida dos tecidos, mas não desse homem concreto, consciente de uma situação sofrida. Segundo Canguilhem, nesta concepção prima a fisiologia, não a existência alterada do doente.

Canguilhem vai buscar na psicopatologia novos elementos para enriquecer o debate e expor sua teoria sobre o patológico. Concorda com Goldstein de que a norma é sempre individual e não social, estatística, científica ou outra. A definição de Henry Ey, apoiado em Minkowski — de que o normal seria o máximo da capacidade psíquica de um ser — não o satisfaz. Pois a preocupação de quem se sente doente é sair de um abismo de impotência ou de sofrimento, cujo limiar é sempre uma avaliação que parte do próprio doente. A conclusão não é que o "normal" é relativo, e portanto uma noção vaga e imprestável.

Normal, dirá Canguilhem, deve entender-se como normativo. Normativo é o que institui normas. Para Canguilhem, mais do que o homem, é a própria vida que institui suas normas, que são ao mesmo tempo condições de sua preservação e luta contra os perigos que a ameaçam. Há portanto uma normatividade biológica, que significa: a vida dita as normas que lhe permitem manter-se e crescer, e dita novas normas (mórbidas, por exemplo) quando se vê ameaçada.

O normal não é um fato, conclui o autor. É um valor. Mas não um valor estatístico ou social; é um valor estabelecido pela vida em sua própria defesa e interesse. "Viver é, mesmo para uma ameba, preferir e excluir." Canguilhem leitor de Nietzsche?

Em seu belo estudo, Canguilhem estabelece a distinção entre anomalia, anormal e patológico. Reterei apenas as conclusões, apesar do interesse inegável da análise etimológica feita pelo epistemólogo francês. A *anomalia* diz respeito a um fato, o da variabilidade da vida. Os seres comportam irregularidades, no sentido positivo de diferenças. O *anormal* se refere a um valor instituído pela vida, no sentido da normatividade definido acima. Anormal seria, neste sentido, aquilo que está fora das regras instituídas pela vida em seu próprio interesse e benefício. E o *patológico* implica *pathos*, "sentimento concreto de sofrimento e impotência, sentimento de vida contrariada".

Como se vê, a anomalia não é necessariamente patológica, já que a diversidade não implica obrigatoriamente sofrimento. O anormal tampouco é forçosamente patológico. Inversamente, porém, toda doença é anormal.

A distinção pode-se dar com outros critérios. A anomalia se manifesta no espaço, na relação com o outro, com o diferente, enquanto a doença se dá numa sucessão cronológica em que algo é interrompido na relação do indivíduo consigo mesmo e com os outros. O portador da anomalia não pode ser comparado consigo mesmo, suas características são congênitas; já o doente tem sempre um passado cujo curso a enfermidade veio desviar.

Que concepção de saúde se pode extrair dessas observações? O ideal de saúde seria a capacidade de instituir novas normas, mesmo orgânicas, na flutuação das situações. O homem normal seria o ser normativo, e à fisiologia caberia, mais do que procurar definir objetivamente o normal, reconhecer a normatividade original da vida. Daí que o ser-doente (*Kranksein*), como diz Goldstein, só pode referir-se a uma norma individual. A doença também é uma norma de vida, mas inferior, porque é incapaz de se modificar diante de qualquer alteração das condições em que foi estabelecida. O ser doente é aquele que perdeu a capacidade de instituir novas normas, diferentes, para condições novas; não tolera desvio e é incapaz de adaptar-se. Esta também é a concepção de Devereux sobre anormalidade: é anormal aquele que é incapaz de se adaptar a novas condições de vida e de se fixar novas normas de vida. O doente é doente não por ser desviante, mas porque só pode admitir uma única norma. O doente é incapaz de ser normativo, nisso reside sua enfermidade.

Que a saúde se mede pela normatividade (capacidade de se fixar novas normas) significa também que a vida não está preocupada só em defender-se, limitando-se às normas que ela própria instituiu em condições determinadas, mas expandir-se, enfrentando riscos e nesse enfrentamento instituindo novas normas. A saúde não é só capacidade de evitar catástrofes, mas também a de criar novas normas arriscando a própria vida. Há aí uma exuberância, criatividade e generosidade vitais que nos distanciam irremediavelmente da noção de saúde como estabilidade. O normal é aquele que sente que é mais do que normal, que pode arriscar porque tem a plasticidade necessária para fazê-lo. Faz parte da saúde, diz Canguilhem, poder abusar da saúde. É o doente, e não o são, que economiza, pois ele tende a reduzir suas normas e estabilizar suas condições de vida. A saúde seria a margem de tolerância às infidelidades do meio.

As conclusões de Canguilhem parecem resolver muitos problemas e poderiam dar à etnopsiquiatria bases sólidas, não fosse um obstáculo de ordem epistemológica que mereceria alguma reflexão. Consiste no fato de que Canguilhem pensa conjuntamente a patologia orgânica e a mental. A continuidade inconteste que ele parece supor entre elas o faz estender sua concepção de saúde indiscriminadamente tanto ao domínio do corpo quanto do psíquico. Michel Foucault fez a crítica implacável deste pressuposto "metapatológico" (embora sem dirigi-la explicitamente ao autor) nos seguintes termos: "Uma patologia unitária que utilizasse os mesmos métodos e conceitos nos domínios psicológico e fisiológico é, atualmente, da ordem do mito". Foucault justifica essa afirmação em três níveis de argumentação, dos quais reterei apenas o último, que me parece o mais relevante na ordem das razões do autor, bem como o mais pertinente ao curso desse trabalho.

A tese de Foucault consiste no seguinte: enquanto a patologia orgânica permite isolar a totalidade fisiológica de um indivíduo, a psicologia de um sujeito é incompreensível fora das práticas do meio em relação a ele. Por exemplo, o internamento, a tutela, o investimento médico, social e imaginário maciço dirigido sobre as histéricas do século passado não só viabilizaram, mas também produziram a sugestionabilidade espetacular de que se tem notícia, e que a evolução ulterior das práticas médicas viu desvanecer-se. A modelagem histórica da doença mental leva à seguinte conclusão: "Não se pode, então, admitir prontamente nem um paralelismo abstrato, nem uma unidade maciça entre os fenômenos da patologia mental e os da orgânica; é impossível transpor de uma para outra os esquemas de abstração, os critérios de normalidade ou a definição de indivíduo doente. A patologia mental deve libertar-se de todos os postulados de uma 'metapatologia'... É preciso... analisar a especificidade da doença mental, buscar as formas concretas que a psicologia pôde atribuir-lhe (e) depois determinar as condições que tornaram possível este estranho *status* da loucura, doença mental irredutível a qualquer doença"[4].

Ou seja, as "doenças do espírito" não podem ser pensadas no interior de uma reflexão sobre a saúde e a doença em geral, como querem Canguilhem ou Devereux, para ficar nos autores que abordamos até agora nesses dois apêndices, mas devem ser referidas ao entorno histórico que as produziu. Nada pode ser dito sobre a doença mental sem que antes ela seja devolvida ao seu lugar de origem — a história. Pois a patologia mental não é um dado da natureza, mas um produto histórico. Não se trata de buscar nas condições sociais e culturais os elementos que concorrem para a irrupção efetiva de tal ou qual doença mental, mas, num recuo epistemológico, verificar sob que condições se constituiu historicamente uma entidade reconhecida e designada como doença mental.

Para Foucault não existe fato patológico em si, no sentido de um referente real equivalente à noção que o nomeia. Existem condições históricas que possibilitam, a um só tempo, o fato psicológico e sua interpretação. Doença

[4] Foucault, *Doença mental e Psicologia*, op. cit., pp. 17-21.

mental, psicologia, personalidade — todas essas noções só adquirem sentido, não quando referidas a conteúdos tidos por objetivos e reais, mas quando integrados no sistema histórico das condições a partir do qual eles são possíveis[5]. Foucault é categórico: a psicopatologia é um fato de civilização. Se a psicologia pôde mostrar as formas de manifestação da doença, ela foi incapaz de revelar as condições que tornam possível o fato patológico e onde ele tem suas raízes.

Ao invés de buscar a *realidade* da doença mental — seja através da analogia com a patologia orgânica (especulando no abstrato sobre a natureza da doença), seja nas psicologias (procurando o substrato objetivo do qual a doença mental seria a manifestação) — Foucault vai escolher o caminho menos comprometido com as verdades "científicas" e vai abraçar o único *a priori* capaz de fazer aparecer a constituição da doença mental em suas relações com a loucura — isto é, a História.

---

[5] Pierre Macherey comenta esse aspecto em *Recordar Foucault*, op. cit., sobretudo pp. 54-55.

III. A CAPTURA PSIQUIÁTRICA

O problema da etiologia da loucura dominou a reflexão teórica dos primeiros alienistas. A alienação mental era uma doença do corpo ou das paixões? Tinha origem na desordem dos órgãos ou dos afetos? Enfermidade física ou afecção da alma?

Embora essas questões não fossem novas, ganharam, com o nascimento da "ciência" psiquiátrica no século XIX, um novo alcance. Não se tratava apenas de uma decisão doutrinária que permitisse fixar desde logo a orientação geral desta nova disciplina médica. O problema era como legitimar-se, enquanto ciência, e, mais especificamente, como um ramo da medicina. Como fundamentar cientificamente uma prática de exclusão e moralização, como fazer uma pedagogia do desvio derivar de uma racionalidade médica?

Duas escolas se degladiaram e se entrelaçaram no campo psiquiátrico ao tentar responder a essa questão: a escola somaticista e a psicológica. Para a primeira a alienação estaria enraizada no corpo, para a segunda, nas paixões. No primeiro caso a terapêutica teria por base o físico do alienado, no segundo, sua mente. Uma concepção que sintetizasse as duas correntes, detectando uma etiologia orgânica e afetiva, poderia justificar o tratamento moral e físico simultaneamente. Foi o caso de Foderé e Falret, entre outros. Este último resume o dilema ao qual dá uma solução sintética da seguinte forma: "Uns sustentam que a loucura, sendo uma enfermidade física, é absurdo procurar curá-la por outros meios que não os medicamentos, e que os meios morais podem, quando muito, ter algum valor como comprovação ou como suavização passageira. Os outros, ao contrário, não vendo na loucura mais que uma afecção da alma, não consideram como eficazes senão os meios morais, análogos àqueles que se pode dirigir, no estado normal, contra um erro ou uma paixão, e eles ridicularizam, como fizeram Reil e Leuret por exemplo, sobre o absurdo que consiste em prescrever um purgativo ou um vesicatório para expulsar um erro do espírito, no lugar de empregar contra ele o único remédio realmente eficaz: objeções"[1].

---

[1] Citado por Joel Birman em *A Psiquiatria como discurso da moralidade*, Rio de Janeiro: Graal, 1978, p. 45, obra da qual saiu o essencial desse capítulo, referente ao desenvolvimento da psiquiatria no século XIX. Ver também, a propósito, de Robert Castel, *A Ordem psiquiátrica: A Idade de ouro do alienismo*, trad. Maria Thereza da C. Albuquerque, Rio de Janeiro, Graal: 1978.

Joel Birman mostrou como o alienismo da primeira metade do século XIX precisava de um corpo anatomofisiológico para que o tratamento moral encontrasse seu fundamento científico em conformidade com a racionalidade médica. A descoberta das lesões cerebrais na paralisia geral, por Bayle, em 1822, a determinação da irritação cerebral por Scipion Pinel, em 1836, ou a detecção da degeneração como causa destas lesões cerebrais se inscrevem num mesmo movimento, que Birman definiu com uma fórmula feliz: "busca-se um corpo para a loucura", isto é, um "substrato anatômico". E a razão é simples. Para que a psiquiatria fosse reconhecida como ciência médica, tinha que transformar a loucura em enfermidade segundo os moldes do discurso médico vigente, mesmo se o corpo dos loucos se recusasse a falar essa linguagem anatomoclínica.

Se, para que os loucos fossem tutelados pela instituição médica, era preciso provar que eles eram enfermos, paradoxalmente, para que eles fossem tratados, pouco importava determinar a etiologia precisa. Eles eram curáveis. "Para curar a loucura não é necessário conhecer sua natureza mais do que é preciso conhecer a natureza da dor para empregar com sucesso os calmantes e os sedativos", escreve Esquirol em 1805[2].

O que se pretendia, então, curar? O que visava esse tratamento moral que podia prescindir de qualquer fundamento teórico? Birman responde: uma ação normatizadora e moralizadora sobre os loucos, que teria por critério básico sua própria eficácia. A hipótese mais geral que orientou esta prática pode ser resumida numa frase: o louco é um fracassado em sua sociabilidade — leia-se, em sua humanidade. A nova psicopatologia será construída com as noções de "predomínio das paixões" e "lesão da vontade", que representarão, conjuntamente, o obstáculo maior a essa sociabilidade ideal no interior da qual a nova psicologia pensa a vida normal e humana do sujeito.

É curioso observar como a nascente psiquiatria articulará o conceito de sociabilidade e o de afeto. São os afetos que possibilitam as trocas sociais (instinto sexual, amor maternal, sentimento de piedade), e só o fazem quando funcionam na intensidade ideal, isto é, quando são regulados pela vontade. Quando esta definha, os afetos viram paixões, violentas, egoístas, buscando apenas o prazer e escapando aos preceitos básicos da convivência e da sociabilidade. A vontade teria função de autoridade, de regulação da intensidade, de legislação moral, e seria socialmente determinada, tanto pela educação e família, quanto pela cultura.

---

[2] J.E.D. Esquirol, "De la folie", in *Dissertation sur les passions considerées comme causes, symptômes et moyens curatifs de l'alienation mentale*, Paris: 1805, tese, pp. 113-114, citado por Birman, op. cit., p. 62. Sobre a ideia de "curabilidade" da loucura, ver o livro essencial de M. Gauchet e G. Swain, *La Pratique...*, op. cit.

Por trás desse pseudocientificismo médico há uma teoria mais ou menos clara sobre Natureza e Cultura. Na base da vida humana haveria um substrato natural, constituído pelos instintos e necessidades elementares, que estariam buscando satisfação imediata. Sobrepõe-se a esse substrato natural uma camada cultural, com novas exigências, estímulos, necessidades fictícias, novos prazeres. Clivado entre seu ser-de-Natureza e seu ser-de-Cultura, o homem civilizado é essencialmente conflitivo. A loucura seria fruto de desejos e paixões próprios à vida civilizada, que, em conflito com os afetos naturais, acarretariam seja a exacerbação destes últimos, seja seu retraimento. A saúde mental consistiria, ao contrário, no equilíbrio entre a Natureza e a Cultura, na capacidade de realizar a sociabilidade cultural através do amor natural, tomando como paradigma o amor dos pais pelos filhos.

A loucura entendida como ruptura da sociabilidade através da manifestação do desamor só pode ser considerada maldade moral. É relativa aos afetos e às normas, ou seja, à família e à sociedade. Para combatê-la, é preciso criar uma consciência artificial e uma vontade rigorosa que dominem a animalidade egoística.

Se a loucura é fruto de um fracasso moral, temporal e socialmente localizável, sua cura será, inversamente, a introdução do louco na ordem do tempo e das normas sociais.

A loucura não será mais a irrupção do divino, do demoníaco ou da trágica natureza, como, *grosso modo*, na Antiguidade grega, em certas culturas primitivas e na Renascença, respectivamente. Tampouco será a encarnação de alguma essência mórbida, ou afecção dos órgãos, como queriam alguns psiquiatras. A alienação mental terá uma origem no tempo e na cultura, apesar de ser lida privilegiadamente na exacerbação ou ausência dos afetos pessoais.

Na mesma ordem de ideias, entre o alienado e o homem são não haverá mais oposição qualitativa, mas uma diferença quantitativa referida à manifestação dos afetos. O louco é uma espécie de caricatura do homem normal — e não seu inverso. Ao falar de seu paciente M. Dupré, Leuret diz: "sua enfermidade não foi senão uma exageração de seus defeitos". Nos alienados surgem os mesmos pensamentos, paixões e vícios do normal, mas de forma exagerada, concentrada, grosseira. Num asilo, diz Esquirol, o homem se mostra em toda sua nudez, não oculta seus defeitos e não dissimula seus pensamentos. Essa "verdade" humana, porém, se destrói, destrói a convivência, os semelhantes, os sentimentos genuínos, e degenera em estupidez e no inumano. O louco, por um momento espelho e verdade do homem, se torna logo seu malogro e sua negação.

O louco e o são habitam o mesmo espaço social, sofrem os mesmos estímulos, se debatem nos mesmos conflitos — apenas os enfrentam de modo diverso, numa escala de intensidade afetiva graduada, sem que entre eles haja alteridade radical. Este modelo, que faz da moléstia uma variação quantitativa das qualidades existentes na saúde, estabelecendo entre os dois estados, são e mórbido, uma continuidade nova, é, como vimos no apêndice anterior, solidário da revolução operada por Broussais no pensamento médico do século XIX. A identidade real dos fenômenos vitais normais e patológicos é um postulado que não ficou restrito à medicina do corpo.

Importa salientar que a nosografia do começo do século XIX não fará do louco uma entidade mórbida, mas um caso numa série de variabilidade finita. Não se pode dizer que a fronteira entre sanidade e insânia tenha sido borrada, mas na medida em que foram introduzidas variáveis históricas, sociais e culturais na determinação da etiologia da loucura, estava-se relativizando seu conceito e deixando de se tomá-la por um absoluto.

Neste particular é reveladora a quantidade de estudos "antropológicos" da época, onde se tenta, com levantamentos estatísticos abundantes, determinar a relação entre a incidência da loucura na China ou na Índia, e a natureza dessas culturas (despotismo, autoridade, tradição de resignação ou de submissão), ou pensar a loucura com referência à oposição cidade/campo, religião católica/protestante etc. A linha geral da pesquisa, de Brierre de Boismont por exemplo, é de mostrar como loucura e civilização estão associadas. Ou seja, sociedades tradicionais e autoritárias criam menos estímulos, menos frustrações e menos imaginação para compensá-los. Civilizações mais avançadas, com instituições de estrutura mais passional, com conflitos mais acirrados, maior número de objetos e experiências oferecidos, mais excitantes vivenciais, provocariam um ambiente social mais insalubre e propício à desordem das paixões. Esquirol define bem esse princípio: "Mais a civilização é desenvolvida, mais o cérebro é excitado, mais a suscetibilidade é ativa, mais as necessidades aumentam, mais os desejos são imperiosos, mais as causas de desgosto se multiplicam, mais as alienações mentais são frequentes, mais deve existir suicídio"[3].

E Brierre de Boismont estabelece que a civilização moderna não coloca mais freio nem para as paixões, nem para a inteligência, favorecendo, mais do que qualquer outro período, a imaginação desenfreada e o descarrilamento passional. Curiosamente, porém, a loucura seria uma regressão a um estágio anterior, a uma infância da humanidade. A loucura equivaleria ao desmanchamento da camada civilizada e à involução para uma fase histórica primitiva, onde o próprio tempo e sua historicidade fossem abolidos.

É essencial marcar como a loucura desertou a arquitetura abstrata, atemporal e representativa de uma nosografia para enraizar-se no tempo, na história e nos espaços sociais diferenciados. A teoria sociogenética diz, em última instância, que é a sociedade que produz a alienação. Sociedade, aqui,

[3] Esquirol, "Le Suicide", in *Dictionnaire des sciences médicales*, Paris: 1819, citado por Birman, op. cit., p. 202.

deve ser entendida em sua espessura histórica. Na época do nascimento da psiquiatria tratava-se da sociedade industrial, cuja euforia devia ser justificada e sustentada (uma higiene moral poderia "limpar o terreno" de ociosos, rebeldes e inadaptados), mas cujos excessos eram condenáveis. A psiquiatria trataria de um subproduto acessório e marginal da sociedade industrial, colaborando assim, de forma indireta, para o seu pleno desenvolvimento e validando sua nova moralidade com uma teoria "científica". Ao se propor realizar uma pedagogia das paixões e dos desvios, a psiquiatria produzia um controle social, coletivo e individual, em profundidade, uma vigilância, e junto com isso, uma racionalização dessa moralidade.

Nem todos os psiquiatras da época tinham essa leitura etiológica da alienação mental, e nem sempre compreenderam essa função da disciplina que fundavam. Não há dúvida, porém, que essa era uma vertente teórica importante, uma das estratégias do discurso psiquiátrico, e uma das funções dominantes de sua prática social.

O objetivo explícito da psiquiatria era transformar o alienado em não alienado. Isto significava: curá-lo do egoísmo — sociabilizando-o —, fazer com que o mundo exterior o interessasse mais que o mundo interior, educá-lo para as normas de convivência social, e ensiná-lo a controlar suas próprias tendências. O sistema asilar foi montado visando socializá-lo, ordená-lo e normalizá-lo. Sair do ser-de-Natureza para resgatar o ser-de-Cultura. Isto só era possível num complexo jogo de forças, onde haveria um combate entre o alienista e o alienado, entre a vontade do primeiro e a obstinação do segundo, entre a disciplina de um e a desordem do outro, entre a norma e a paixão, entre a Cultura e a Natureza.

Não há nisso tudo nada de novo ou surpreendente. Qualquer história da psiquiatria contará essa mesma evolução, numa versão mais ou menos humanista, mas sem conseguir dissimular esta função corretiva e pedagógica da nascente disciplina. Da qual a infantilização do louco é uma decorrência inevitável. Rebelde ou fracassado, bicho selvagem ou lixo industrial, o louco era considerado, invariavelmente, uma criança. A pedagogia psiquiátrica da época é infantilizadora, seja nas suas formulações teóricas mais elementares (ser-de-Natureza, fase primitiva e precoce na evolução da humanidade, egoísmo e insociabilidade, capricho etc.), seja na sua prática de submetimento, coação física ou psicológica, sistema de punição e gratificação, de humilhação e estímulos[4]. "Os alienados, diz Esquirol, são crianças grandes, e crianças que já receberam falsas ideias e más direções; eles oferecem tantos pontos de

---

[4] Para um apanhado sobre as torturas psiquiátricas, ver Bernard de Fréminville, *La Raison du plus fort, traiter ou maltraiter les fous?*, Paris: Seuil, 1977. E sobre o sistema de punição e gratificação, Michel Foucault, *História da loucura*, sobretudo a terceira parte.

contato com as crianças e os jovens, que não será espantoso se uns e outros devam ser conduzidos segundo princípios semelhantes."[5]

O louco peca então por ser desviante, excessivo e criança. Não é o Outro do homem, mas é ele mesmo, o homem, na sua fase precoce, na sua espontaneidade primeira, informe e disforme. É o Mesmo involuído, regredido, reduzido à sua impotência. É, no homem, aquilo a ser superado, a fim de que ele atinja a plenitude de sua mesmice.

* * *

Duas observações de caráter geral a respeito desse período limitado da história da psiquiatria, da qual fiz um breve resumo. Vimos como o alienismo teve que vestir a roupagem médica para legitimar-se enquanto ciência. A colcha de retalhos que costurou para si não foi capaz de ocultar a violência pedagógica e moralizante que constituía sua natureza mais íntima. Quanto ao resultado de seu esforço cientificizante, só pode ser visto como uma estridente ironia do destino. Ao tentar dar um substrato anatômico à categoria recém-criada de doença mental, aspirando ao reconhecimento da comunidade médica e científica, tudo o que a psiquiatria conseguiu, em suas circunvoluções edificantes, foi mostrar, ao contrário, que o patológico é fruto da civilização. Ao buscar um corpo para a loucura, encontrou a história. Ao invés de uma explicação material, recorreu, majoritariamente, ao menos por certo tempo (o período histórico que nos ocupa), a uma derivação cultural.

Este desvio certamente não foi acidental. A psiquiatria parece ter reconhecido, na aurora do século XIX, ainda que de forma enviesada, que a medicina não tinha autoridade epistemológica para legislar no campo da loucura. Dispensável lembrar que isso em nada a inibiu, uma vez que, na prática, ela obedecia a injunções de outra ordem (sociais e políticas) para as quais lhe bastavam a autoridade moral e científica que a medicina lhe emprestou e o mandato jurídico que a sociedade lhe delegou, com o que pôde exercer por quase século e meio o poder que foi o seu. Nunca será demais recordar, porém, que em grande parte é em função desse gesto de apropriação histórica — sobre o qual os historiadores têm se debruçado com interesse crescente nas últimas décadas — que nós ainda vivemos sob o signo da identidade entre loucura e doença mental.

---

[5] Esquirol, "De la folie", in *Des Maladies mentales*, vol. II, p. 398, citado por Birman, op. cit., p. 378.

DA EXTERIORIDADE À IMANÊNCIA

Maurice Blanchot chamou a atenção para essa situação paradoxal em Kafka: nunca sabemos se estamos presos dentro da existência cotidiana (e "nos voltamos desesperadamente para fora dela") ou se dela estamos excluídos (por isso "em vão nela buscamos sólidos apoios")[1]. Fronteira invisível e sempre deslocada, entre a vida e a morte, entre sair e entrar, entre ansiar pela comunidade ou dela apartar-se na solidão. Kafka o descreveu na forma de um exílio: "agora já sou cidadão nesse outro mundo que tem com o mundo habitual a mesma relação que o deserto com as terras cultivadas"[2]. Mas Blanchot adverte para o sentido desse desterro, que não cabe considerar como uma fuga: esse outro mundo em que Kafka mora não é um além-mundo, sequer é um outro mundo, mas o outro de todo e qualquer mundo[3]. Para o artista ou o poeta, conclui ele, talvez nem existam dois mundos, como queria Kafka, mas mundo algum, nem sequer um único mundo, e apenas o fora no seu escoamento eterno.

A errância, o deserto, o exílio, o fora. Como conquistar a própria perda, retornar à dispersão anônima, indefinida, mas nunca negligente, num espaço sem lugar, num tempo sem engendramento, próximo ao que "escapa à unidade", numa "experiência do que é sem harmonia, sem acordo"? Com Kafka e Blanchot estamos, em todo caso, nas antípodas de uma metafórica da proximidade, do abrigo e da segurança, tal como Heidegger a postulou para toda uma geração. Ao acentuar esse contraste com Heidegger, Françoise Collin encontra em Blanchot as palavras justas: para ele a linguagem poética "nos remete não àquilo que reúne, mas ao que dispersa, não àquilo que junta, mas ao que disjunta, não à obra, mas ao desobramento [...], conduzindo-nos em direção àquilo que tudo desvia e que se desvia de nós, de modo que aquele ponto central em que, ao escrever, parece-nos que nos encontramos, não passa de ausência de centro, a falta de origem"[4]. Não o Ser, mas o Outro, o Fora, o Neutro. Paixão do Fora que atravessa a escrita febril de Kafka, bem como a de Blanchot, que reverbera na obsessão de Foucault com o tema das fronteiras ou limites, e em Deleuze na exterioridade do pensamento nômade.

---

[1] M. Blanchot, *La Part du feu*, Paris: Gallimard, p. 17.
[2] F. Kafka, *Journal*, 28, janeiro, 1922, cit. por Blanchot, in *L'Espace littéraire*, Paris: Gallimard, 1955, p. 75.
[3] M. Blanchot, *L'Espace littéraire*, op. cit., p. 86.
[4] M. Blanchot, "Traces", *NRF*, n. 129, p. 479, citado por F. Collin, in *Maurice Blanchot et la question de l'écriture*, Paris: Gallimard, 1971, pp 72-75.

A PAIXÃO DO FORA

Dois pensadores se encontram em geral num ponto cego, diz Deleuze. Não será neste ponto excêntrico, no pensamento concebido como pensamento do fora, que Deleuze e Foucault teriam se cruzado? Tentarei mostrar, através da relação deles com a literatura, como essa paixão do fora teria insuflado em ambos um sopro desarrazoado, redesenhando a relação do pensamento com os seus confins, chame-se ele fora, desrazão, loucura ou fluxo esquizo. Que me seja permitido justificar brevemente uma tal direção de pesquisa. Mais do que a um interesse propriamente filosófico, histórico, clínico ou mesmo estético, esse desafio teórico responde a uma preocupação eminentemente política. Creio que a interface entre a filosofia e a loucura, tal como ela se apresenta em Foucault e Deleuze, pode ajudar-nos a repensar o estatuto da exterioridade hoje, num momento em que esta sofre uma de suas mais assustadoras reversões. A consequência mais imediata dessa reviravolta é a impressão sufocante e generalizada de que se esgotou o campo do possível. Trocando em miúdos: por um bom tempo coube à loucura ou à literatura (ou, mais amplamente, à arte), mas também em parte às minorias ou à revolução, encarnarem a promessa de um fora absoluto. Isto mudou inteiramente. A claustrofobia política contemporânea parece ser só um indício, entre muitos outros, de uma situação para a qual parecemos desarmados, a saber: a de um pensamento sem fora num mundo sem exterioridade. O que sobrou dessa paixão do fora que nossos autores exploraram e que eles nos legaram? O que resta de exterioridade na loucura, hoje, ou na literatura? Como avaliar se a exterioridade de que dispomos nos campos diversos todavia é capaz de ancorar nossa resistência ao intolerável, ou de suscitar a criação de novos possíveis?

A ANTIMATÉRIA DO MUNDO

Deixemos por ora essas perguntas vastas demais e retornemos ao estudo seminal de Michel Foucault de onde provém parte dessas questões. Eu partiria de uma observação, das mais sóbrias e penetrantes escritas a respeito da *História da Loucura*. A existência da loucura, diz Blanchot, responde à exigência histórica de enclausurar o Fora. Fórmula enigmática, que só ganha sentido à luz do diálogo secreto que travaram, na distância que uma admiração excessiva impõe, Blanchot e Foucault. O autor de *História da Loucura* confessa, na primeira entrevista concedida após sua publicação, em 1961, suas influências principais: "Sobretudo obras literárias", responde ele imediatamente, citando Blanchot, Bataille, Roussel. "O que me interessou e guiou, foi uma certa forma de presença da loucura na literatura"[5].

Ora, como entender essa "influência" de Blanchot sobre a *História da Loucura*? Mais do que os romances escritos por ele (*Thomas l'Obscur*, *Aminadab*, *L'Arrêt de Mort*, *Le Très-Haut* etc.), talvez seja preciso evocar a leitura sedutora que ele propôs de autores que tiveram com a loucura uma proximidade extrema, tais como Hölderlin, Sade, Lautréamont, Nietzsche, Artaud, em suma, toda essa linhagem que comparece no fim da *História da Loucura*. Com efeito, nesses ensaios Blanchot ressalta uma dimensão à qual Foucault, mas igualmente muitos de seus contemporâneos, não ficarão indiferentes: a vizinhança necessária entre palavra e silêncio, escritura e morte, obra e erosão, literatura e desmoronamento, experiência de desamparo e colapso do autor. Como diz *Le Livre à Venir*: "O que é primeiro não é a plenitude do ser, é a fenda e a fissura, a erosão e o esgarçamento, a intermitência e a privação mordente: o ser não é o ser, é a falta de ser, a falta vivente que torna a vida desfalecente, inapreensível e inexprimível".[6] Blanchot redescobre na literatura um espaço rarefeito que põe em xeque a soberania do sujeito. O que fala no escritor é que "ele não é mais ele mesmo, ele já não é ninguém": não o universal, mas o anônimo, o neutro, o fora. Na entrega ao incessante e ao interminável da linguagem, "o dia não é mais do que a perda da estadia, a intimidade com o fora sem lugar e sem repouso"[7]. Aquele que é introduzido nesse espaço "pertence à dispersão, [...] onde o exterior é a intrusão que sufoca [...] onde o espaço é a vertigem do espaçamento"[8]. A obra como essa experiência que arruína toda experiência, que se coloca aquém da obra, "o aquém onde, do ser, nada é feito, onde nada se realiza, a profundidade da inoperância do ser"[9]. Experiência insólita, que desapossa o sujeito de si e do mundo, do ser e da presença, da consciência e da verdade, da unidade e da totalidade — experiência dos limites, experiência-limite, dirá Bataille.

Todo esse leque temático já está presente no prefácio original à *História da Loucura*, posteriormente abandonado[10]. Ali Foucault faz referência a uma linguagem originária, "muito frustra", em que razão e não-razão se falam ainda, através dessas "palavras imperfeitas, sem sintaxe fixa, um pouco balbuciantes". Através delas, diz ele, os limites de uma cultura são questionados, para aquém de sua dialética triunfante. Aquém da história, a ausência de história, um murmúrio de fundo, o vazio, o vão, o nada, resíduo, rugas. Aquém da obra, a ausência de obra, aquém do sentido, o não-sentido.

---

[5] Cit. por F. Collin, in *Maurice Blanchot et la question de l'écriture*, op. cit., p 74.
[6] M. Blanchot, *Le Livre à venir*, Paris: Gallimard, 1959, op. cit., p. 59.
[7] M. Blanchot, *L'Espace littéraire*, op. cit., p. 24.
[8] M. Blanchot, idem, p. 27.
[9] M. Blanchot, idem, p. 45.
[10] M. Foucault, *Dits et écrits*, v. I, p. 159-167.

Aquém da razão, a desrazão. Experiência trágica encoberta pelo surgimento da loucura enquanto fato social, objeto de exclusão, de internamento e de intervenção. Como fazer para que a desrazão, na sua alteridade irredutível, na sua "estrutura trágica", interrogue o nascimento da própria racionalidade psiquiátrica que a reduziu ao silêncio ao convertê-la em loucura? Para além dos mal-entendidos líricos que tal prefácio pode ter provocado, ele continua a nos intrigar. No seu ensaio sobre este livro, Blanchot se pergunta se no espaço que se abre entre loucura e desrazão a literatura e a arte poderiam acolher essas experiências-limite e, assim, "preparar, para além da cultura, uma relação com aquilo que a cultura rejeita: fala dos confins, fora da escrita". Ao que Foucault responde, nesse diálogo que eu reconstruo a meu modo, com o exemplo Blanchot[11]. Nele prima o esquecimento não-dialético, a proliferação em direção a uma exterioridade nua, a linguagem como murmúrio incessante destituindo a fonte subjetiva de enunciação bem como a verdade do enunciado, a emergência de um anônimo, livre de qualquer centro ou pátria[12], capaz de ecoar a morte de Deus e do homem. "Ali onde 'isso fala', o homem não existe mais." Contra a dialética humanista, que através da alienação e da reconciliação promete o homem ao homem, Blanchot teria exprimido o esboço de uma outra "escolha original" que emerge em nossa cultura. De toda forma, se a linguagem não é "nem a verdade nem o tempo, nem a eternidade nem o homem, mas a forma sempre desfeita do fora"[13], entende-se por que Foucault pôde acrescentar, fazendo eco a Kafka e a Blanchot, que a escritura não é parte do mundo, mas sua "antimatéria".[14]

A PARTE DO FOGO

Já podemos avançar uma primeira hipótese mais geral. Se nesse primeiro momento de seu trajeto Foucault *acredita* na literatura é porque acredita na sua *exterioridade*. E se lhe interessa a linguagem da loucura é porque nela está em jogo essa mesma exterioridade. Desse ponto de vista, a escritura e a loucura estariam no mesmo plano, tendo em vista seu caráter não-circulatório, a inutilidade de sua função, o caráter de autorreferência que lhes é próprio[15]. Mas, também, seu poder transgressivo — "a fala absolutamente anárquica, a fala sem instituição, a fala profundamente marginal que cruza e mina todos os outros discursos"[16]. A literatura e a loucura pertenceriam ao que Blanchot

[11] M. Foucault, "La pensée du dehors", in *Dits et écrits*, v. I, p. 518-539.
[12] M. Foucault, idem, p. 525.
[13] M. Foucault, idem, p. 539.
[14] M. Foucault, "C'était un nageur entre deux mots", *Dits et écrits*, v. I, p. 556.
[15] M. Foucault, "Folie, littérature, societé", *Dits et écrits*, v. II, p. 104-128.
[16] M. Foucault, "La folie et la société", *Dits et écrits*, v. III, p. 490.

chamou de *A parte do fogo*, aquilo que uma cultura reduz à destruição e às cinzas, aquilo com o que ela não pode conviver, aquilo de que ela faz um incêndio eterno.

Porém, no momento mesmo em que explicita esse lugar da literatura, Foucault também já se pergunta se a época em que o ato de escrever bastava para exprimir uma contestação em relação à sociedade moderna não estaria ficando para trás[17]. Ao reaver o espaço de circulação social e de consumo, talvez a escritura, recuperada pelo sistema, tenha sido vencida pela burguesia e pela sociedade capitalista, deixando de ficar "de fora", não mais conservando sua exterioridade. E indaga: para passar para o outro lado, para incendiar-se e consumir-se, para entrar num espaço irredutível ao nosso e num lugar que não fizesse parte da sociedade, será que agora não seria preciso fazer outra coisa que não literatura? E novamente evoca Blanchot: se hoje descobrimos que devemos sair da literatura, abandonando-a a seu "magro destino histórico" fixado pela sociedade burguesa, foi Blanchot quem nos indicou o caminho. Aquele que mais esteve impregnado de literatura, mas sob um modo de exterioridade, é aquele que nos obriga a abandoná-la no momento em que ela se torna essa interioridade confortável em que nos comunicamos e nos reconhecemos.

A mesma lógica valeria para a loucura, cuja dimensão de exterioridade estaria igualmente em vias de extinção. Muito cedo em seu percurso, já em 1964, Foucault chega a profetizar seu desaparecimento iminente. Se até agora a loucura era para o homem essa Exterioridade enigmática, que ele excluía mas na qual se reconhecia, que espelhava tudo aquilo que ele mais abominava mas também tudo o que ele era na sua constituição mais original, o seu Outro mas também o seu Mesmo, agora, diz Foucault, nesse futuro que se avizinha, a loucura deixará de ser esse estranho, essa Exterioridade, essa *questão*, para incorporar-se ao humano como seu próprio mais originário. Processo ao qual demos o nome, irônico talvez, de "humanização" da loucura. Através dele e de sua dialética diabólica teremos conseguido o impensável: abocanhar nosso próprio Exterior.

Perguntamo-nos se Foucault não teria, através do caso "literatura" e "loucura", esboçado um diagnóstico mais geral, referente ao estatuto da própria exterioridade em nossa cultura. E se for este o caso, tal diagnóstico serve-nos ainda hoje? Michael Hardt e Toni Negri tentaram mostrar, recentemente, que o capitalismo mundial integrado assumiu a forma do Império, ao abolir toda exterioridade, devorando suas fronteiras mais longínquas, englobando a totalidade do planeta, mas também seus enclaves até há pouco invioláveis, acrescentaria Jameson, como a Natureza e o próprio Inconsciente. Talvez advenha desse diagnóstico tão cruel quanto precoce de Foucault, e de sua

---

[17] M. Foucault, "Folie, littérature, societé", *Dits et écrits,*, v. II, p. 115.

realização imperial planetária, parte de nossa claustrofobia contemporânea. É o mundo sem fora, é o capitalismo sem exterior, é o pensamento sem exterioridade — diante do qual o fascínio pela loucura como bolsão de exterioridade, predominante há algumas décadas, soa hoje completamente ultrapassado. É o que Foucault antecipa, ao criticar, já em 1976, os "discursos liricamente antipsiquiatras", e a ilusão de que "a loucura — ou a delinquência, ou o crime — nos fala a partir de uma exterioridade absoluta. Nada é mais interior a nossa sociedade, nada é mais interior aos efeitos de seu poder que a infelicidade de um louco ou a violência de um criminoso. Dito de outra maneira, sempre se está no interior. A margem é um mito. A palavra do fora é um sonho que não para de retomar. Coloca-se os 'loucos' no exterior da criatividade ou da monstruosidade. E no entanto eles estão tomados na rede, eles se formam e funcionam nos dispositivos do poder"[18].

O que terá feito Foucault mudar tão radicalmente de perspectiva? Certamente o trabalho sobre as prisões, a nova problematização do poder e, consequentemente, o entendimento retrospectivo de que a "loucura não é menos um efeito de poder que a não-loucura", de que ela é, "segundo uma espiral indefinida, uma resposta tática à tática que a investe"[19], e que talvez não caiba supervalorizar o papel do manicômio e de suas muralhas, já que ele deve ser entendido desde fora, isto é, como uma das peças de uma estratégia positiva "mais ampla e exterior"[20] que, por sua vez, está na origem de uma tecnologia da psiquê[21].

Depois dessa nova perspectiva aberta pelo período genealógico no percurso de Foucault, em que "sempre se está no interior", o que terá restado da exterioridade em sua obra? Não podemos seguir os meandros desse destino ao longo de seu trajeto teórico, e ficaremos num único exemplo inteiramente esclarecedor, o da experiência-limite já na última fase de sua obra. Em 1980, ao evocar essa experiência pela qual o sujeito se arrebata a si mesmo, levado ao seu próprio aniquilamento ou dissolução, tema caro aos anos 60, Foucault já não a associa à experimentação da exterioridade de uma cultura, como anteriormente — a sua "parte do fogo" — , mas a uma experiência pessoal e teórica, pela qual seria possível *pensar diferentemente*. Se a literatura ou a loucura já não constituem uma exterioridade absoluta (pois tudo é interior), a experiência-limite é preservada e valorizada enquanto uma operação sobre si mesmo. Não experiência vivida, explica ele, mas o invivível para o qual é preciso fabricar-se. Não mais a transgressão de uma fronteira ou um interdito (mesmo se os nomes de Bataille, Blanchot e Nietzsche retornam),

---

[18] M. Foucault, *Dits et écrits*, v. III, p. 77.
[19] Idem, p. 91.
[20] Idem, p. 273.
[21] Idem, p. 230.

mas demolição e refabricação de um si. O fora ganha uma surpreendente imanência subjetiva. Talvez tenha sido preciso esperar a leitura que disso fez Deleuze para aclarar o estatuto imanente dessa exterioridade ressurgida no seio do sujeito num mundo já sem exterior.

NOMADISMO E EXTERIORIDADE

Já em Deleuze, é preciso reconhecê-lo, desde o início tudo é diferente, seja em relação à loucura, seja em relação ao fora. A loucura nunca constituiu para ele um objeto de estudo enquanto tal. E no entanto ela aparece de maneira recorrente, como que vizinha do pensamento, como se essa vizinhança lhe fosse intrínseca, como se pensar fosse, necessariamente, atingir essa região vulcânica em que precisamente se realiza aquilo que a loucura revela de modo frustro, excessivamente "edipiano" — a saber, o colapso do sujeito, do objeto, do Eu, do Mundo, de Deus... Disso dão testemunho os escritores que frequentam suas obras, de Artaud a Beckett, de Melville a Kafka, passando por Lowry, Fitzgerald e tantos outros. Surpreende, em todo caso, o fato de que no momento mesmo em que Foucault abandona o tema da loucura e o da literatura, Deleuze os convoque, de maneira crescente. Ousemos uma hipótese ainda geral demais, a ser precisada mais adiante. Em Deleuze a relação com o fora está muito menos ligada a uma topografia da alteridade do que ao movimento infinito que persegue o pensamento. Em outros termos, tanto no caso da loucura como no da literatura, e com mais forte razão da filosofia, o fora designa menos um espaço situado além de uma fronteira do que uma força de arrebatamento, longe portanto de qualquer jogo entre o Mesmo e o Outro.

Partamos de um texto conhecido demais de Deleuze, justamente em torno de Nietzsche e o pensamento do fora. Ao colocar lado a lado um fragmento de *Para a Genealogia da Moral* sobre os fundadores de Estado ("...Eles chegam como o destino, sem causa, sem razão, sem consideração, sem pretexto, estão aí como o raio, tão terríveis, tão repentinos"), e o de *A Muralha da China*, de Kafka ("Impossível chegar a compreender como penetraram até a capital, que está todavia tão longe da fronteira. Entretanto estão aí, e cada manhã parece aumentar seu número"), Deleuze indica o que eles teriam em comum: "Dizemos que tais textos são atravessados por um movimento que vem de fora... Alguma coisa salta do livro, entra em contato com um puro exterior"[22]. Face a tais textos, não há problema de interpretação, mas de maquinação: trata-se de encontrar a força exterior que lhe dará um sentido. "Conecte o texto a

---

[22] G. Deleuze, "Pensamento nômade", in *Nietzsche hoje*, op. cit., retomado em *A Ilha deserta*, São Paulo: Editora Iluminuras, David Lapoujade (ed.), p. 319, 2006.

esta força". Como no caso de um quadro, sua beleza deve-se às linhas e aos movimentos que o atravessam, vindo sempre de outro lugar e indo a outro lugar. A escritura deveria então ser concebida em relação a um tal campo de exterioridade, onde se afrontam as forças do mundo. Ora, a filosofia não está habituada a se relacionar a uma tal exterioridade, ela tende a traduzir toda exterioridade segundo uma forma interior que ela supõe conhecida de antemão (da alma, da consciência, da essência, do conceito). Mesmo quando falam de ar puro ou de passeio, acrescenta Deleuze, os filósofos não param de operar mediações de recognição. Nietzsche, em contrapartida, reivindica outra coisa totalmente diferente, já que ele faz o pensamento e a escritura repousarem sobre "uma relação imediata com o fora".

O que isso quer dizer, exatamente? Deleuze insiste nisso cada vez mais: pensar vem sempre do fora[23], se dirige a um fora, pertence ao fora, é relação absoluta com o fora...[24] A expressão pensamento do fora, em Deleuze, soa quase como uma tautologia. Pois para ele o pensamento não é uma faculdade inata, é sempre fruto de um encontro, o encontro é sempre encontro com o exterior, mas esse exterior, como o sublinha Zourabichvili, não é a realidade do mundo externo, na sua configuração empírica, porém concerne às forças heterogêneas que afetam o pensamento, que o forçam a pensar, que arrombam o pensamento para aquilo que ele não pensa ainda, levando-o a pensar diferentemente. As forças do fora, diz ele ainda, não são assim chamadas apenas porque vêm de fora, do exterior, mas porque colocam o pensamento em estado de exterioridade, jogando-o num campo informal onde pontos de vista heterogêneos, correspondentes à heterogeneidade das forças em jogo, entram em relação de não-relação[25]. Singularidades não-ligadas em estado de agitação permanente, forças em estado de combate instável, a constatação se impõe: herdando-a de Blanchot, e levando em conta a extensão que lhe atribuiu Foucault, Deleuze deu do Fora uma caracterização mais acentuadamente nietzschiana: menos referida à literatura do que quis Blanchot na sua formulação explícita, menos referida ao ser da linguagem do que quis Foucault num primeiro momento[26], é como se Deleuze ressaltasse sua dimensão agonística. Daí o privilégio absoluto das forças, "descoberta", aliás, que ele atribui generosamente a Foucault. As consequências dessa perspectiva são diversas: 1) O desafio do pensamento é liberar as forças que vêm de fora; 2) o fora é sempre abertura de um futuro[27]; 3) o pensamento

---

[23] G. Deleuze, *Foucault*, op. cit., p. 125.
[24] Idem, p. 120.
[25] F. Zourabichvili, *Deleuze, une philosphie de l'événement*, Paris, PUF, 1994, p. 45.
[26] Cf. a propósito o belo livro de Roberto Machado, *Foucault, a literatura e a filosofia*, Rio de Janeiro, Jorge Zahar Ed., 2000.
[27] G. Deleuze, *Foucault*, op. cit., p. 95.

do fora é um pensamento da resistência (a um estado de coisas)[28]; 4) a força do fora é a Vida. Assim, não só a vida é definida como essa "capacidade de resistir da força", mas o desafio é atingir a vida como potência do fora[29].

A LINHA DO FORA

Os riscos de uma tal direção de pensamento aparecem nos esclarecimentos dados por Deleuze a Claire Parnet em torno da *linha do fora*. "É difícil falar disso. Não é uma linha abstrata, embora ela não forme nenhum contorno. Não está no pensamento mais do que nas coisas, mas está em toda parte onde o pensamento enfrenta algo como a loucura e a vida, algo como a morte. Miller dizia que ela se encontra em qualquer molécula, nas fibras nervosas, nos fios da teia de aranha. Pode ser a terrível linha baleeira da qual fala Melville em *Moby Dick*, que é capaz de nos levar ou nos estrangular quando ela se desenrola. Pode ser a linha da droga para Michaux, o 'acelerado linear', a 'correia do chicote de um charreteiro em fúria'. Pode ser a linha de um pintor, como as de Kandinsky, ou aquela que mata Van Gogh. Creio que cavalgamos tais linhas cada vez que pensamos com suficiente vertigem ou que vivemos com bastante força. Essas são as linhas que estão para além do saber... (e) das relações de poder... Você diz que elas já aparecem em toda a obra de Foucault? É verdade, é a linha do Fora. É isso, o enfrentamento com a linha do Fora. O homem de paixão morre um pouco como o capitão Ahab, ou antes como o Parsee, perseguindo a baleia. Ele transpõe a linha. Há algo assim na morte de Foucault. No limite, uma aceleração que faz com que já não se possa mais distinguir morte e suicídio."[30] Quando se pergunta como tornar vivível uma tal linha, Deleuze responde. "Sim, essa linha é mortal, violenta demais e demasiado rápida, arrastando-nos para uma atmosfera irrespirável. Ela destrói todo pensamento, como a droga à qual Michaux renuncia. Ela não é mais que delírio ou loucura, como na 'monomania' do capitão Ahab. Seria preciso ao mesmo tempo transpor a linha e torná-la vivível, praticável, pensável. Fazer dela tanto quanto possível, e pelo tempo que for possível, uma arte de viver. Como se salvar, como se conservar enquanto se enfrenta a linha?"[31]

Seríamos tentados a reler o trajeto filosófico de Deleuze, bem como suas preferências literárias e estéticas em geral, à luz desse apelo do fora do qual ele faz essa esplêndida descrição "literária". É uma ironia, em todo caso,

---

[28] Idem, p. 96.
[29] Idem, p.102.
[30] G. Deleuze, *Conversações*, Rio de Janeiro, Ed. 34, 1994, p. 136-8.
[31] G. Deleuze, idem, p. 138.

que para descrever o percurso final de pensamento do autor de *História da Sexualidade*, Deleuze tenha recorrido justamente ao domínio que Foucault tinha abandonado tão cedo, a literatura ela mesma. Mas já podemos enunciá-lo: o que Deleuze designa por literatura é justamente essa relação com o fora no domínio da linguagem que Foucault tinha descoberto tão cedo, na esteira de Blanchot, e em nome do qual justamente ele a havia desertado. De modo que se se tem em conta os critérios que o próprio Deleuze evoca para definir a literatura na abertura de *Crítica e Clínica* (os devires, o impessoal, a saúde, a vida, a enunciação coletiva, a língua estrangeira no interior da língua, as visões e audições, o povo que falta etc.), "vê-se que, entre todos os que fazem livros com intenção literária, mesmo entre os loucos, são muito poucos os que podem dizer-se escritores"[32]. Em suma, a literatura não é, nem mais nem menos que qualquer outro domínio, lugar privilegiado dessa relação com o fora (diferentemente de um primeiro Foucault), mas ela tampouco é um domínio condenado de antemão (contrariamente a um último Foucault). Em Deleuze, a relação com o fora não tem lugar privilegiado, nem lugar interditado — toda matéria serve desde que dali sejam extraídas novas velocidades de vida, novas possibilidades de existência. Para voltar ao caso da literatura, mesmo se Deleuze subscreve a condenação de Artaud: "Todo escritor é um vendido", ou "toda a escritura é porcaria", é para acrescentar: "Toda literatura que se toma por fim, ou se fixa em fins, em vez de ser um processo", de modo que Artaud pode ser considerado a realização da literatura "precisamente porque ele é esquizofrênico e não porque ele não o é". Artaud, o Esquizo. O que é o esquizo de Deleuze e Guattari, afinal, senão uma certa relação com o processo e com o fora? O esquizo, aquele que leva seus fluxos descodificados no deserto. Evidentemente, o esquizofrênico de hospital é totalmente outra coisa — fechamento do fora, interrupção do processo, ou sua intensificação vazia. "A neurose, a psicose não são passagens de vida, mas estados nos quais se cai quando o processo foi interrompido, impedido, colmatado"[33].

O PROCESSO E A DERROCADA

Se, no entanto, a literatura é indissociável da esquizofrenia, isso se deve ao fato de que elas preservam ambas uma relação privilegiada com o processo, sobretudo nas condições muito concretas da desterritorialização capitalística. "Estranha literatura americana: de Thomas Hardy, de Lawrence a Lowry, de Miller a Ginsberg e Kerouac, homens sabem partir, embaralhar

---
[32] G. Deleuze, *Crítica e clínica*, São Paulo: Editora 34, 1997, p. 16.
[33] G. Deleuze, idem, p. 13.

os códigos, fazer passar fluxos, atravessar o deserto do corpo sem órgãos. Eles transpõem um limite, eles atravessam uma parede, a barra capitalista. E certamente acontece de fracassarem ao completar o processo, eles não cessam de fracassar. Mas através dos impasses e dos triângulos, um fluxo esquizofrênico corre, irresistível, esperma, rio, esgoto, blenorragia ou jorro de palavras que não se deixam codificar, libido fluida demais e viscosa demais: uma violência à sintaxe, uma destruição concertada do significante, não-senso erigido como fluxo, polivocidade que torna a assediar todas as relações... Pois a literatura é exatamente como a esquizofrenia: um processo e não um alvo, uma produção e não uma expressão"[34].

Quando Deleuze põe em questão a imagem dogmática do pensamento, já em *Diferença e repetição*, ele explica que não se trata de opor-lhe uma outra imagem, tomada da esquizofrenia, mas antes de lembrar que a esquizofrenia "é uma possibilidade do pensamento"[35]. O alcoolismo de Lowry, o crack-up de Fitzgerald, o esgotamento de Beckett, as catatonias e monomanias em Melville, tudo isso anuncia um regime de desmoronamento geral, que é igualmente o abalo dos fundamentos como condição do pensamento — *a-fundamento*. Pois o que o pensamento é forçado a pensar "é igualmente sua derrocada central, sua rachadura, seu próprio 'impoder' natural, que se confunde com a maior potência"[36]. Em termos muito próximos de Blanchot, ele escreve: "Quando Artaud fala da erosão do pensamento como de alguma coisa de essencial e acidental, ao mesmo tempo, radical impotência e, no entanto, alto poder, já o faz partindo do fundo da esquizofrenia"[37]. Se a rachadura nos parece não apenas inevitável, mas desejável, é porque "nunca pensamos a não ser por ela e sobre suas bordas e que tudo o que foi bom e grande na humanidade entra e sai por ela, em pessoas prontas a se destruir a si mesmas"[38]... E se esses escritores nos mostram a que ponto é ignóbil que tais desmoronamentos se tornem assunto de profissionais da vertigem, pensadores abstratos que permanecem sempre na margem, e se é legítimo querer esposar o devir-louco da matéria do mundo, é preciso a contraefetuação para que essa política e essa guerrilha atinjam seu esplendor próprio.

Mas tomemos a outra ponta da obra de Deleuze, onde todo esse movimento se prolonga e se explicita numa outra atmosfera, talvez, ou numa outra direção. Não é ele mesmo quem pergunta: "Será que há outras direções para o futuro? Avançamos ou recuamos todos, hesitamos entre todas essas direções, construímos nossa topologia, mapa celeste, toca subterrânea, agrimensuras de planos e superfícies, e outras coisas mais. Conforme as direções, não falamos da

[34] G. Deleuze e F. Guattari, *O Antiédipo*, Rio de Janeiro: Imago, 1976, p. 171-2.
[35] G. Deleuze, *Diferença e repetição*, Rio de Janeiro: Graal, 1988, p. 243.
[36] G. Deleuze, Idem, p. 242.
[37] G. Deleuze, *Lógica do sentido*, São Paulo: Perspectiva, 1974, p. 160.
[38] G. Deleuze, Idem, p. 164.

mesma maneira, não encontramos as mesmas matérias: com efeito, é também uma questão de linguagem ou de estilo"[39]. E de fato há nesse momento de sua obra uma mudança de matéria, ou de estilo. Quando ele rebatiza a imagem do pensamento como plano de imanência, ele lembra o que um tal plano reivindica: o movimento infinito ou o movimento do infinito, um corte no caos. E Deleuze pode reafirmar que um grande pensador é aquele, no limite, que traçou um novo plano de imanência, trazendo uma nova matéria de ser e erigindo uma nova imagem do pensamento... Por exemplo, o pensamento como simples possibilidade, como "impoder" — Heidegger, Blanchot. Ou então Kleist e Artaud, o pensamento que "se põe a ter *rictus*, rangidos, gaguejos, glossolalias, gritos que o levam a criar, ou a ensaiar"[40]. É talvez Deleuze ele mesmo que por aí proponha do pensamento uma imagem mais próxima do caos que ele recorta, do movimento infinito que ele esposa ou cavalga, da própria loucura que antes a filosofia rejeitava como figura abominável[41]: "E que seria *pensar* se não se comparasse sem cessar ao caos"?[42] Se o filósofo entretém uma relação especial à esquizofrenia, é antes ao *esquizofrênico que o habita*, aquele que "vive intensamente no pensador e o força a pensar", desencadeando um acontecimento forte demais, de natureza diferente, no entanto, do estado vivido "por demais difícil de suportar" do doente concreto[43]. Não se pode confundir o esquizo enquanto personagem conceitual com sua figura psicossocial, entidade clínica socialmente produzida, trapo de hospital. Não se pode confundir, em suma, o pensamento enquanto relação com o fora, e a loucura enquanto clausura do fora.

A LIBERAÇÃO DA EXTERIORIDADE

Há décadas Foucault perguntava: o que condenaria à loucura aqueles que uma vez tentaram a experiência da desrazão? Ou, nos nossos termos: como é possível a relação com o Fora sem que ela desabe num Dentro absoluto? A partir de um certo momento, porém, o problema de Foucault já é inteiramente outro. Ele deixa de se perguntar para onde teria migrado essa exterioridade, depois de ela ter desertado o espaço asilar, bem como o literário — a própria

---

[39] G Deleuze, *Deux régimes de fous*, Paris: Minuit, 2003, tradução de Luiz B.L. Orlandi.
[40] G. Deleuze e F. Guattari, *O que é a filosofia?*, São Paulo: Editora 34, trad. Bento Prado Jr. e Alberto Alonso Muñoz, 1992, p. 74.
[41] "Nenhuma imagem do pensamento pode contentar-se em selecionar determinações calmas, e todas encontram algo de abominável de direito, seja o erro no qual o pensamento não cessa de cair, seja a ilusão na qual não cessa de girar, seja a besteira na qual não cessa de se afundar, seja o delírio no qual não cessa de se desviar de si mesmo ou de um deus." G. Deleuze e F. Guattari, idem, p. 73.
[42] G Deleuze e F. Guattari, idem, p. 267.
[43] G Deleuze e F. Guattari, idem, p. 94.

exterioridade parece abolida. Já em Deleuze, uma concepção mais imanente do Fora o desatrela desde logo dos bolsões de exterioridade demasiado visíveis ou localizáveis, bem como da temática dos limites e das fronteiras, por mais que o tema das minorias esteja muito presente nos escritos dos anos 70. Deleuze não se cansa de explicar: não se trata das minorias enquanto tais, mas do devir-minoritário de todos e de cada um; não se trata de idealizar o esquizofrênico, porém insistir na esquizofrenização generalizada. Não há ali elogio da loucura, mas da processualidade da qual o fato psicossocial da loucura constitui um triste congelamento. Ocorre que a loucura foi chamada a testemunhar sozinha pela desterritorialização como processo universal, sucumbindo sob o peso dessa delegação insustentável. Daí a consigna de Deleuze-Guattari: "liberar em todos os fluxos o movimento esquizoide de sua desterritorialização, de tal maneira que esse caráter não possa mais qualificar um resíduo particular como fluxo de loucura"[44]. Eles até retomam a profecia de Foucault segundo a qual num futuro próximo a loucura deixará de existir como um exterior para inserir-se no espaço controlado das doenças mentais ("grandes aquários mornos"), mas lhe dão um sentido inteiramente positivo, quase jubilante, virando-a de ponta cabeça: a partir de então, sugerem eles, o exterior não mais precisará estar confinado e poderá, por fim, espraiar-se por toda parte! Eles leem a abolição da fronteira binária entre loucura e não-loucura como um ganho de exterioridade, e não como sua perda: o exterior não será abocanhado, mas *liberado de sua clausura* em espaços confinados ou privilegiados, retomando a ambição primeira de Foucault em favor de um diálogo razão/desrazão aquém da fronteira consagrada. A alteridade já não é situada para além das fronteiras, e não necessariamente nas margens desfeitas. Ela é uma virtualidade das linhas que nos compõem e dos devires que delas decorrem.

Nesse sentido, esta geografia sem fronteiras não representa necessariamente a vitória de uma suposta totalidade, da qual Deleuze e Foucault sempre nos ensinaram a rir. Deleuze dizia, a propósito de um suposto pensamento planetário e unidimensional, já em 64: há um ponto onde esse niilismo se volta contra si mesmo, com o mais estranho dos efeitos — ele devolve as forças elementares a elas mesmas no jogo bruto de suas dimensões...[45] O fora, supostamente abolido, não faz senão reaparecer *enquanto jogo, combate,*

---

[44] G. Deleuze e F. Guattari, *O Antiédipo*, op. cit., p. 407.
[45] G. Deleuze, "Faille et feux locaux", *L'île déserte et autres textes*, Paris: Minuit, 2002. "Falha e fogos locais", in *A Ilha deserta*, op. cit, p. 208 [ed. fr. p. 224]. E sobre a relação entre isso e o pensamento do fora: "Um todo que não confia mais na existência e na atribuição, mas que vive na conjunção e na disjunção, na mistura ou na separação, confundindo-se com a caminhada imprevista em todas as direções, rio que arrasta os objetos parciais e faz variar suas distâncias, com isso constituindo, segundo a expressão de Blanchot, essa nova relação com o Fora que se tornou hoje o objeto do pensamento". Trad. Hélio Rebello Cardoso Jr.

estratagema, fogo local. É o que se vê claramente na relação entre os nômades e o Império, tal como *Mil Platôs* o descreve. Que se considere o caso de Kleist, para voltar à escritura, que cantaria uma máquina de guerra, em oposição ao aparelho de Estado de um Hegel ou de um Goethe. Aos olhos deles, Kleist é um monstro. Mas por que, pergunta Deleuze, a mais estranha modernidade está do seu lado? É toda uma forma de exterioridade que ele inventa em literatura, com velocidades inverossímeis, afetos que atravessam o corpo como flechas, corridas loucas e catatonias petrificadas, dessubjetivações em todas as direções. "Será possível que no momento em que a máquina de guerra já não existe, vencida pelo Estado, ela testemunhe ao máximo de sua irrefutabilidade, enxameie em máquinas de pensar, de amar, de morrer, de criar, que dispõem de forças vivas ou revolucionárias suscetíveis de recolocar em questão o Estado triunfante?"[46]

Vemos que a literatura remetida a uma exterioridade nada deve a uma suposta extraterritorialidade da arte, mas antes à sua potência de desterritorialização, capaz de nomadizar o espaço estriado pelo Estado e suas instituições, inclusive o espaço estriado *da literatura*. É o caso dessa máquina de guerra chamada Kleist, e tantas outras, que funciona por afetos, velocidades e interrupções, deslocamentos intensivos, embaralhamentos de códigos, por uma certa loucura, igualmente. Será também o caso para Kafka em seu "exílio" nômade: não se trata, pela escritura, de fugir do mundo e abrigar-se "alhures", mas de fazer fugir o mundo por toda parte em que "isso escorre", desdobrando um meio de exterioridade... A escritura ela mesma, que faz ela senão a cartografia daquilo que foge?

Já podemos deixar indicadas algumas magras conclusões. Foucault e Deleuze pensaram a fundo a relação do pensamento ao seu exterior. O primeiro o fez tomando a loucura por objeto histórico complexo, cuja gênese ele leu como o avesso e a condição não necessária de nosso pensamento e de nossa literatura, sublinhando suas inflexões recentes. O segundo cedeu à tentação de uma vizinhança com o fora informal — do qual a loucura e a literatura não passariam de modulações diferentes — para fazer desse fora a "matéria" de seu plano de imanência e para com ele fabricar seus próprios conceitos, em ligação estreita com Guattari. Que se pense na "atmosfera" progressiva de alguns de seus livros, segundo sua própria expressão: altura, profundidade, superfície, corpo esférico, corpo sem órgãos, éter caótico. Que se pense igualmente em alguns conceitos inseparáveis dessas atmosferas: paradoxo, multiplicidade, intensidade, desterritorialização, devir, rizoma, caos. Como não reconhecer aí um estranho parentesco com o que nos vem da esquizofrenia? Talvez o rizoma seja a expressão mais extrema e acabada de uma tal vizinhança. Pois o rizoma é uma radiografia do pensamento do fora

---

[46] G. Deleuze e F. Guattari, *Mil platôs*, v. V, São Paulo: Editora 34, 1997, p. 17.

na sua lógica mais íntima, isto é, a mais voltada para o exterior, desvinculado de uma ontologia da linguagem, da obsessão com os limites, da promessa de uma margem redentora... Afinal, nele reencontramos a abertura de um deserto, uma movência esquecediça, a conectividade errante, a proliferação multidirecional, a ausência de centro, de sujeito e objeto, uma topologia e cronologia inteiramente alucinatórias... Em suma, não o mapa de um outro mundo, mas a cartografia do outro de todo mundo. Não se pode negar que os critérios mesmos que Deleuze utiliza para apreciar os textos literários estão, eles também, atravessados por todo tipo de estranhezas, na mais extrema vizinhança com a loucura. Do corpo sem órgãos do narrador-aranha proustiano até a vocação esquizofrênica da literatura americana, o escritor como aquele que subtrai a língua à razão, e a faz delirar, abrindo-a sobre seu próprio fora. Digamos simplesmente que se esse fora do pensamento atravessa tão fortemente os textos de Deleuze, inclusive aqueles que dizem respeito à escritura, é afinal porque neles esse pensamento do fora, mesmo e sobretudo num mundo dito sem fora, é por sua imanência mesma, pensamento da resistência, abertura de um futuro.

EXCURSO SOBRE O DESASTRE

Uma conhecida interpretação sobre a criação do mundo, proveniente da tradição cabalística e retomada pelo pensador e místico do século XVI, Isaac Luria, reza o seguinte: para que o Mundo pudesse vir à existência, o Ser infinito precisou abrir espaço, por um movimento de recuo e retração. Assim, o problema essencial da criação não consistiria em saber como algo foi criado a partir do nada, mas como o nada foi escavado, a fim de que a partir dele houvesse *lugar* para alguma coisa. Eis o verdadeiro segredo inicial, um mistério que começa, diz Maurice Blanchot, dolorosamente em Deus mesmo, por um sacrifício, uma limitação, um consentimento em exilar-se de tudo o que é para que o mundo pudesse ser. O desafio divino estaria em apagar-se, em ausentar-se, no limite em desaparecer. Como se, acrescenta Blanchot por conta própria, já extrapolando a apresentação que faz Gershom Scholem dessa teoria, a criação do mundo implicasse na evacuação de Deus. Ali onde há mundo, há privação de Deus. A criação não teria sido um acréscimo, uma expansão, mas uma retirada, uma renúncia, um ato de abdicação, um abandono... Para Blanchot tal concepção é uma ocasião para evocar o estatuto do pensamento. Ele não deve ser concebido como expansão, poder, domínio, mas como retraimento, abandono, impoder. Como se o pensamento também fosse chamado a cavar em si uma região de refluxo, inabitada e inabitável, uma zona de cegueira e de impossibilidade, de interrupção, a fim de que algo pudesse advir. O mesmo diz respeito ao autor: é preciso que ele se retire, enquanto sujeito, é preciso que ele desapareça enquanto eu, para que advenha a literatura no seu livre jogo, na sua exterioridade própria e pura. Tal retraimento do eu, do sujeito, de Deus, ou do próprio pensamento, tal apagamento, tal desaparecimento, tal abandono não é, portanto, omissão, nem derrota, mas puro dom[1].

Eis o salto que eu gostaria de propor nessa belíssima escuridão do *Tzimtzum*, nome hebraico para a mencionada retração criadora. Seja como abandono, seja como dom, a privação de Deus é desastre. *A Escritura do Desastre*, reza o título de um dos últimos livros de Blanchot, um dos mais fragmentários e sibilinos. Pois o desastre, literalmente, é dis-astro, privação do astro, separação da estrela, perda da fonte de luz, distanciamento de

---

[1] M. Blanchot, *L'Ecriture du désastre*, Paris: Gallimard, 1980, p. 13, doravante *ED*.

qualquer centro de gravidade. O desastre é que já não se gravita em torno de um centro, ou de uma noção central, seja ela ontológica ou teológica, ética ou metafísica, "ser ou ente, Deus ou sujeito", comenta Bident[2]. É o reino da pura queda, da exterioridade sem centro, do extravio. Lembra alguns fragmentos de Nietzsche sobre a morte de Deus. "Desde Copérnico o homem parece ter caído em um plano inclinado — ele rola, cada vez mais veloz, para longe do centro — para onde? Rumo ao nada? Ao *lancinante* sentimento do seu nada"?[3]. Ou o fragmento de 1882, em que o insensato procura Deus com uma lanterna em plena luz da manhã, para depois anunciar a sua morte: "Que fizemos nós, ao desatar a terra do seu sol? Para onde se move ela agora? Para onde nos movemos nós? Para longe de todos os sóis? Não caímos continuamente? Para trás, para os lados, para frente, em todas as direções? Existem ainda 'em cima' e 'embaixo'? Não vagamos como que através de um nada infinito? Não sentimos na pele o sopro do vácuo?"[4].

Mas se desastre é o nome que dá Blanchot para a morte de Deus, é preciso dizer que na sua pena nada disso é patético — tampouco em Nietzsche, aliás, para quem isso só é tomado pateticamente por aqueles que não apreenderam o sentido desse acontecimento, que chega com passos de pomba. Blanchot o diz explicitamente: o desastre não é maiúsculo[5], não consiste num evento ruidoso, não pode ser localizado num tempo preciso, nem num espaço delimitado. Ele é o contratempo[6], o entretempo, o vai-e-vem, a desordem nômade[7], a afirmação intensa do fora.[8] O desastre é o fundo sem fundo de nosso pensamento, e "pensar seria nomear (invocar) o desastre como *arrière-pensée*". O desastre é o que desliga aquilo que está ligado, e é nesse sentido que ele se subtrai ao poder que tudo liga, que tudo totaliza, que tudo unifica. O desastre é o não poder. "Só o desastre mantém à distância o domínio"[9]. Para aquém do fracasso ou do sucesso, da destruição ou da redenção, do não-ser ou do ser, o desastre deveria ser associado ao neutro, à sua inoperância (*desœuvrement*), à ruptura do fragmentário[10]. Nem sequer se pode dizer que do desastre se tem uma experiência — ele destitui o eu da experiência, é pura passividade. Na passividade do desastre, é a parte inumana do homem que vem à tona, como dispersão, defecção, abdicação anônima.

---

[2] C. Bident, *Maurice Blanchot, partenaire invisible*, Seyssel (France): Éditons Champ Vallon, 1998, p. 509.
[3] F. Nietzsche, *Genealogia da moral*, III, par. 25, São Paulo: Brasiliense, 1987, trad. Paulo César de Souza, p. 176.
[4] F. Nietzsche, *A gaia ciência*, par. 125, São Paulo: Companhia das Letras, 2001, trad. Paulo César de Souza, p. 148.
[5] *ED*, p. 9.
[6] *ED*, p. 27.
[7] *ED*, p. 12.
[8] *ED*, p. 13.
[9] *ED*, p. 20.
[10] *ED*, p. 30.

Com efeito: o desastre interrompe a ordem do mundo. Interrupção que em Blanchot assume colorações muito diversas, e por vezes antagônicas. Sim, a escrita é uma delas, sem dúvida: o espaço literário, o impessoal da escritura, o movimento que ela impõe. Mas caberia chamar a atenção para duas figuras que escandem toda a obra de Blanchot, transversalmente, e que também estão sob o signo do desastre: Auschwitz, por um lado, e a Insurreição, por outro.

AUSCHWITZ

Depois de Auschwitz, o pensamento só pode dar-se sob a forma do desastre. "Que o fato concentracionário, o extermínio dos judeus e os campos da morte onde a morte continua sua obra, sejam para a história um *absoluto* que interrompeu a história, *deve-se* dizê-lo sem no entanto poder dizer nada além disso". Há uma interrupção da História que o pensamento e a linguagem devem acolher, mas sob o modo da interrupção, do lacunar, do fragmentário. Isto é, sem encobrir o que do desastre dissolve o pensamento e a própria linguagem, sob pena de não se acolher o próprio do desastre. Mesmo Robert Antelme, tão sedento em contar tudo o que se viveu no campo, confessa que depois da liberação, apenas começados os relatos, eles se interrompiam, sufocados neles mesmos. "O holocausto, acontecimento *absoluto* da história, historicamente datado, essa queimadura total (*toute--brulûre*) em que toda história incendiou-se, onde o movimento do Sentido se abismou (...) Como preservá-lo, nem que fosse no pensamento, como fazer do pensamento aquilo que preservaria o holocausto ali onde tudo se perdeu, inclusive o pensamento guardião?"[11] Não se trata de uma elucubração sobre o inominável, muito menos um culto do inefável, mas uma meditação sobre o fato de que doravante cabe ao pensamento pensar a ferida, a interrupção do próprio pensamento, seu impoder, que ressoa com um impoder vindo dos campos. A ética aí embutida é incontornável. Ao fazer suas as palavras de Antelme: "Tudo o que possa assemelhar-se mesmo de longe ao que vimos lá, nos decompõe literalmente"[12], Blanchot extrai dali o seguinte imperativo categórico para o pensamento, na esteira de Adorno: "Pensa e age de tal maneira que Auschwitz não se repita jamais"[13].

---

[11] *ED*, p. 80.
[12] "Tout ce qui peut ressembler même de loin à ce que nous avons vu là-bas, nous décompose littéralement" (1945), Robert Antelme, "Vengeance?" in *Les Vivants*, revista publicada pelos prisioneiros de guerra e deportados, 1946; reeditado in Maurice Blanchot *et allii*, R. Antelme, *Textes inédits sur "L'espèce humaine"*, Paris: Gallimard, 1996, pp. 17-24 [reeditada em 2005, *Vengeance?*, Tours: Farrago Éditions].
[13] M. Blanchot, carta a R. Bellour, in *Cahiers de l'Herne, Henri Michaux*, n. 8, 1966, p. 88; in *Les intellectuels en question*, Tours: Farrago Éditions (Éditions Verdier), 2000, p. 53.

Tudo isso é belo e forte, e é comum a toda uma geração que começou a escrever nos escombros da guerra. Mas há algo que coube a Blanchot sublinhar, já desde suas leituras de Kafka, que aguça ainda mais tal sensibilidade ética e política — a saber, o nomadismo próprio ao povo judeu (guardadas as diferenças e proporções, o mesmo caráter de desterro poderia ser associado aos ciganos, palestinos, armênios, sem-terra etc). O exílio, a dispersão, a separação, a errância, esse movimento incessante de desterro que os caracteriza, e que o Ocidente não soube acolher, não constitui privação de nada, mas uma relação positiva com a exterioridade. "O êxodo e o exílio não fazem senão exprimir a mesma referência ao Fora que carrega a palavra existência". Relação com o Distante, com o Estrangeiro, com o Abismo, que a palavra se encarrega não de preencher ou atravessar, mas de sustentar e acolher, colocando o próprio pensamento em estado de exterioridade, de estrangeiridade, de distância, de abismo. De desastre. O judaismo significou para Blanchot uma cultura de resistência, capaz de afirmar uma ausência de lugar, de unidade, de poder, de dialética — uma certa relação positiva com a ausência de centro, com o desastre no sentido referido, e que o Ocidente não soube acolher, obrigando esse povo nômade a reterritorializar-se num Estado, com as consequências que se conhece. Mais e mais Blanchot valoriza, na história e no pensamento, a recusa ao que poderia prometer a luz, a permanência, o abrigo, a verdade. Para ele, como o diz Cristophe Bident, a saída da história é também uma saída da ontologia. A recusa da História ou do Ser deve ser feita em nome do Neutro, de um não-poder, daquilo que por vezes ele chamou de passividade não-inerte.

Pode parecer inconcebível que o exemplo dos campos seja usado para exemplificar um efeito de desligamento do poder, quando ele é, sem dúvida, a manifestação mais brutal de poder que a história já registrou. Blanchot, no entanto, detecta na redução dos prisioneiros a um estado de pura necessidade, os signos de um aferramento à vida de um gênero inteiramente insólito, pois impessoal, espécie de egoísmo sem ego, em que se afirma algo de indestrutível justamente porque a destruição está em marcha. Nessa relação nua com a vida nua, afirma Blanchot, embora cada qual seja destituído do poder de dizer eu, na pobreza inteiramente despojada de si e de sua identidade, em meio, portanto, a esse desastre incomensurável, se expressa uma exigência anônima de alteridade, mesmo que à espera de uma fala sempre postergada. Blanchot viu no campo, talvez, a distância que separa o que Agamben chama de vida nua, vida submetida a um poder soberano, e reduzida a sua dimensão biológica, e o que Deleuze chama de *uma* vida, potência impessoal, virtualidade pré-subjetiva, pré-individual, que atravessa desde os recém-nascidos até os moribundos. Em todo caso, em Blanchot temos a ideia de uma vida como "ultimidade, queimação incosumável", não submetida, portanto, à intencionalidade da consciência.

INSURREIÇÃO

Passo agora ao polo oposto. Num texto escrito durante os eventos de maio de 68, Blanchot utiliza o termo desastre para significar uma "mudança de astro", ou seja, a saída de um espaço histórico, a ruptura que uma revolta como aquela poderia promover. Não mais Auschwitz, porém a Insurreição. Conta-se que Blanchot acolheu com grande interesse os eventos de maio, e neles participou de maneira ativa, seja tomando a palavra nas assembleias, nas marchas, presidindo sessões de comitês, escrevendo panfletos. As páginas que escreveu a respeito, sobretudo em *La Communauté Inavouable*, fazem eco a textos anteriores, num certo sentido, premonitórios. Um ensaio sobre Sade chama a atenção para a exigência do movimento perpétuo, da insurreição necessária, não apenas contra os poderes constituídos, mas também seus valores, sua moral, sua sede de estabilização, contra a própria lei. Pois a lei é a privação da paixão, usurpação da soberania, extorsão da força. Diz Blanchot: "Sade chama pois de regime revolucionário o tempo puro em que a história suspensa faz época, esse tempo do entre-tempo onde entre as antigas leis e as leis novas, reina o silêncio e a ausência de leis, esse intervalo que corresponde precisamente ao entre-dizer onde tudo cessa e tudo para, inclusive a eterna pulsão falante, porque então já não há interdito. Momento de excesso, de dissolução e de energia durante o qual — alguns anos depois, Hegel o dirá — o ser não é mais que o movimento do infinito que se suprime a si mesmo e nasce sem cessar no seu desaparecimento, "bacanal da verdade onde ninguém conseguiria permanecer sóbrio". Esse instante, sempre em instância, do frenesi silencioso é também aquele onde o homem, numa interrupção em que ele se afirma, atinge sua verdadeira soberania, já não sendo só ele mesmo, já não sendo apenas natureza — o homem natural —, mas (...) a consciência do poder infinito de destruição, isto é de negação, pelo qual sem cessar ele se faz e se desfaz. (...) Assim, um instante, esse instante de prodigioso suspense ao qual Sade reserva o título de revolucionário, as leis se calam, leis sociais, leis morais, leis naturais, e para dar lugar, não à tranquilidade de qualquer nada — aquele, por exemplo, do antes-do-nascimento —, mas a esse poder de dissolução que o homem carrega em si como seu porvir e que é a alegria do ultraje (nada de sombrio, afinal, nada que não seja esplêndido e risível nessa aproximação do supremo momento tempestuoso), necessidade de ultrapassamento que é o coração da razão, que certamente é perigoso, terrível e, propriamente dito, o terror mesmo, mas do qual não há nada de nefasto a esperar, com uma única condição: "*que nunca falte a força necessária para transpor os últimos limites*".[14]

Guardadas as devidas proporções, e descontada uma curiosa perversão de hegelianismo, já presente em Bataille igualmente, maio de 68 teria levado uma marca similar, no tocante à saída do espaço histórico, à suspensão do interdito, à força do ultraje. Mas aqui se agrega um componente que Blanchot porá cada vez mais em evidência, a saber, o desafio do comum. Assim, a descrição que faz Blanchot daqueles dias põe o acento numa certa explosão da fala, do encontro, da "presença comum" (Char), efervescência pura, numa espécie de comunismo não cooptável por nenhuma ideologia, não finalizável. Maio teria sido o tempo da inoperância, onde tudo era aceito, lembra Blanchot, tudo podia ser dito, a utopia sem presente e sem projeto, e sempre essa recusa instintiva de assumir qualquer poder, na desconfiança absoluta em confundir-se com um poder ao qual se delegaria alguma coisa. Tal presença inocente, para não se limitar, aceita não fazer nada, aceita simplesmente estar ali, e depois ausentar-se, dispersar-se, ignorando as estruturas que a poderiam estabilizar. Como diz Blanchot sobre essa rara modalidade de ajuntamento, de povo: "É nisso que ele é temível para os detentores de um poder que não o reconhece: não se deixando agarrar, sendo tanto a dissolução do fato social quanto a indócil obstinação em reinventá-lo numa soberania que a lei não pode circunscrever, já que ela a recusa"[15]... É essa potência impotente, sociedade a-social, associação sempre pronta a se dissociar, dispersão sempre iminente de uma "presença que ocupa momentaneamente todo o espaço e, no entanto, sem lugar (utopia), uma espécie de messianismo não anunciando nada além de sua autonomia e sua *inoperância*"[16], o afrouxamento sorrateiro do liame social, mas ao mesmo tempo a inclinação àquilo que se mostra tão impossível quanto inevitável — a comunidade. A potência suprema consistia nessa impotência dispersa, efêmera, nessa recusa do poder, no elogio do movimento, na insurreição do pensamento, nessa reivindicação por uma comunidade por vir, inconfessável, impossível, incontornável. Um parêntese comunista no interior do comunismo, interrupção sem finalidade e sem ideologia, suspensão da História. "Seja lá o que digam os detratores de Maio, foi um belo momento, quando cada um podia falar ao outro, anônimo, impessoal, homem entre os homens, acolhido sem outra justificação além da de ser um outro homem"[17]. Mas não se trata de uma revolução. "Contrariamente às 'revoluções tradicionais', não se tratava apenas de tomar o poder para substituí-lo por um outro, nem de

---

[14] M. Blanchot, *L'Entretien infini,* Paris: Gallimard, 1969, p. 337 (*EI*).
[15] M. Blanchot, *La Communauté inavouable,* Paris: Minuit, 1986, p. 57.
[16] Idem, p. 57.
[17] M. Blanchot, *Michel Foucault tel que je l'imagine*, Montpellier: Fata Morgana, 1986, pp. 9-10.

tomar a Bastilha, o Palácio de Inverno, o Eliseu ou a Assembléia Nacional, objetivos sem importância, e nem sequer tratava-se de derrubar um antigo mundo, mas de deixar manifestar-se, fora de qualquer interesse utilitário, uma possibilidade de *estar-junto*"[18].

Arrisquemos um último movimento. Diz Nietzsche: "Os pensamentos que transtornam o mundo vêm a passo de pomba; as palavras que trazem a tempestade são as mais silenciosas". Ora, Blanchot comenta que todos pressentem, hoje, uma mudança de época, uma ruptura da história, mesmo que não se tenha sobre isso um saber seguro, nem uma palavra clara, mesmo que isso corra as ruas de maneira anônima[19]. E Blanchot se pergunta o que seria se, num certo momento, cessassem de ter sobre nós algum poder as categorias que até agora sustentaram nossa linguagem: unidade, identidade, primazia do Mesmo, exigência do Eu-sujeito, porém não porque com elas continuássemos a brigar, mas ao contrário, porque elas se teriam realizado tão perfeitamente que seríamos lançados num outro regime de manifestação, num espaçamento fora do espaço, num tempo fora tempo, fora da consciência e da inconsciência, na vacilação deportada.[20] Nesse êxodo, nesse exílio, nessa deportação, não teríamos nos livrado positivamente de um espaço sideral, interrompendo um movimento de sideração, abandonando a fixação em torno de algum astro? O próprio desejo, desiderio, não é ainda relação com o astro que me abandonou? O desastre evacua o sim e o não, o sentido e o não-senso, a vida e a morte, o silêncio e a palavra, deportando-nos da *intencionalidade* para a pura *intensidade*, para além ou aquém do ser e da ontologia — o neutro, pura diferença. O desastre, que é ruptura com o astro, com o céu sideral, passa-se "aqui, um aqui em excesso sobre toda presença"[21]. Não se trata, pois, de uma experiência negativa de desmoronamento, cuja coerência cósmica o pensamento se deleita em evocar. Mesmo as expressões "Deus está morto", ou "o homem morreu", não seriam o signo de uma linguagem ainda poderosa demais, soberana demais, "que assim renuncia a falar pobremente, de maneira vã, no esquecimento, no desfalecimento, na indigência"?[22] Blanchot lembra que discorrer sobre o ateísmo foi sempre uma maneira privilegiada para falar de Deus[23]. Então trata-se de fazer outra coisa. Como dizem Deleuze e Guattari, citados por Blanchot, o múltiplo se faz por subtração, "sempre *n*–1". Como subtrair das múltiplas dimensões que conhecemos, a unidade que as sobredetermina, seja o termo Eu, Mundo, Ser, Deus, Uno? Françoise Collin, num belo estudo sobre Blanchot, diz que

---

[18] M. Blanchot, *La Communauté inavouable*, p 52.
[19] *ED*, p. 394 e ss.
[20] *ED*, p. 406.
[21] *ED*, p. 121.
[22] *ED*, p. 144.
[23] *ED*, p. 145.

o Neutro é justamente a subtração do Uno, o não-Uno. Pois como escreve Blanchot, na sua anarquia o neutro "nos remete não àquilo que reúne, mas ao que dispersa, não àquilo que junta, mas ao que disjunta, não à obra, mas à inoperância [...], conduzindo-nos em direção àquilo que tudo desvia e que se desvia de nós, de modo que aquele ponto central em que, ao escrever, parece-nos que nos encontramos, não passa de ausência de centro, a falta de origem". Fora, Neutro, Desastre, Outro, "pedras de abismo petrificadas pelo infinito de sua queda"[24]. Talvez esses termos permitam desenhar o contorno dessa obra impossível que leva o nome de Blanchot.

No fundo a presença de Blanchot entre nós ressoa com o autoapagamento do Deus de Lúria. Na sua ética da subtração, fala uma afirmação não positiva, anônima, plural. Sua ótica do desastre abre assim para um outro tempo, um outro espaço, uma outra linguagem — não os da História, do Poder, da Instituição, mas os do Acontecimento, do Não-poder, da Destituição. Não um Outro mundo, mas o Outro de todo mundo...

---

[24] *ED*, p. 95.

BIBLIOGRAFIA

DESRAZÃO NA ANTIGUIDADE GREGA[1]

BRÈS, Yvon. *La Psychologie de Platon*. Paris: P.U.F., pp. 300-308, 1973.
COLLI, Giorgio. *O Nascimento da Filosofia*. Campinas: Ed. da Unicamp, 1988.
DETIENNE, Marcel. *Os Mestres da verdade na Grécia Arcaica*. Rio de Janeiro: Jorge Zahar, 1988.
_____. *Dionísio a Céu Aberto*. Rio de Janeiro: Jorge Zahar, 1988.
DODDS, E.R. *Os gregos e o irracional*. Lisboa: Gradiva, cap. III, 1988.
GERNET, Louis. *Anthropologie de la Grèce Antique*. Paris: Flammarion, cap. 1 e 3, 1977.
JEANMAIRE, H. *Dionysios, Histoire du culte de Bacchus*. Paris: Payot, caps. IV e V, 1978.
NIETZSCHE, F. *Origem da Tragédia*. São Paulo: Moraes, 1984.
PLATÃO. *O Banquete*, 217e, 218b, *Fedro*, 244b-c, 245a, 249, 265a e *Timeu* 71e, 72a.
SÓFOCLES. *Ajax*, in *Tragédies*. Paris: Gallimard, 1979.
VERNANT, Jean Pierre. *A Morte nos olhos: Figuração do outro na Grécia Antiga*. Rio de Janeiro: Jorge Zahar, 1988.

HISTÓRIA DA PSIQUIATRIA

ALEXANDER, F.G. e SELESNICK, S.T. *História da Psiquiatria*. São Paulo: Ibrasa, 1968.
BARUK, Henri. *La Psychiatrie française*. Paris: P.U.F., 1968.
BASTIDE, Roger. *Sociologie des maladies mentales*. Paris: Flammarion, 1965.
BIRMAN, Joel. *A Psiquiatria como discurso da moralidade*. Rio de Janeiro: Graal, 1978.
CANGUILHEM, Georges. *O Normal e o Patológico* (1966). Rio de Janeiro: Forense, 1982.
CASTEL, Robert. *A Ordem Psiquiátrica: A Idade de Ouro do Alienismo*. Rio de Janeiro: Graal, 1978.
_____. *O Psicanalismo*. Rio de Janeiro: Graal, 1978.
_____. *A Gestão dos Riscos*. Rio de Janeiro: Francisco Alves, 1987.
CLAVREUL, Jean. *A Ordem médica*. São Paulo: Brasiliense, 1983.

---

[1] Obs. 1. Nem sempre utilizadas de forma explícita nesse estudo, as fontes mencionadas nesta bibliografia temática ajudaram, de um modo ou de outro, a compor suas balizas teóricas, mesmo nos casos em que o objetivo foi se demarcar de determinadas questões.
2. Nos livros traduzidos aparece entre parênteses, quando possível, a data de publicação da primeira edição.
3. A organização das obras de cada autor segue a ordem cronológica de aparição do original.

COSTA, Jurandir Freire. *Ordem médica e norma familiar*. Rio de Janeiro: Graal, 1983.
DEVEREUX, Georges. *Essais d'etnopsychiatrie générale* (1951). Paris: Gallimard, 1970.
FOUCAULT, Michel. *Doença mental e Psicologia* (1954). Rio de Janeiro: Editora Tempo Brasileiro, 1984.
_____ . *História da loucura* (1961). São Paulo: Perspectiva, 1978.
_____ . "A casa dos loucos", in *Microfísica do Poder* (1975). Rio de Janeiro: Graal, 1979.
FREMINVILLE, Bernard de. *La Raison du plus fort*. Paris: Seuil, 1977.
GOFFMAN, Erving. *Manicômios, prisões e conventos* (1961). São Paulo: Perspectiva, 1974.
ROSENFELD, Anatol. *O Pensamento psicológico*. São Paulo: Perspectiva, 1984.
SWAIN, Gladis & GAUCHET, M. *La Pratique de l'esprit humain, l'institution asilaire et la révolution démocratique*. Paris: Gallimard, 1980.
SWAIN, Gladis. *Le Sujet de la folie, naissance de la psychiatrie*. Toulouse: Privat, 1978.
ZILBOORG, Gregory. *Historia de la Psicología Médica*. Buenos Aires: Hachette, 1945.

OBRAS DE MICHEL FOUCAULT[2]

(1954) *Doença mental e Psicologia*, op. cit.
(1961) *História da Loucura*, op. cit.
(1962) "Le 'non' du Père", in *Critique*, n. 178, Paris: Minuit.
(1963) *O Nascimento da Clínica*. Rio de Janeiro: Forense Universitária, 1987.
(1963) *Raymond Roussel*. Rio de Janeiro: Forense, 1999.
(1963) "Préface à la transgression", *Critique*, n. 19.
(1964) "La folie, l'absence d'oeuvre", *Table Ronde*, reeditado na 2. ed. de *Histoire de la folie*. Paris: Gallimard, 1972.
(1966) *As Palavras e as Coisas*. São Paulo: Martins Fontes, 1981.
(1966) "La pensée du dehors", *Critique*, n. 299, junho.
(1969) *Arqueologia do Saber*. Rio de Janeiro: Forense, 1987.
(1970) *Sept propos sur le septième ange*. Montpellier: Fata Morgana, 1986.
(1970) *Theatrum Philosophicum*. Paris: Minuit, 1970.
(1971) *A Ordem do discurso*. São Paulo: Ática, 1988.
(1971) "Mon corps, ce papier, ce feu", in *Paidea*, setembro, retomado em *Histoire de la folie*. 2. ed. Paris: Gallimard, 1972.
(1973) "A verdade e as formas jurídicas", 4. ed. Rio de janeiro: *Cadernos PUC*, 1981.
(1973) *Isto não é um cachimbo*. Rio de Janeiro: Paz e Terra, 1988.

[2] Todos os artigos citados nesta lista foram retomados nos *Dits & écrits*, referido no final da lista.

(1973) *Eu, Pierre Rivière, que degolei minha mãe, minha irmã e meu irmão*. Rio de Janeiro: Graal, 1977.
(1975) *Vigiar e Punir*. Petrópolis: Vozes, 1977.
(1976) *História da sexualidade*, v. 1, *A Vontade de saber*. Rio de Janeiro: Graal, 1977.
(1979) *Microfísica do Poder*, op. cit.
(1984) *História da sexualidade*, v. 2, *O Uso dos Prazeres*. Rio de Janeiro: Graal, 1984.
(1984) *História da sexualidade*, v. 3, *O Cuidado de Si*. Rio de Janeiro: Graal, 1985.
(1994) *Dits & ecrits*, v. I, II, III, IV. Paris: Gallimard, 1994 (*Ditos & escritos*, v. I, II, III, IV, V. Rio de Janeiro: Forense, 2002-2004).

EM TORNO DA OBRA DE MICHEL FOUCAULT SOBRE A LOUCURA

BLANCHOT, Maurice. *L'Entretien infini*. Paris: Gallimard, 1969.
_____. *Michel Foucault tel que je l'imagine*. Montpellier: Fata Morgana, 1986.
CHAVES, Ernani. *Foucault e a Psicanálise*. Rio de Janeiro: Forense Universitária, 1988.
DELEUZE, Gilles. *Foucault*. Paris: Minuit, 1986.
_____. "Em que se pode reconhecer o estruturalismo?" (1973), in CHÂTELET, François (org.). *História da Filosofia. O Século XX*, v. 8. Rio de Janeiro: Zahar, 1974.
DELEUZE, Gilles & GUATTARI, Felix. *O Anti-Édipo* (1972). Rio de Janeiro: Imago, 1976.
_____. *Mil platôs*, v. I-V. Rio de Janeiro: Editora 34, 1995-1997.
DERRIDA, Jacques. "Cogito e História da Loucura" (1967), in *A Escritura e a diferença*. São Paulo: Perspectiva, 1971.
DREYFUS, Hubert & RABINOW, Paul. *Michel Foucault: un parcours philosophique; au delà de l'objectivité et la subjectivité* (1982). Paris: Gallimard, 1984.
ESCOBAR, Carlos Henrique (org.). *Dossiê Foucault*. Rio de Janeiro: Taurus, 1984.
KREMER-MARIETTI, Angèle. *Archéologie et généalogie*. Paris: LGF – Librairie Générale Française, 1985.
MACHADO, Roberto. *Ciência e Saber*. Rio de Janeiro: Graal, 1981.
MACHEREY, Pierre. "Nas origens da História da Loucura: uma retificação e seus limites", in *Recordar Foucault*, Renato Janine Ribeiro (org.). São Paulo, Brasiliense, 1985.
RAJCHMAN, John. *Foucault, a liberdade da Filosofia* (1985). Rio de Janeiro: Jorge Zahar, 1987.
SERRES, Michel. "Geométrie de l'incommunicabilité: la folie" e "Le retour de la Nef", in *Hermès 1. La Communication*. Paris: Minuit, 1968.
TRONCA, Italo (org.). *Foucault Vivo*. Campinas: Pontes, 1987.
VEYNE, Paul. "Foucault revoluciona a história", in *Como se escreve a História*. Brasília: Editora da Universidade de Brasília, 1982.

AUTORES PRÓXIMOS AO "PENSAMENTO DO FORA" NA CULTURA CONTEMPORÂNEA

ARTAUD, Antonin. *A Arte e a morte* (1929). Lisboa: LED, 1987.
_____. "O teatro e a cultura" (1938), in *O Teatro e seu Duplo*. 3. ed. São Paulo: Max Limonad, 1987.
_____. *Lettres de Rodez*. Paris: GLM, 1946.
_____. *Van Gogh, o suicidado da sociedade* (escrito em 1948), trad. Aníbal Fernandes. Lisboa: Assírio & Alvim, 1983.
BARTHES, Roland. *O Grau zero da escritura*. São Paulo: Cultrix, 1981.
_____. *Aula*. São Paulo: Cultrix, 1987 (1978).
_____. *Aula* de 2/1978 no Collège de France, publicada na *Folha de S. Paulo*, 3/10/1987.
_____. *O Neutro*, São Paulo: Martins Fontes, 2003.
BATAILLE, Georges. *L'Experience intérieure*. Paris: Gallimard, 1943.
_____. *Minha Mãe*. São Paulo: Brasiliense, 1985.
_____. *O Erotismo*. Porto Alegre: L&PM, 1987.
BEAUFRET, Jean. "Hölderlin et la question du père", in *Les Temps Modernes*, n. 194, julho 1962.
BECKETT, Samuel. *O Inominável*. Rio de Janeiro: Nova Fronteira, 1988.
_____. *Pour finir encore et autres foirades*. Paris: Minuit, 1976.
_____. *Le Dépeupleur*. Paris: Minuit, 1976.
BLAKE, William. *Escritos* (1790-1803). Porto Alegre: L&PM, 1984.
BLANCHOT, Maurice. *Faux Pas*. Paris: Gallimard, 1943.
_____. *L'Arrêt de mort*. Paris: Gallimard, 1948.
_____. *Thomas l'Obscur*. Paris: Gallimard, 1950.
_____. "La Folie par excellence", *Critique* 1951, retomado como introdução a Karl Jaspers, *Strindberg et Van Gogh, Swedenborg, Hölderlin*. Paris: Minuit, 1953.
_____. *O Espaço literário* (1955). Rio de Janeiro: Rocco, 1987.
_____. *O Livro por vir* (1959). Lisboa: Relógio d'Água, 1984.
_____. *L'Entretien infini*, op. cit.
_____. *L'Écriture du desastre*. Paris, Gallimard, 1980.
CHAR, René. *Le Nu perdu et autres poèmes*. Paris: Gallimard, 1978.
_____. *Le Marteau sans maitre*, 7. ed. Paris: Corti, 1980.
DELEUZE, Gilles. *Nietzsche e a Filosofia*. Rio de janeiro: Ed. Rio, 1976.
_____. "Le Schizo et les langues, ou la phonétique chez le psychotique", in *Temps Modernes*, n. 218, 1964, retomado em *Crítica e Clínica*. São Paulo: Editora 34, 1997.
_____. *Apresentação de Sacher Masoch* (1967). Rio de Janeiro: Taurus, 1983.
_____. *Lógica do sentido* (1969). São Paulo: Perspectiva, 1974.
_____. *Francis Bacon, logique de la sensation*. Paris: Éditions de la Différence, 1981.

_____. *Foucault*, op. cit.
DELEUZE, Gilles & GUATTARI, Felix. *Anti-Édipo*, op. cit.
_____. *Mil platôs*, op. cit.
DERRIDA, Jacques. *A Escritura e a Diferença*, op. cit.
_____. *Gramatologia* (1967). São Paulo: Perspectiva, 1973.
_____. *La Dissémination*. Paris: Seuil, 1972.
_____. *Margens da Filosofia* (1972). Lisboa: RES, 1986 [Campinas: Papirus, 1991].
_____. *Glas* (1974). Paris: Éditions Galilée, 1974.
FOUCAULT, Michel. *História da Loucura*, op. cit.
_____. *Raymond Roussel*, op. cit.
_____. "Preface à la transgression", op. cit.
_____. "La folie, l'absence d'oeuvre", op. cit.
_____. "La pensé du dehors", op. cit.
_____. *Sept propos sur le septième ange*, op. cit.
_____. *Theatrum Philosophicum*, op. cit.
_____. "Entrevista com Michel Foucault", in *O Homem e o Discurso*. Rio de Janeiro: Editora Tempo Brasileiro, 1971.
GRANIER, Jean. "La pensée netzscheene du chaos", in *Revue de Métaphysique et de Morale*. Paris, Armand Colin, abril/junho, 1971.
HEIDEGGER, Martin. *Chemins qui ne mènent nulle part* (1950). Paris: Gallimard, 1962.
_____. *Essais et Conférences* (1954). Paris: Gallimard, 1958.
_____. *Le Principe de raison* (1957). Paris: Gallimard, 1962.
HÖLDERLIN. *Poemas* (1796-1805), Paulo Quintela (trad.). Coimbra: Atlântida, 1959.
KAFKA, Franz. *A Construção* (1923), 2. ed. São Paulo: Brasiliense, 1985.
_____. *Os Melhores Contos de Kafka*, 2. ed. Lisboa: Arcádia, 1966.
KLOSSOWSKI, Pierre. *O Baphomet* (1965). São Paulo: Max Limonad, 1986.
_____. "O filósofo celerado" (1967), in *Sade, meu próximo*. São Paulo: Brasiliense, 1985.
_____. *Nietzsche et le cercle vicieux*. Paris: Mercure de France, 1969.
KRISTEVA, Julia. *Folle verité*. Paris: Seuil, 1979.
LAUTRÉAMONT. *Cantos de Maldoror*, 2. ed. São Paulo, Max Limonad, 1986 (1869).
LEVESQUE, Claude. *L'Êtrangeté du texte: essai sur Nietzsche, Freud, Blanchot et Derrida*. Paris: UGE – Union Générale d'Éditions, 10/18, 1978.
MALLARMÉ, Stéphane. *Mallarmé* (1864-1895), Augusto de Campos, Décio Pignatari e Haroldo de Campos (trads.). São Paulo: Perspectiva, 1974.
NIETZSCHE, Friedrich. *Oeuvres Philosophiques Complètes*. Paris: Gallimard, 1978.
RILKE, Rainer Maria. *Elegias de Duíno* (1929). Rio de Janeiro: Globo, 1984.
ROLLAND, Jacques. "Pour une approche de la question du neutre", in *Exercices de la Patience. Les Cahiers de Philosophie*, n. 2, Paris: Obsidiane, 1981.
SADE, Marquis de. *Les Infortunes de la vertu*. Paris: UGE – Union Générale d'Éditions, 1965.

_____. *Lettres Choisies*. Paris: J.J. Pauvert, 1963.
THÉVOZ, Michel. *Le Langage de la rupture*. Paris: P.U.F., 1978.

SOBRE A NOÇÃO DE FORA, ESPECIALMENTE

BERTHERAT, Yves. "La pensée folle", *Esprit*, n. 360, maio, 1967.
BLANCHOT, Maurice. *Oeuvres Complètes*, em especial "Le dehors, la nuit", in *L'Espace litteraire*, op. cit., "La passion du dehors" e "L'oubli, la déraison", in *L'Entretien infini*, op. cit.
DELEUZE, Gilles. *Foucault*, op. cit.
FOUCAULT, Michel. "La pensée du dehors", op. cit.
PRÉLI, Georges. *La Force du dehors*. Fontenay-Sous-Bois: Éditions Fontenay, Recherches, 1977.

PSICANÁLISE E PSICOSE

ARICÓ, Carlos Roberto. *Reflexões sobre a loucura*. São Paulo: Ícone, 1986.
AULAGNIER, Piera. A *Violência da interpretação* (1975). Rio de Janeiro: Imago, 1979.
CHECCHINATO, Durval (coord.). A *Clínica da Psicose*. Campinas: Papirus, 1985.
COSTA, Jurandir Freire. *Psicanálise e contexto cultural*. Rio de Janeiro: Campus, 1989.
FREUD, Sigmund. *Las Obras Completas*, 4. ed., sobretudo *El delírio y los sueños en "La Gradiva" de W. Jensen, Análisis de la fobia de un niño de cinco años (Caso "Juanito"), Un caso de paranoia descrito en forma autobiografica (Caso Schreber) e Para una introducción al narcisismo*. Madrid: Biblioteca Nueva, 1981.
KATZ, Chaim (ed.). *Psicose, uma leitura psicanalítica*. Belo Horizonte: Interlivros, 1979.
LACAN, Jacques. *Da Psicose paranoica em suas relações com a personalidade* (1932). Rio de Janeiro: Forense Universitária, 1987.
_____. "Du traitement possible de la psychose", in *Écrits* II. Paris: Seuil, 1971.
_____. *O Seminário*, Livro 11, *Os quatro conceitos fundamentais da psicanálise* (1973). 2. ed. Rio de Janeiro: Jorge Zahar, 1985.
_____. *O Seminário*, Livro 3, *As Psicoses* (1981). Rio de Janeiro: Jorge Zahar, 1985.
LAPLANCHE, Jean. *Hölderlin et la question du père*, 3. ed. Paris: P.U.F., 1984.
MANNONI, Maud. *O Psiquiatra, seu "Louco" e a Psicanálise* (1970). Rio de Janeiro: Jorge Zahar, 1981.
OURY, Jean. *Psychiatrie et psychoterapie institutionnelle*. Paris: Payot, 1977.
_____. *L'Ouverture Psychiatrique*. Paris: Scarabée, 1986.
PANKOW, Gisela. *L'Homme et sa psychose*. Paris: Aubier. 1969.

RACAMIER, P.C. *Les schizophrènes*. Paris: Payot, 1980.
SEARLES, H. *Le Contre-transfert*. Paris: Gallimard (1979).
VERDIGLIONI, Armando (coord.). *La Folie dans la psychanalyse*. Paris: Payot, 1977.
WAELHENS, Alphonse de. *La psicosis, ensayo de interpretación analítica y existencial*, 3 ed., Madrid: Ediciones Morata, 1985.

ANTIPSIQUIATRIA

BASAGLIA, Franco. A *Instituição negada* (1968). Rio de Janeiro: Graal, 1985 (1968).
COOPER, David. *Psiquiatria e Antipsiquiatria*. São Paulo: Perspectiva, 1982.
DELACAMPAGNE, Christian. *Antipsychiatrie, les voies du sacrê*. Paris: Grasset, 1974.
FOUCAULT, Michel "Le pouvoir psychiatríque", *Resumé des cours 1970-1982*. Paris: Julliard, 1989.
LAING, Ronald. *O Eu dividido: Estudo sobre a sanidade* (1960). Rio de Janeiro: Zahar, 1963.
VARIGAS, Mireille & HEYWARD, Harold. *Uma Antipsiquiatria?* (1971). São Paulo: Cia. Melhoramentos, 1977.

LOUCURA E PRODUÇÃO DESEJANTE

DELEUZE, Gilles. *Apresentação de Sacher-Masoch*, op. cit.
_____. *Lógica do sentido*. São Paulo: Perspectiva, 1984.
DELEUZE, Gilles & GUATTARI, Felix. *O Anti-Édipo*, op. cit.
_____. *Mil Platôs*, op. cit.
DELEUZE, Gilles & PARNET, Claire. *Diálogos*. São Paulo: Escuta, 1998.
GUATTARI, Felix. *Psychanalyse et transversalité*. Paris: Maspero, 1972.
_____. *Revolução Molecular: Pulsações Políticas do Desejo* (1977). São Paulo: Brasiliense, 1981.
GUATTARI, Felix & ROLNIK, Suely. *Micropolítica – Cartografias do Desejo*. Petrópolis: Vozes, 1987.
LYOTARD, François. *Économie libidinale*. Paris: Minuit, 1973.

OUTROS

ASSIS, Machado de. *O Alienista*, 11. ed. São Paulo: Ática, 1985.
BENOIST, J.M. *Tirania do Logos*. Lisboa: RES Editora.
CESARI, Giorgio. *Critique de la raison délirante*. Paris: Anthropos, 1984.

ECO, Umberto. *Obra aberta* (1968), 4. ed. São Paulo: Perspectiva, 1986.

FUNARTE. *Museu de Imagens do Inconsciente*. Introdução de Mário Pedrosa. Rio de Janeiro: MEC/FUNARTE – Fundação Nacional de Arte, 191 p., 1980.

HEGEL, G.W.F. *Enciclopédia das Ciências Filosóficas*. Paris: Vrin, 1978.

LAPORTE, Roger. "Le oui, le non, le neutre", in *Critique*, n. 229, junho 1966.

MAFFESOLI, Michel. *À Sombra de Dionísio* (1982). Rio de Janeiro: Graal, 1985.

MINKOWSKI, E. "L'irrationnel, donné immédiate", in *Revue Philosophique*, Paris, P.U.F., jul-set 1959.

OLIVIENNES, Armando. *Delírio e Realidade*. Rio de Janeiro: Civilização Brasileira, 1979.

SCHREBER, Daniel Paul. *Memórias de um doente dos nervos* (1903), 2. ed. Rio de Janeiro: Graal, 1985.

SWAIN, Gladis. "De Kant a Hegel, deux époques de la folie", in *Libre*, n. 3, Paris, Payot, 1977.

ZWEIG, Stefan. "Amok", in *A Corrente*. Rio de Janeiro: Delta, 1956.

SOBRE LOUCURA EM GERAL

ADOUT, Jacques. *Les Raisons de la folie*. Paris: Flammarion, 1979.

JACCARD, Rolland. A *Loucura* (1979). Rio de Janeiro: Jorge Zahar, 1981.

PEREIRA, João Frayze. O *que é loucura*. São Paulo: Brasiliense, 1985.

SOBRE O AUTOR

Peter Pál Pelbart nasceu em Budapest, Hungria, em 1956. Formado em Filosofia pela Sorbonne (Paris-IV), com doutorado na USP, dedicou-se sobretudo ao estudo da obra de Gilles Deleuze. Paralelamente, trabalhou por mais de quinze anos no Hospital-Dia "A Casa", em São Paulo. Da experiência clínica e da reflexão teórica nasceu o presente livro — o primeiro do autor, de 1989. Desde então escreveu sobre tempo e loucura (*A Nau do tempo-rei*, Imago, 1993), sobre a filosofia do tempo na obra de Deleuze (*O tempo não-reconciliado*, Perspectiva, 1998), sobre políticas da subjetividade (*A vertigem por um fio*, Iluminuras, 2000) e sobre biopolítica (*Vida Capital*, Iluminuras, 2003). Traduziu alguns livros de Deleuze, tais como *Conversações* e *Crítica e Clínica*, e parte de *Mil-Platôs*. Atualmente é professor titular na PUC-SP, no Departamento de Filosofia e no Programa de Estudos Pós-Graduados em Psicologia Clínica. Há quase dez anos coordena a *Cia. Teatral Ueinzz*.

CADASTRO
ILUMINURAS

Para receber informações sobre nossos lançamentos e promoções envie e-mail para:

cadastro@iluminuras.com.br

Este livro foi composto em *Minion* pela *Iluminuras* e terminou de ser impresso nas oficinas da *Meta Solutions gráfica*, em Cotia, SP, em papel off-white 80 gramas.